外贸销售
从新手到高手

EXPORT SALES
FROM GREEN HAND
TO OLD HAND

岑家敏 —— 著

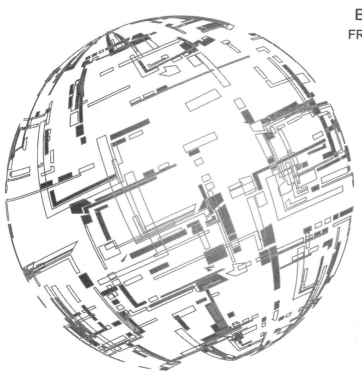

清华大学出版社
北京

内 容 简 介

本书通过完整的销售流程，结合外贸工作中的实际情况和具体案例，全面地阐述了外贸业务人员需要具备的外贸知识以及相关的销售技巧，让读者可以掌握到在外贸销售工作中，如何通过做好每个环节来提高订单的转化率。

本书分为 10 章，涵盖的内容主要有：如何做销售准备；客户开发的思路与方式；如何与客户建立信任感；怎样挖掘客户需求；客户接待以及报价技巧；客户跟进方法和注意事项；谈判磋商的技巧和常见客户异议的处理方式；销售合同的订立以及付款和贸易条款的注意事项；如何提供优质客户服务；优秀业务员的必备素质。

本书内容通俗易懂、案例丰富、实用性强，特别适合初入外贸行业的业务新手或者是想系统性提升个人销售能力的外贸业务员，同时也适合需要组建团队、提供新人培训的外贸团队管理者，以及对外贸工作感兴趣的朋友阅读。另外，本书也适合作为企业或相关机构对外贸业务员进行销售技巧培训的教材使用。

本书封面贴有清华大学出版社防伪标签，无标签者不得销售。
版权所有，侵权必究。举报：010-62782989，beiqinquan@tup.tsinghua.edu.cn。

图书在版编目（CIP）数据

外贸销售从新手到高手 / 岑家敏著. —北京：清华大学出版社，2022.7（2023.10重印）
（新时代·营销新理念）
ISBN 978-7-302-60582-9

Ⅰ.①外… Ⅱ.①岑… Ⅲ.①对外贸易－市场营销学 Ⅳ.①F740.4

中国版本图书馆 CIP 数据核字 (2022) 第 064483 号

责任编辑： 刘　洋
封面设计： 徐　超
版式设计： 方加青
责任校对： 王荣静
责任印制： 丛怀宇

出版发行： 清华大学出版社
网　　址： http://www.tup.com.cn，http://www.wqbook.com
地　　址： 北京清华大学学研大厦 A 座　　**邮　编：** 100084
社 总 机： 010-83470000　　**邮　购：** 010-62786544
投稿与读者服务： 010-62776969，c-service@tup.tsinghua.edu.cn
质 量 反 馈： 010-62772015，zhiliang@tup.tsinghua.edu.cn

印 装 者： 三河市东方印刷有限公司
经　　销： 全国新华书店
开　　本： 170mm×240mm　　**印　张：** 17.5　　**字　数：** 265 千字
版　　次： 2022 年 9 月第 1 版　　**印　次：** 2023 年 10 月第 2 次印刷
定　　价： 88.00 元

产品编号：094830-01

前 言

为什么我的开发信发出去之后总是石沉大海？怎样才能写出好的开发信呢？

价格和资料都发给了客户，前期交谈也还算不错，可是客户为什么突然就不回复了？

每次通过网络跟进客户时都不知道该怎么找话题，应该怎样才能避免和客户尬聊呢？

我们的产品很有优势，报价也已经非常低了，可是客户还说贵，该怎么办？

客户对产品表现得很满意，但是就是一直不下单，怎样做才能有效催单？

以上这些问题，相信是大部分外贸新人都会遇到的。

然而可惜的是，对于这些问题，似乎并没有一套放之四海而皆准的答案。因为在销售过程中有许多环节，各环节环环相扣、互相影响，并不是我们处理好某一个问题就能把客户谈下来。

正所谓思路决定出路。

想要成交订单，我们首先要清楚外贸销售的流程，拥有清晰的思路，把当中的每一个细节做好，以提高胜算。

有些人以为，销售流程不外乎就是：收到询盘后，了解客户情况，给客户发资料，然后向客户推销产品的卖点，最后便是成交。这样简单化的流程看起来没什么问题，却有可能导致我们在销售工作中忽略一些重要但是不显眼的环节，从而导致丢失客户却不自知。

真正的外贸销售流程包括：前期的销售准备，客户开发，建立信任感，挖掘客户需求，初次接触，客户跟进，谈判磋商，促成与成交，客户服务。我们可以看到，这九大销售环节对于成交而言，每一个环节都至关重要。

比如说，如果我们与客户之间没有建立起信任感，哪怕我们的产品再好、价格再低，客户也不会买账；如果我们没有充分了解客户需求就盲目地向客户推荐产品，结果就有可能碰一鼻子的灰；如果在客户跟进当中，我们只是简单问候或者发送跟进模板邮件，很有可能在这个环节我们就要败给更加用心的竞争对手……

作为拉动我国经济的"三驾马车"之一，出口一直对我国的国民经济发展有着举足轻重的作用。中国作为世界工厂、出口大国，各行各业都有出口业务，每年也会有大量的人才投身外贸行业。可惜的是，面对如此庞大的职业群体，市场上关于外贸实战销售技巧的书籍可以说是少之又少。

由于外贸销售是一份实践性非常强的职业，学校里学到的理论性知识大部分在实际应用中作用并不大。这样的情况导致了大量国贸相关专业的应届毕业生在进入外贸行业之后发现实际和理论之间差距非常大，甚至完全不知道该如何开展工作。

而且由于外贸行业中企业管理水平参差不齐，相当多的一部分企业并没有完善的培训制度和培训教材，业务员只能通过网络或者某些培训平台零零散散地学习销售技巧，质量难以保证之余，效率也是非常低。

市场上大部分关于外贸类的书籍都是国际贸易实务、商务信函等，只能提供基础或理论型知识。而销售技巧类的书籍则大多数都是针对面对终端消费者的行业"B2C（business to customer，企业到用户的商业模式）"，虽然当中部分的销售技巧可以通用，但是由于外贸工作中更多的是面对商业型的客户"B2B（business to business，企业到企业的商业模式）"，想要很好地把这些销售知识运用在外贸工作中还是有一定的难度。

鉴于以上情况，本书作者根据她十几年的外贸销售实战以及团队新人培训中积累的经验，利用大量的实际案例，简单明了并且循序渐进地向读者讲述每一个销售流程中涉及的知识以及技巧。

书中的内容主要包括以下方面。

（1）销售准备：如何从个人心态、专业知识以及了解客户信息三大方面做好客户洽谈前的准备工作。

（2）客户开发：如何找到适合自身企业的客户开发途径，了解不同途径的开发技巧以及如何写出高回复率的开发信。

（3）建立信任感：如何打造专业以及值得信赖的企业和个人形象。

（4）挖掘客户需求：了解挖掘需求时应当避开的常见误区，掌握如何通过询盘判断客户需求，以及如何通过沟通了解客户需求。

（5）初次接触：了解不同国家客户接待时的注意事项，掌握产品卖点介绍、8种报价策略，以及怎么与客户进行电话沟通。

（6）客户跟进：了解客户跟进必须掌握的思路和知识，掌握不同类型的客户应当怎样跟进，不同的互联网渠道进行客户跟进时对应的技巧。

（7）谈判磋商：如何区分和应对客户异议，如何开展谈判磋商，如何识别客户购买信号，以及常见客户异议的处理方式。

（8）促成与成交：掌握4个逼单技巧，如何签订合同，了解不同的付款方式以及贸易术语在实操中的注意事项。

（9）客户服务：了解客户服务的重要性，外贸客户售后服务的六大步骤。

（10）成为优秀外贸业务员：优秀外贸业务员的四个必备素质。

本书读者对象

（1）初入行的外贸新手。

（2）想系统性提升个人销售能力的外贸业务员。

（3）需要组建团队、提供新人培训的外贸团队管理者。

（4）国际经济与贸易、商务英语等专业的大中专院校学生。

（5）其他对国际贸易有兴趣爱好的各类人员。

目 录

第1章
外贸销售准备：
充足的准备是成功的开始

1.1 销售赢在心态 / 2
1.1.1 对外贸销售工作要有正确的认知 / 2
1.1.2 做外贸要持之以恒 / 3
1.1.3 要有积极乐观的心态 / 4
1.1.4 自信是最好的名片 / 6

1.2 专业知识要过硬 / 7
1.2.1 流畅的外语沟通能力 / 7
1.2.2 掌握产品的专业知识 / 8
1.2.3 了解更多行业信息 / 9

1.3 知己知彼百战百胜 / 11
1.3.1 客户的企业类型 / 11
1.3.2 客户的经营性质 / 11
1.3.3 客户的采购经验 / 12
1.3.4 客户的行程计划 / 12

1.4 小结 / 13

第2章
外贸客户开发：
必须掌握的思路与方法

- 2.1 外贸客户开发思路 / 16
  - 2.1.1 你的客户是谁 / 16
  - 2.1.2 怎么找到他 / 18
  - 2.1.3 如何获得联系 / 19

- 2.2 外贸客户开发方式 / 20
  - 2.2.1 主动开发客户的重要性 / 21
  - 2.2.2 线下客户开发途径 / 22
  - 2.2.3 线上客户开发途径 / 25
  - 2.2.4 如何在展会上开发客户 / 28
  - 2.2.5 B2B和B2C平台开发客户技巧 / 32
  - 2.2.6 如何通过Google开发客户 / 38
  - 2.2.7 如何通过社交媒体开发客户 / 48

- 2.3 外贸开发信怎么写 / 53
  - 2.3.1 发开发信前的准备工作 / 54
  - 2.3.2 好的标题是成功的一半 / 56
  - 2.3.3 开发信正文怎么写 / 58
  - 2.3.4 开发信案例分析 / 61

- 2.4 小结 / 74

第3章
建立信任感：
从这七个细节做起

- 3.1 打造值得信赖的企业形象 / 77
  - 3.1.1 通过细节抓住客户的心 / 77
  - 3.1.2 多渠道打造值得信赖的网络形象 / 80

3.1.3 任何一份文件都是品质的代表 / 82

3.2 如何让自己看起来更专业 / 84
3.2.1 拥有专业的个人形象 / 84
3.2.2 学会聆听 / 87
3.2.3 上知天文下知地理 / 89
3.2.4 外贸邮件沟通中的商务礼仪 / 90

3.3 小结 / 95

第4章
挖掘客户需求：
互联网销售的成交关键

4.1 做外贸为什么要挖掘客户需求 / 99
4.1.1 什么是客户需求 / 99
4.1.2 挖掘客户需求的重要性 / 101
4.1.3 客户需求形成的四个步骤 / 103

4.2 外贸销售挖掘客户需求的常见误区 / 105
4.2.1 机械式询问 / 105
4.2.2 只关注产品 / 106
4.2.3 与客户争辩 / 106
4.2.4 诋毁竞争对手 / 107

4.3 如何通过询盘分析推测客户需求 / 108
4.3.1 从询盘内容判断询盘质量 / 108
4.3.2 了解客户规模和性质 / 111
4.3.3 阿里巴巴询盘如何做需求分析 / 112

4.4 如何挖掘客户需求 / 113
4.4.1 如何营造提问环境 / 113
4.4.2 逐步提问发掘需求 / 115
4.4.3 学会"以问题回复问题" / 117

4.4.4　网络聊天时怎样挖掘需求　/　119

4.5　小结　/　121

第5章
初次接触：
你只能留下一次第一印象

5.1　外贸客户接待　/　125

5.1.1　外贸客户接待流程　/　125

5.1.2　外贸客户接待中的商务礼仪　/　131

5.1.3　接待不同地区客户的注意事项　/　136

5.1.4　如何有效地与客户面对面闲聊　/　144

5.1.5　网络初次沟通如何避免尬聊　/　147

5.2　产品介绍　/　149

5.2.1　产品介绍的常见误区　/　149

5.2.2　怎么介绍产品更加吸引人　/　151

5.2.3　试试销售解决方案而非产品　/　154

5.3　产品报价　/　156

5.3.1　如何制作报价单　/　156

5.3.2　产品报价常见误区　/　157

5.3.3　8种报价策略　/　159

5.4　电话沟通　/　162

5.4.1　什么情况该主动电话沟通　/　162

5.4.2　电话沟通注意事项　/　164

5.4.3　电话沟通常用英文句型　/　166

5.5　小结　/　169

第6章
网络客户跟进：
订单是"跟"出来的

6.1 外贸客户跟进注意事项 / 173
    6.1.1 一封邮件不能解决所有问题 / 173
    6.1.2 做好客户管理事半功倍 / 174
    6.1.3 跟进从上一次的接洽就开始 / 175
    6.1.4 跟进频率要分轻重缓急 / 176
    6.1.5 跟进内容要有价值 / 177

6.2 外贸不同类型客户如何跟进 / 178
    6.2.1 有兴趣购买的客户 / 178
    6.2.2 在犹豫的客户 / 179
    6.2.3 近期不会购买的客户 / 180
    6.2.4 没有反馈的客户 / 181

6.3 互联网沟通跟进怎么做 / 184
    6.3.1 怎么写跟进邮件 / 184
    6.3.2 即时聊天的跟进怎样做更有效 / 186
    6.3.3 如何利用社交媒体做跟进 / 187

6.4 小结 / 188

第7章
谈判磋商：
合作前的双方较量

7.1 成交从异议开始 / 191
    7.1.1 如何区分客户异议 / 191
    7.1.2 如何应对客户异议 / 193
    7.1.3 善用"门把手成交法" / 196

7.2 外贸谈判磋商 / 197
    7.2.1 外贸谈判磋商的5个阶段 / 198
    7.2.2 外贸谈判僵局的处理 / 202
    7.2.3 如何识别客户购买信号 / 204

7.3 常见异议处理方式 / 206
    7.3.1 "已经有长期合作供应商" / 206
    7.3.2 如何应对"价格太贵"异议 / 210
    7.3.3 即使让步也要讲策略 / 215

7.4 小结 / 219

第8章
促成与成交：
踢好临门一脚

8.1 4个外贸逼单技巧 / 224
    8.1.1 敢于向客户要单 / 224
    8.1.2 默认成交法 / 225
    8.1.3 二择一法 / 225
    8.1.4 利用限时让步 / 226

8.2 外贸合同的签订 / 227
    8.2.1 销售合同的制定 / 227
    8.2.2 形式发票的制定 / 231

8.3 常用外贸付款方式以及注意事项 / 234
    8.3.1 电汇T/T / 234
    8.3.2 信用证L/C / 235
    8.3.3 托收D/P和D/A / 239
    8.3.4 赊销O/A / 240

8.4 常用贸易术语使用的注意事项 / 243
    8.4.1 EXW并不是什么都不用管 / 243

8.4.2　整柜和散货的FOB操作大有区别　/　244
　　　8.4.3　CIF报价要注意目的港费用　/　247
　　　8.4.4　DAP、DPU和DDP的区别　/　248

8.5　小结　/　250

第9章
客户服务：
客户满意才能长久合作

9.1　成交才是销售的真正开始　/　253
　　　9.1.1　成交并不是销售的结束　/　253
　　　9.1.2　避免盲目乐观　/　254

9.2　外贸客户服务六步骤　/　255
　　　9.2.1　定期主动更新订单情况　/　255
　　　9.2.2　出货前提供品控资料　/　256
　　　9.2.3　到货后跟进货物情况　/　257
　　　9.2.4　定期做老客户回访　/　258
　　　9.2.5　妥善处理客户投诉　/　258
　　　9.2.6　持续培养客户忠诚度　/　259

9.3　小结　/　260

第10章
成为top sales：
优秀外贸业务员的四个必备素质

10.1　"活下来"才能成为top sales　/　262

10.2　抗压能力强才能走得长远　/　263

10.3　沟通能力就是生产力　/　263

10.4　应变能力：你的价值取决于你能解决多大的问题　/　264

10.5　小结　/　265

第 1 章

外贸销售准备:
充足的准备是成功的开始

我们的销售流程其实并不是从与客户接触开始,而是从我们做准备工作那一刻开始。正所谓,良好的准备是成功的一半。

曾经,一位国外客户打算拜访两家不同的企业。其中一家企业的业务员是刚入职不到一年的新手,因为知道自己经验不足,所以他在接待前做好了充足的准备,无论是自己的个人形象、产品的熟悉度,还是对方客户的行程和喜好都了如指掌。

而另外一家企业的业务员则是有着多年的销售经验,由于认为自己已经有足够的经验可以临场发挥,因此对客户的接待并没有做太多的事前准备。

到最后,我们的国外采购商认为两家企业的产品其实都差不多,但是从拜访的过程中觉得第一家企业的业务员更加用心,更加重视他这个客户,所以最终选择了在第一家企业进行采购。

从这个例子我们可以看出,销售循环中的每一个环节都是至关重要的,都有可能对成交起着决定性的影响。

在接下来的本章节中,你将会了解到以下知识点:

> 如何建立良好的心态;
> 如何呈现良好的第一印象;
> 如何提升个人的专业度;
> 如何做到对客户知己知彼。

1.1 销售赢在心态

很多人认为，做销售的，最重要的是掌握销售技巧，要有三寸不烂之舌。但其实，做销售最重要的是要有良好的心态。

因为，做任何事情，能力都是可以通过不断的学习与锻炼去提升，但心态的提升则是非常漫长及困难。

举个例子，有些人哪怕是做了多年的业务，但是与客户洽谈的时候总是有一种乞讨心理，觉得自己是在求别人买东西。因此客户在交流的过程中稍微挑剔一下，又或者是表达出一些不满，他们都会非常敏感，认为这单生意谈不下去了。而最终的结果，也往往正如他们所料，会以失败告终。

但是，同样的情况，换作在拥有积极良好的心态的销售新人身上，则不一定是同样的结果。

这就正如李嘉诚所说的："乐观者在灾祸中看到机会，悲观者在机会中看到灾祸。"

心态决定一切。

要成为一名合格的外贸业务员，首先要有良好的心态。

1.1.1 对外贸销售工作要有正确的认知

在社会中，其实每一个人都是无时无刻不在做销售：男生为了追求心仪的女神，想尽各种办法销售自己的个人魅力；在工作中，我们销售自己的知识和能力，为了获得更多的晋升空间，我们还会向上司销售自己的卖力以及对公司的忠诚；反过来，在企业中老板则需要向员工销售企业愿景以及发展空间，从而更好地吸引和留住人才。

因此，销售不仅仅跟其他工作一样没有贵贱之分，销售员更加是社会中不可或缺的角色。而要成为一名合格的业务员，首先要对销售这个工作有正确认知。

我们的工作并不是乞求别人购买我们的产品，而是通过我们的专业知识，结合客户的需求，向客户呈现出我们产品的相关优势，最终帮助客户作出正确的购买决定。当我们的认知作出改变的时候，我们会发现自己在与客户沟通中会不知不觉地有了很微妙的变化，而这些变化有可能比我们学习各种推销的话术和技巧起的效果更加明显。

1.1.2 做外贸要持之以恒

外贸行业里有句老话，很好地概括了我们的工作性质："第一年是播种，第二年是耕耘，第三年才是收获。"

做外贸，是一个持久战。

由于我们做外贸的大部分都是批发或者大宗交易，国外采购商一般都是一年几次甚至是一年一次的采购周期。在这样的情况下我们就需要比较长的时间去积累客户，因为哪怕我们遇到一位对我们产品感兴趣的客户，但是他有可能才刚采购完不久，等他下一次的采购可能需要等一年。

又或者是一些项目类型的采购，客户从前期做项目调研，到立项，到项目的执行，再到相关的采购，有可能会需要几年的时间。而我们的业务员，在想了十几种不同的跟进方式都不见效的情况下，往往会陷入各种的自我怀疑和焦虑中，一直纠结着为什么当初谈得好好的客户说消失就消失了。殊不知，还没有到客户真正要采购的时候，我们做再多的跟进其实也是徒劳的。

除此之外，大部分周期性采购的国外买家都已经有他们稳定的合作供应商，在没出什么大问题的前提下，他们往往不愿意冒风险去更换供应商。在这种情况下，我们需要打动客户开始跟我们合作也是一个非常漫长的过程。

但是无论如何，随着手头上的客户资源积累得越来越多，加上自己的销售经验也不断提升，到两三年后，大部分业务员都会发现自己的工作会越来越轻松。一方面是因为手头上持续开发的客户开始陆陆续续地下单；另一方面是因为自己的销售技巧也越发熟练，成交概率也会不断地提升。有些比较幸运的业务员，在前期开发上了几个稳定的大客户，到后期基本上只是做些简单的维护就会有持续不断的订单。

我们经常看到很多新人在做了半年或者不到一年的时候，由于手头上成交的客户寥寥可数，便认为是公司或者是产品的问题，于是便选择了离开公司。

然而，同样的情况，其实哪怕他们换一家公司，也是一样会出现。让人觉得可惜的是，往往在他们离开不久之后，他们之前所"播种"的客户却会纷纷地开始联系下单，而他们本人却错过了本应属于他们的"收成"。

因此，建议选择做外贸的朋友们，不要期望自己能在一年之内干出一番怎样宏伟的事业，而是应该做好打一场持久战的准备。抱着这样的心态，才有可能在外贸的道路上走得长远。

1.1.3 要有积极乐观的心态

做业务从来不是一份轻松的工作，我们有可能除了白天在公司上班，晚上在家还需要加班到半夜，只是为了方便在客户办公的时间内跟客户做更多的深入交流。我们也有可能无法享受一个纯粹的长假，因为我们中国在放假，而国外客户还在上班。这一切也许会让人觉得很累，因为做外贸的似乎是全年无休。

但是为什么还有那么多外贸人依然坚持并且热衷于这样的工作？是因为他们热爱这样的事业，并且在工作中找到属于自己的价值。

当一个人在做着自己热爱的工作的时候，是不会觉得累的。

反而，真正可怕的，其实是"心累"。

我曾经遇到一位业务员，跟我说觉得做外贸很累，明明自己很认真地工作，总是非常用心地对待每一位客户，但是得到的结果却是不尽如人意。

这样的情况其实还是挺常见的。

做外贸，最本质的工作就是销售。而人性，却是不喜欢被人说服。因此，外贸工作中遇到各种各样的问题和拒绝是非常正常的。

我们都知道，选择怎样的态度去面对困难，得出的结果肯定是截然不同。道理大家都懂，但是很多人却做不到。

1. 拥有一颗"平常心"

想要让自己拥有乐观积极的心态，首先要让自己拥有一颗"平常心"。

有些人会把每一次的客户洽谈工作都当成是一次考试，但凡过程中有一些失误，就会深深地自责和内疚，从而陷入悲观的负面情绪当中。

的确，业务员的存在价值，是因为销售过程中会有各种各样的问题需要我们去解决。但是，并没有人能保证所有的问题都是可以被解决的，而我们也更加不应该把工作当成考试，非得要争取满分。

因为在销售中，根本没有绝对的对错，也没有标准答案。

因此，我们需要告诉自己，对于每一次的客户洽谈，无论是成功还是失败，都是很正常的。

当抛开"得失心"，我们会发现自己轻装上阵的时候反而会有意想不到的收获。

2. 习惯用正向思维

除此之外，我们可以尝试锻炼让自己的思想变得更加正向。

有些人之所以无法乐观起来，是因为自己有习惯性的负面思维，这有可能跟自己长期的成长生活习惯有关。

让自己拥有正向思维，做到时刻提醒自己从言语中就开始使用正向的词语。比如，我们不说"困难"，而说"挑战"；不说"有问题"，而说"有机会"；不说"我没做好"，而说"我可以做得更好"。

曾经有一位客户问我，我们公司的产品是否有销售过到他们国家，我当时简单地回答说"not yet"。

出乎我意料的是，客户对我这不经意的回复却是大为称赞。他说很多业务员都会直接回答"不好意思，没有"，这样的答案似乎没什么毛病，但是会让他觉得有点失望。而我回答的"还没有"，虽然结果是一样，但是当中带了点"将来可能会有"的味道，让他觉得更有希望。

而因为这样简单的一句话，客户对我留下了深刻的印象，后面我们除了成为生意上的合作伙伴，还成了好朋友。

因此，不要忽略正向语言的力量。

3. 解决问题，而不是一直抱怨

有研究表明，乐观的人花在抱怨上的时间远比悲观的人少。

因为乐观的人在面对挫折的时候，不会花太多的时间去推卸责任，反而是把精力放在如何更好地解决问题上面。

相反，悲观主义者在遇到问题的时候则习惯性地抱怨"为什么我这么倒霉"，又或者是"都怪他没做好"，然后整个人就陷在问题里面，无法从情绪中走出来。

因此，我们遇到问题的时候，要善于觉察自己的情绪，习惯性地把注意力的焦点从"怨天尤人"转变到"解决问题"上。当自己有"为什么总是我"的念头出现的时候，可以把思维转变成"我该怎么做，才能让结果变得更好"。

久而久之，我们少一分时间在抱怨，则多一分时间在进步。

1.1.4 自信是最好的名片

想要成为一名成功的业务员，自信是必须具备的心态。

有时候我们的产品很好，价格也符合客户的心理预期，但是有可能就是因为业务员的一个犹豫的眼神，就会让客户认为我们对自己的产品不够自信。而实际上那个眼神，很有可能并不是因为我们不认可自己的产品，而是仅仅因为业务员不自信而已。

我们在销售的过程中，有可能会面对形形色色的客户，其中不乏一些强势的客户，以及一些资深的采购商会善于盘问业务员来判断这家公司的产品是否真的可以。

曾经我手下有一位新手业务员，在独自接待一位欧洲的客户不久之后，跑过来跟我求救，说那个客户太凶了，她搞不掂，希望我过去帮她一起接待。我过去之后，跟客户友好地打了个招呼，回答了客户几个问题，交谈就结束了。后来因为到了午餐的时间，我主动邀请客户一起去用餐，客户也同意了。在整个接待中，我感觉客户跟我们是想要保持一定的距离，但是并没有像业务员所说的那样可怕。

客户离开之后，我问那位业务员，我介入之前到底发生了什么，会让她觉得可怕。她告诉我，客户就是很凶地一直问她："你的产品很好吗？具体哪里好？比别人好在哪里？"

从业务员跟我解释时的眼神我就明白了，其实是因为客户问她第一个问题的时候，她因为缺乏经验，眼神不够坚定，导致客户对她回答的内容有所怀疑。于是，客户就继续凶巴巴地问她一连串的问题，看她是否可以给出满意的答案。

类似的情况，我自己在当业务员的时候也遇到过。

曾经我接待过一位采购商，在我们洽谈的过程中，他突然很认真地跟我说："看着我的眼睛，告诉我，你的产品是否是最好的。"然后就用他那深邃的眼神直勾勾地盯着我看。

当时我面带微笑地回了他一个坚定的眼神，并且回复他："Sure, why not?"

后来他告诉我，他做了很多年采购，这是他的一个秘密招数。很多企业产品其实并没有那么好，但是会让业务员跟客户说他们的产品是最好的。通过这样的提问，至少可以看出业务员是不是真心认可自己家的产品。如果业务员对自己的产品都有所保留的话，那这家公司肯定是不值得合作的。

因此，作为业务员，无论怎样，都必须在客户面前展示出自己最自信的那一面。

1.2 专业知识要过硬

我曾经接触过一些业务员，他们非常享受开发客户以及与客户交谈的过程，但是却忽略了基础专业知识的提升。他们认为，产品和行业等方面的专业知识都是可以"边做边学"。

没错，无论是外贸的新手还是老手，专业知识都是需要我们在业务生涯中不断地学习和成长。但是对于新手来说，急于求成只会让我们掉入恶性循环中，但却不自知。因为一般情况下，客户都不会告诉我们，不合作的原因是我们不够专业。

因此，想要成为优秀的业务员，仅仅靠良好的心态显然是不足够的。想要快速并良性地成长，打好扎实的基础是必不可少的。因为只有真正掌握过硬的专业知识，在客户提出问题时才能够迅速地回应，甚至是可以为客户提供意想不到的解决方案。而这些，都需要在接待客户之前做好一定的准备。

有真材实料，才能够真正打动客户。

1.2.1 流畅的外语沟通能力

外贸业务员，说白了就是说英文的销售。

想要把产品成功推销出去，首先我们要具备一定的外语沟通能力。而且这里除了读写能力以外，还需要特别注意我们的听说能力。

我曾经在面试应届生的时候就有这样一位应聘者：她的简历非常优秀，读国贸专业，成绩不错，英语过了 CET-6，担任过学生会主席，个人气质和思维逻辑都挺好。然而当我把面试从中文转为英文之后，却发现她的英语口语非常糟糕，基本上无法连贯地进行表达。

到最后，结果比较可惜，这位看似非常优秀的应聘者因为口语的短板而被淘汰了。而被录用的，反而是一位英语只过了 CET-4，口语表达中虽然有不少的语法错误，但却是非常敢说并且至少能够清晰表达自己想法的应聘者。

想要成为一名称职的外贸业务员，外语的听、说、读、写都需要有一定的基础。虽然我们平常工作中大部分时间是通过电子邮件或者是即时聊天与客户沟通，但是也会经常在展会或者公司与客户进行面对面交流，又或者是通过电话来跟客户确认紧急的事情。而哪怕我们的读写能力再强、拥有再多的销售技巧，如果听说能力不过关的话，我们就无法清楚掌握客户想要表达什么，肚子里有满满的话也无法准确地向客户表达出来。

想要成为一名优秀的外贸业务员，我们还需要不断地提升自己外语的各方面能力，多掌握些商务英语的高级词汇，以及学习一些更加地道的英语表达方式。这些都会让我们在与客户交流时显得更加的专业和可信。

1.2.2　掌握产品的专业知识

众所周知，产品知识是每名外贸业务员必须掌握的。就连我们面试应届生的时候，问到作为一名合格的外贸业务员应该具备哪些能力的时候，几乎所有应聘者都能够回答"需要非常熟悉产品知识"。

然而，我们却发现有很多业务员对产品知识的学习仅仅停留在掌握了产品图册的基础知识上。要是被客户问到稍微专业点的产品问题，只能是哑口无言。因为他们认为，做业务的，主要是需要英文好，沟通能力好，产品知识这些应该是生产部和技术部的事情。

但其实作为业务员，我们掌握越多的产品知识，与客户沟通的时候就会显得越专业，在谈判中就更容易让客户信服。

我以前做过一段时间的家居建材行业。曾经有一位客户在展会上找到我们，跟我说某个产品他的目标价是多少、订货量是多少，问我能不能做。

而我当着他的面，按了几下计算器就直接跟他说做不了。

他问：为什么？

我立马给他算：原材料成本多少钱一公斤，产品的生产要经过多少道工艺，表面处理的成本是多少，主要的配件采购需要多少钱。这些成本加起来还没算我们的人工、厂房、管理费用分摊等，都已经接近他要的目标价了。

这些价格，他只要花点心思去找相应的供应商都能问得出来。

我告诉他：如果要做到他的目标价，我们必须减少材料、降低质量标准。而这又等于是要让我们进行非标的生产，又会导致我们采购成本和生产成本的增加。

所以结论就是无法做到他的目标价。

但是我们同时提出，如果他接受的话，我们可以给他一个特殊的折扣，一起把市场先做起来。等以后量上来了，我们再考虑进行非标生产，降低价格。

经过我的一番议论文式的陈述，客户考虑了几天之后就把订单下给我们了。

所以，看到了吗？

跟客户的讨价还价，有时根本不需要什么销售话术，只需要我们对产品有足够的了解。

然而，不同行业的产品有不同的特性，因此我们无法给出一套准确的学习公式。

但是总体来说，我们在刚入行的时候，必须掌握产品名称、型号、款式、材质等基础的参数，要清楚产品的生产流程、制作工艺、使用原理、检验标准、品质标准，还要清楚行业相关的中英文术语等。

进一步地，我们需要掌握所有产品的特性与卖点，同一系列内不同产品之间有什么差别，优缺点分别有哪些，在不同情况下应该推荐怎样的产品给客户，等等。

虽然产品知识的学习是一个漫长的过程，但我们必须养成一个持续学习的习惯，才能让自己变得越来越专业。

1.2.3 了解更多行业信息

语言沟通能力和产品知识都是一个业务员必须掌握的基本知识。想要在客户洽谈中更显专业，我们还需要掌握尽可能多的行业信息。

行业信息包含的方向比较多，但是为了让大家更容易明白，这里对行业国际市场现状、不同市场的发展趋势、国内外竞争对手的信息这几个方向稍加说明。

行业国际市场现状，我们需要了解自己的产品在不同市场的受喜爱度如何，主要销售的市场在哪里，而整个行业的主要市场又在哪里，之间的区别是什么，产品以及市场的发展空间有多大。

市场的发展趋势主要是指在了解了现状的基础上，我们还要知道不同的产品在不同的市场正处于什么阶段，是进入期、成长期、成熟期还是衰退期，在近一两年内又会是在哪个阶段。

竞争对手信息相信大家都清楚，想要在众多供应商中脱颖而出，我们必须了解我们的竞争对手。我们要知道自己处于行业中的什么水平，直接竞争对手有哪些，与他们相比的优劣势分别是什么。非直接竞争对手有哪些，在哪些方面比他们有明显的优势。

除了我们平常熟悉的国内竞争对手以外，我们还需要了解我们的国外竞争对手。

我有一位朋友小A，他的公司是销售高端家具配件的。他与一家欧洲的企业联系了很久，客户那边一直觉得价格偏贵，而小A公司却有非常严格的折扣标准，导致销售工作无法推进。后来在一次展会中，这家欧洲企业的采购商来到他们的摊位，小A赶紧抓住这个深入交谈的机会。

在展会上，小A向那位采购商展示了他们的产品后，便跟客户分析起他们家的产品与国内同等级别竞争对手之间的优势。然后还告诉客户，他们把国外几个大品牌的产品也都研究过一番，最终发现他们公司的产品跟国外大牌的产品用料其实一样，生产工艺也几乎相同。要是客户从小A公司采购的话，用采购大牌产品不到一半的成本就能买到几乎同等质量的产品，这是一个非常划算的买卖。

最后客户当然是选择与小A合作了。

从这个例子我们可以看到，当我们的价格明显高于国内同行的时候，不妨把竞争对手变成国外同行，这样我们的优势就会非常明显。

1.3 知己知彼百战百胜

在前面两节中，我们谈到了如何在自身心态以及专业知识上做销售准备。

这一节，我们来谈谈如何从客户身上做销售准备。

这节所说的销售准备跟前面两节略有不同。

前面两节的准备不仅仅是在接待客户前就要做好，更多的是一个长期的积累，需要我们一直学习和提升。而在客户身上做的销售准备，则完全是与客户接触前根据每个客户的不同情况而做的准备。

把自己和对方都了解透彻了，才能够在商务谈判中无往不利。

因此，在销售准备这个环节，我们就要尽可能多地了解客户的信息。而我们需要重点了解的，包括以下几个方面。

注意：这一节主要讲述销售准备时的客户信息发掘，在第 4 章中，我们会深入分享如何通过询盘以及提问来了解客户需求。

1.3.1 客户的企业类型

一般来说，我们可以从客户网站中的 ABOUT US 和邮箱的后缀是企业邮箱还是个人邮箱来判断客户的企业性质。同时，我们也可以在网上搜索客户的公司名，看看是否有与之相关的新闻和信息。

如果是集团性质的大公司，一般会是流程化采购。在与客户前期接触时，我们在找切入口的时候要清楚我们对接的人员在公司中属于哪个职位、他会更关注哪些方面的内容。而到了深入洽谈的阶段，我们还需要了解采购的流程是怎样、最终决策者是谁、决策的关键因素会有哪些。

如果是中小型的私人企业，相对来说会比较简单，一般与我们对接的可能就是直接采购决策者，我们只需要把他说服即可。

1.3.2 客户的经营性质

与我们接触的客户，是经销商还是贸易公司、终端用户？

不同类型的客户，关注的点会有所不同，而我们在推荐产品和报价策略上都应当有相应的调整。

比如说，经销商类型的客户以一买一卖的方式赚取差价。因此，他们会更加注重采购的产品是否有独特的卖点，在市场上是否能够给到他们足够的利润空间。因为这些方面决定了产品的销量以及他们的利润空间。

而终端用户相对来说对价格的敏感度会没有那么高，采购的数量可能也会比较少。他们更加注重的，则可能是产品的质量以及产品能够带给他们怎样的利益。

1.3.3 客户的采购经验

客户在我们相关的行业有多少年的采购经验？目前在哪家供应商采购？我们的产品与他采购过的产品有什么共通点和优势？等等。

这些信息会关系到我们与客户的产品推荐以及报价策略。

如果客户是刚入行的，我们的产品推荐和报价策略可能相对来说可以灵活一点，因为客户没有那么懂行。

但如果客户已经有多年的采购经验，很有可能他对产品的了解比我们还更加专业。这个时候，我们则需要充分了解客户的采购信息才能够更好地找到切入点。

至于客户的采购经验，我们可以从客户的网站以及社交媒体中找到一些蛛丝马迹。而他采购过的产品，则可以通过他网站上的产品信息来判断他采购过的是怎样的产品。

如何能够快速判断相关的产品信息？这就是我们在上一节谈到的，需要了解更多的竞争对手和行业信息了。

1.3.4 客户的行程计划

如果我们的客户是打算要来中国对供应商进行实地考察的，我们还需要提前了解客户的行程计划。

大家可能会觉得有点奇怪，客户的行程关我们什么事？我们不是只需要处理好客户的接待就好了吗？

其实了解客户的行程计划会对我们的整个洽谈帮助非常大。因为客户会进行拜访考察的，基本上就是几家他认为比较符合自己要求的供应商。所以，了解到客户的行程计划，就可以大概地判断我们的竞争对手有多少家，甚至还有可能从行程的地点就能判断出具体竞争对手是谁。

我曾经有一位波兰的客户，在与他前期的邮件沟通中，我得知他从来没有采购过我们的产品。有一天，他跟我说他要来中国看几个厂家，然后从中选择一家合作。

我在接他回公司的路上就跟他一路闲聊，跟他寒暄一下，问问他来到中国是否适应，对中国有多少了解。聊了一段时间后，我问他，这次来中国多少天、会去哪些城市。因为已经闲聊了一段时间，所以他对我毫无戒备，直接就跟我说来中国5天的时间，前两天去了深圳，今天刚从深圳来广州，然后明天就会从广州到上海。

由于我们的同行竞争对手基本上是集中在广州周边，因此我可以判断，他仅仅有当天一天的时间是真的拜访我们行业的厂家的。而后来，他在我们公司几乎待了一整天。那就是说，他这次来中国，我们这类型的产品其实只拜访了我们一家生产厂家。

得到这样的信息之后，大家可想而知的是，我们在最终的谈判策略上肯定是会比较高姿态的。

1.4 小结

这一章，我们分享了外贸销售的第一个环节：销售准备。

我们从个人和客户两个方面谈了如何做销售准备，来为我们后续的销售工作做好铺垫。

其中，本章的重点内容有：

1. 选择做外贸，需要有良好的心态

在做外贸之前，我们应当对外贸工作有充分的了解，以免在工作中才发现

实际与理想之间的重大差距。同时，我们也要对销售工作有正确的认识，在接待客户时不卑不亢。

而且，外贸是一份需要长期积累的工作。因此，我们要以坚持、乐观以及自信的心态来迎接每一天的挑战。这样我们的外贸之路才能走得长远。

以下是培养乐观积极心态的三个方法。

（1）拥有一颗"平常心"。

（2）习惯用正向思维。

（3）解决问题，而不是一直抱怨。

2. 持续学习才能让自己更加专业

从事外贸业务工作对个人的综合能力要求比较高，因此我们需要在职业生涯中不断地学习和提升，让自己更加专业、更具竞争力。

语言方面，不仅要做到听说读写均衡，还需要多学习商务英语以及地道的英文表达方式。

产品知识方面，不要只满足于了解产品的基础知识，而是应该尽可能地多了解产品相关的所有知识。当我们对产品了如指掌，客户可能会因为我们的专业而选择跟我们合作。

同时，我们还需要多了解行业资信，以便我们在给客户做销售方案的时候会更加准确。

3. 成交，从了解客户开始

正所谓"知己知彼，百战不殆"，我们在与客户接洽之前应该尽可能多了解些关于客户的信息。

需要了解主要的方向包括：

（1）客户的企业类型。

（2）客户的经营性质。

（3）客户的采购经验。

（4）客户的行程计划。

这些信息都会决定我们在与客户谈判时应该采用怎样的销售策略。

第 2 章

外贸客户开发：
必须掌握的思路与方法

我们经常举例说，客户开发，就像大海捞针一样。很多时候我们花很大的力气去找了一堆客户资源，满怀希望地把我们的开发信发出去，到最后只能获得寥寥可数的回复，有合作意向的更是少之又少。

因此，有不少业务员对客户开发工作是又爱又恨。一方面憧憬着能通过自己的努力开发出客户来；另一方面面对石沉大海一般的结果，感到非常的沮丧和无力。

做客户开发，首先得端正好心态。撇开运气这个不可控因素，这项工作是需要长年累月的坚持才能够看到成效的。

在接下来的本章节中，你将会了解到以下知识点：
- 做客户开发前该如何厘清思路；
- 线下开发客户的途径和方法；
- 线上开发客户的途径和方法；
- 怎样写开发信更有效；
- 开发信案例分析及模板参考。

2.1 外贸客户开发思路

很多人在研究客户开发的时候，会把大部分的精力放在学习如何在某种渠道上寻找客户资源，又或者是如何写开发信。结果发现，别人用同样的方法可以成交一堆大客户，而自己却是颗粒无收。

其实，销售工作中有很多技巧都是不可以直接拿来就用的。因为，外贸行业涵盖各行各业，行业不同、产品不同、客户性质不同，会导致我们使用的销售方法截然不同。

因此，请大家停止漫无目的或者生搬硬套的客户开发。

要找到适合自己行业以及个人使用的方法，我们得先厘清思路。

2.1.1 你的客户是谁

很多时候，我们想了很多办法，花了很大的力气，用各种销售渠道来开发市场，但是得到的结果却是不尽如人意。其实，这种情况往往是在确定我们的目标客户群体的时候出了问题，导致浪费了大量的人力、物力。而同时因为没找准方向发力，也会让企业错失最佳的市场开拓时机。

想要精准地开发市场，首先要思考我们的客户是谁。

而为了发掘更多的可能性，我们可以通过"头脑风暴"的形式，列出所有可能购买我们产品的客户群体。然后，再结合我们产品和市场的特性，进一步锁定重点开发的几个客户渠道。

1. 收集市场信息

在制订营销方案之前，我们必须对我们的市场有足够的了解，这样才能保证方案更加准确。

想要对一个产品的国际市场做调研是一件非常困难的事情，因为需要我们耗费非常大的精力才能够找到充足的数据。这个时候我们可以借助一些外贸或者行业论坛，里面可能会有一些前辈分享过某些产品及对市场的分析和看法，我们也可以自己发帖去问一下大家对市场的看法。

同时，我们可以从自己接触过的客户身上寻找线索：他们主要来自哪些市场？他们之间有什么共同点？他们的公司是什么经营性质、规模如何？他们是通过什么方式找到我们的？不同市场的受欢迎产品有哪些？

还有一个更轻松的办法，就是利用我们身边的资源：同行和货代。在现在这个年代，抱有"同行如敌国"的想法的人并不多了。同行之间，可能更多的是互通有无。我们可以利用与同行之间的交流，直接了解到某一个市场的实际情况（当然，前提是这个同行得靠谱）。

除了同行以外，我们身边其实还有一个非常有用的免费资源，就是货代。很多时候一家货代可能会服务同一个行业里面的好几家供应商，从他们的口中，我们可以通过走货的量，或多或少地知道点市场销售的情况。

2. 思考自身优势

收集到足够的市场信息以后，我们就得对这些资料进行分析。

这个时候，我们可以思考：跟我们合作的客户他们是基于什么原因而购买？而另外的客户又为什么不买？

很多时候我们会有一个误区，就是认为自己眼中的"产品利益"跟客户眼中的是一致的，但实际上却不一定。

例如：我曾经有一位客户，成交之后问他当初为什么选择跟我们合作。他给我的回答并不是我们想象中的产品质量或者价格方面的优势，而是说因为觉得我们在接待他的时候非常热情，觉得我们很重视他。而他正好是想找一家公司长期合作，所以在产品和价格跟其他同行差不多的情况下就选择了我们。

要了解客户的采购动机，就得清楚我们的产品和服务在客户眼中是怎样的，他们的购买原因是什么。

当我们清楚了自己与竞争对手之间的差异和优势的时候，我们就会更清楚哪种类型的客户更容易成交。

2.1.2 怎么找到他

知道我们的目标客户是谁，接下来我们就得思考如何才能找到他们，也就是通过什么渠道才能够找到我们的客户。

然而如何选择适合自己的销售渠道，却是很多企业忽略的问题。

我们经常会看到这样的情况：某家做内销的企业觉得发展到了瓶颈，希望通过开拓国外市场来增加收入。然而，他们却在获得成效之前不愿意进行太多的投入，仅仅是招来几个业务员让他们在免费的渠道进行客户开发。

可想而知，这样的操作下来，结果大都是不温不火。

客户开发的渠道简单来说，分为线下和线上。

除了知道我们的客户是谁，我们还需要思考怎样的渠道是最适合的。

1. 看行业产品特性

外贸涵盖了各行各业，不同的产品之间差异非常大。

比如说婚纱，产品款式更新频率较快，但由于使用场景的限制，一般单个款式采购的量不会太高，因此中小型采购商往往不会愿意花高成本出国看展。而且国外还有不少个人买家，为了节省费用，愿意直接从中国购买一件婚纱。

所以，对于婚纱来说，B2B 和 B2C 都会是比较好的渠道。至于具体选择哪种，就还得看企业的经营策略，是希望低利润走销量，还是希望低销量走利润。

而对于一些机械设备，由于技术要求复杂、单价较高，而且可能有定制化的需求，客户一般会比较倾向于看到实物再采购，因此线下的国内外展会对于这类型的产品来说是一个比较重要的渠道。

总的来说，我们选择渠道的时候要清楚我们自己行业的产品特性，不能生搬硬套别人的经验。

2. 看市场区域特征

除了产品特性以外，我们还要看主要销售国家和地区的市场特征，因为不同国家和地区有它们自己独特的采购习惯。所以在开发新市场时，我们需要提前了解这个地区的市场特征才能够制订出准确有效的开发方案。

比如说，南美洲市场由于互联网不发达，加上南美洲客户来中国的时间和成本都比较高，国内展会或者网络平台都不太适合南美市场。因此，想大力开拓南美市场，可以考虑参加当地的展会，又或者是直接到当地进行客户拜访。

而相比之下，印度市场则截然不同。由于地理位置的优势以及印度客户的采购习惯，他们特别喜欢来中国看展，而且喜欢收集尽可能多的供应商信息。因此，我们想要开发印度市场的话可以首先通过各种国内或者印度的网络平台，而线下则可以优先考虑参加广交会或者其他国内的大型行业展会，然后再考虑到印度当地参展或者拜访客户。

2.1.3 如何获得联系

知道我们的客户是谁，通过怎样的途径找到他，最后一步就是怎样才能获得与客户的联系。完成了这三个步骤，我们才算是成功地开发到客户资源。

注意：在这一节中，我们主要讲述的是取得联系的思路。具体如何从不同开发渠道获取客户资源，我们会在下一节中详细说明。

我们之所以单独用一节来阐述这个问题，是因为我们经常看到一个误区，就是以为开发客户的时候，获得联系仅仅是拿到客户公司的任何一个联系方式就足够了。

业务员小 B 从网上学习到了从网络开发客户的方式，并且成功地找到了一家目标企业的联系邮箱。然而，他想尽各种办法去尝试跟这个客户建立起关系，包括发不同形式的开发信，甚至是直接打电话过去，但是客户依然不为所动。

到最后，他实在想不通，就把他的这个经历跟一位老业务员分享。

那位老业务员看了一下他获得的联系方式，就笑着跟他说："傻小子，对于一家大企业，你拿着一个 info 的邮箱和一个前台的电话号码，哪怕是你坚持再久、想再多的办法，成功的概率估计只有 1%。"

因此，在获得客户联系上，我们追求的是联系方式的"有效性"，也就是要找到对的人。因此，我们要获得的不仅仅是联系方式，而是要清楚目标客户公司的决策链条——谁是采购决策者，以及他们的采购流程和标准。

方式方法有很多，这里给大家列举两个思路做参考。

1. 从应用部门入手

作为一家公司的采购部门，他们每天可能都会收到几十封的开发信。因此，哪怕是我们的开发信写得很好、我们的产品很有卖点，但也有可能就是因为采购部的"视觉疲劳"而导致我们的邮件还没被打开就直接到了回收站。

在这个时候，我们不妨换个角度，从我们产品的应用部门入手。

这世界上不可能存在完美的产品。因此哪怕是再好的供应商，应用部门在使用产品的时候总会有一些问题或者不满意的地方。如果我们能够接触到应用部门的关键人员，让他们了解到我们有一套更好的产品方案，利用他们工作上的利益来驱动应用部门的人发起采购项目，有可能比起我们直接联系采购部门会顺畅很多。

2. 陌生电话或陌生拜访

在外贸工作中，大家都比较习惯用邮件的方式来开发客户。虽然说邮件成本低、操作方便，但是我们的邮件很有可能直接就被客户的邮箱系统给过滤掉，根本没有进入客户的收件箱。而哪怕是进了收件箱，被点开甚至是被阅读的机会也是比较小的。

在这种情况下，对于潜在的重要客户，我们不妨尝试一下不走寻常路，采用陌生电话或者是陌生拜访的方式。

也许我们不可能在网上直接找到关键决策人的电话信息，但是我们可以直接致电该公司的前台或拨打销售号码。一般情况下，我们花点心思把开场白设计好的话，对方还是比较容易把电话转交至相关负责人手中的。

至于陌生拜访就更加重要了，在国际贸易中到国外出差拜访客户的成本还是比较高，因此甚少有中国供应商会采用这种办法来开发客户。而当我们大老远地从中国去到当地拜访客户，单凭这诚意，基本上都能打动客户赢得一次与采购决策者面对面交流的机会。

不过要注意，在某些国家，唐突的拜访是很不礼貌的，因此要了解清楚客户国家的商务礼仪习惯，该预约的还是尽量预约一下。

2.2 外贸客户开发方式

客户开发分为主动和被动两种方式。

有很多外贸企业选择被动开发的方式，他们主要通过自建网站、参加展会以及在 B2B 网站上发布产品信息，来等待客户的询价。但这里所说的"被动"，不代表是单纯的守株待兔，企业还会通过对网站做 Google（谷歌）推广或者 SEO（搜索引擎优化）来提升搜索排名，也会在 B2B 网站上"烧钱"来获取更多的曝光量。

之所以大部分的企业选择用被动的方式来开发客户，是因为这样的方式人力成本相对较低，企业只需要投入资源到推广上。而且获得的询盘大都来自有真实购买意向的客户，质量比起在网络上乱搜的客户资源要高很多。

但同时，我们认为企业不应该满足于"等客上门"的策略。

2.2.1　主动开发客户的重要性

有些业务员会认为，自主开发客户的质量太低，发出去的开发信往往都是石沉大海，因此对客户开发总是抱着被动消极的态度。

但正所谓"坐商不如行商"，每天坐等询盘，就好比看天吃饭。而自主开发客户，虽然说成交率比较低，但是只要长期坚持，始终都会获得回报。

1. 优质客户大都有固定供应商

一般来说，优质的大客户都有他们固定的供应商，甚至是数据库中还躺着很多备选的供应商。在这种情况下，他们往往不会花时间去搜索新的供应商，更不太可能会主动找我们询价。

但正是因为这样，如果我们主动从网络上找到关键的联系人，并且找准切入点，主动出击，所得到的效果有可能比我们被动式的销售要更好。比如说，我们可以在行业大型展会前联系客户，发送一些客户感兴趣的信息来进行展会的邀约，这样比起我们在展会上守株待兔的效果绝对会好很多。

2. 降低推广成本

无论是网络推广、参加展会还是出国拜访，这些传统的渠道都需要花费大量的投入。而且虽然说质量比较高，但是真正能成交的比例也不会太高。在这过程中，我们依然是要花费大量的人力、物力。

而通过各种渠道主动寻找客户，可以让我们以更低的成本获取更多的有效客户信息。所以就投入产出比来说，主动开发客户是非常可观的。

3. 保持市场敏锐度

如果我们只是通过被动的方式去开发客户，我们只需要研究怎样把有限的预算花在各种推广渠道上就会获得更好的效果。而当我们用主动开发的方式去拓展市场的时候，我们则会时刻保持对市场的思考。正如前一节所说的：我们的客户是谁，怎么找到他，以及如何获得联系。通过了解到不同市场和渠道的真实反馈，我们还可以保持对市场的敏锐度，这对企业的产品以及市场策划都是有很大帮助的。

4. 提升业务员销售技能

在被动开发中，业务员只需要在获得询盘之后进行回复、跟进，回复客户的问题，最后争取成交。在这种流程化的作业中，除非管理人员对每个询盘都盯得很紧，否则我们只能通过销量来判断一位业务员是否真的具备足够的销售水平。这种判断在时间上是有非常大的滞后性的。

而通过主动开发客户，我们可以清晰地看到每位业务员的思路。让他们在这过程中不断实践、不断试错、不断总结，并且获得成长。

2.2.2 线下客户开发途径

线下渠道，是指非网络的销售渠道，即面对面销售。线下渠道是传统的客户开发渠道，与线上不同的是，通过面对面的交流，双方比较容易快速建立起信任感。而且由于是面对面交流，我们可以通过客户的表情掌握客户的心理动态，并且及时调整我们的销售策略，提高快速成交的可能性。

但是，线下渠道的缺点是受时间和地理位置的局限，成本也比较高，不太可能把线下客户开发当成是日常工作。

主要的线下客户开发途径有以下几种。

1. 参加国内展会

国内展会包括综合型的展会和行业的专业型展会。

综合型的展会是指广交会这样的展会，在一次展会中会展示各行各业的产品，优点是产品种类多，可以一次性吸引大量的国外采购商；缺点是展会场地太大、产品种类太多，如果没有在展前做好邀约的话，客户可能会找不到我们。

行业的专业型展会是指针对某个行业产品而设的展会。这种类型展会的优点是采购商都是行业内对口的，客户质量比较高；缺点是展会只针对某一类型的产品，吸引到的采购商数量有限。

两种展会都是面对全球的采购商，我们可以通过一次展会收集到来自不同市场的意向客户联系方式。同时，客户可以在展会上看到产品的样板，并且可以与卖家进行面对面的交流。有些客户甚至习惯通过几天的展会找到合适的供应商，直接下单采购。

2. 参加国外展会

除了参加国内展会，我们还可以到国外去参展。而国外展会基本上主要是行业的专业型展会。

在前一节中我们有谈到，有部分国家由于到中国的差旅成本比较高，因此相对也比较少有采购商会来参加中国的展会。对于这类型的市场，我们可以直接参加当地的展会，对于了解以及深挖当地市场有比较好的效果。

出国参展一般可以申请到政府补助，总体的费用其实跟国内参展的差不多。但是对于必须展示样板而且样板体积比较大的，展品的运输费用、关税、包装材料的仓储费用以及回运费用都是需要提前考虑的。如果我们不考虑回运，还需要确保在展会的几天中可以顺利地把样板销售出去。

3. 参展商名录

对于不同的展会，参展商有可能是我们的同行竞争对手，也有可能是我们的下游客户。因此，在展会中获取参展商名单也是一个不错的获得客户资源的方式。

每一次展会主办方都会提供参展商手册，里面会有展会所有参展商的详细联系方式。

没有机会参加展会的，我们可以到展会的摊位上去向参展商拿资料和联系方式，也可以到大会服务台处领取参展商名录。

如果无法到达展会现场，我们还可以通过展会的官方网站去下载参展商的名单。

4. 出国陌生拜访客户

陌生拜访是线下开发客户的一个非常传统并且重要的渠道，但是在外贸中的运用则是比较少，主要原因是时间以及差旅成本高。

但是如果我们打算深挖一个市场，直接到国外去拜访客户会是一个很好的途径。对于客户来说，他们每天都会收到很多来自中国供应商的邮件，但是却很少会有人登门拜访。因此，除非他们对我们完全没有合作的意向，否则一般都会抽出时间来专门接待我们。

直接拜访客户会显得我们非常有诚意，可以给客户留下深刻的印象，同时建立起良好的双方关系。

一般来说，我们可以借助到国外参展的机会，顺道拜访周边的客户，这样就可以减少部分的差旅成本。值得注意的是，国外客户一般比较注重时间规划，因此，我们应当尽量争取提前与客户取得联系并且预约时间，以免吃闭门羹又或者是无法见到想见的关键人物。

5. 老客户介绍

老客户介绍可以说是一种零成本但高成功率的客户开发途径。因为介绍的背后是我们的产品已经得到了当地市场以及客户的认可，可以大大提高新客户对我们的信任度。

但是，该方法并不是所有的行业都能适用。是否可以通过老客户介绍而获得新客户，主要是看行业特性。

在不同的行业里都会有各种各样的"圈子"，圈内人有可能是竞争对手，但同时也有可能会互通有无，国外也一样。

但无论如何，作为业务员，我们不应当轻易放弃任何一次销售机会。因此，在客户满意我们的产品和服务的情况下，我们不妨尝试一下主动询问客户是否有其他相关的客户资源可以介绍给我们。只要客户真的认可我们，哪怕他不方便直接帮我们搭线，也有可能会给我们提供一些他认为对口的客户信息，让我们自行联系。

6. 行业协会介绍

每个行业都会有自己的行业协会，它们一般会举办一些国内的行业展会，提供国外参展服务。同时它们还会发行行业信息杂志，并且在国内外的展会中也会参展。

有些国外买家为了可以获得更多来自中国的行业信息，往往会愿意在展会中留下联系方式。同时，他们还有可能借展会的契机，组织一些行业的论坛。所以，行业协会在每次展会或者活动中都会收集到一批国外的意向买家联系方式。

因此，跟行业协会搞好关系的话，我们有可能持续地拿到一些优质的客户资源。

2.2.3　线上客户开发途径

线上渠道，即通过互联网渠道获得客户资源。其主要优势是不受时间和地理位置的约束，并且可以随时通过监控的数据来调整我们的推广策略，在时效上有更高的灵活性。

同时，随着互联网的普及，国际贸易的采购成本越发透明。为了节省成本，很多企业开始放弃传统的展会，转向从互联网上搜索供应商。

因此，想要把外贸做好，线上渠道的工作也是必须展开的。

主要的线上客户开发途径有以下几种。

1. 各大 B2B 平台

各大 B2B 平台可以说是我们从线上开发客户的最主要的途径之一。

国内的 B2B 平台，除了主流的阿里巴巴、中国制造（Made-in-China），还有环球资源、敦煌网等。不过通过近几年各大平台的相互厮杀，目前几乎是阿里巴巴一家独大。随着付费会员越来越多，阿里巴巴的排名运营在付费方面的比重也是越来越大，高额的成本导致部分资金不是特别雄厚的创业型公司在里面难以获利。

除了国内的 B2B 平台，我们还有不少国外的平台可以去尝试。有些人说国外的平台效果更一般，而且有些会员费用也挺高的。这里建议大家的是，可以深入研究一两个自己想要重点开发市场的平台，分析一下平台在当地市场的活跃度以及上面的客户群体，适合自己的再去尝试。毕竟每一个平台都有不同的游戏规则，真正研究下来需要一定的时间。但如果我们从网上找到一堆平台，然后盲目地注册发布产品，这样其实是不会起到太大的效果的。

主要的国外 B2B 平台有：tradekey.com，Amazon Business，韩国 EC21、EC Plaza，印度 TradeIndia、IndiaMart，中东地区 Zoodel，巴西 B2Brazil，等等。

2. 搜索引擎

正如习惯了"有困难找百度"一样，国外客户想要找行业资讯或者供应商时，也会用到搜索引擎。只是除了常用的谷歌以外，不同国家还有它们本土习惯使用的搜索引擎。

因此，通过搜索引擎来寻找客户理所当然地成为最受外贸人欢迎的渠道之一，我们基本上不需要付任何费用就能获得大量的潜在客户资源。但同时，因为网络上充斥着海量的信息，搜索出来的资源质量可能会良莠不齐。如何大浪淘沙般搜索出有效的信息，还需要一定的技巧。

注意：这里我们先给大家列举相关的渠道，在下一节将详细阐述具体开发客户的方式。

众所周知，全球最常用的搜索引擎是 Google。而除了我们熟知的通过搜索指令从 Google 上搜索客户信息以外，我们还可以利用 Google 旗下的其他产品，如 Google 地图、Google 图片。

除了 Google 以外，Bing、Yahoo、DuckDuckGo、Ask 等都是流量非常高、搜索功能比较强的网站。而主要的地区性搜索引擎，如德国的 fireball.de、俄罗斯的 Yandex.com、奥地利的 Lycos.com、荷兰的 Search.com、西班牙的 Hispavista.com 等。如图 2.1 所示。

图 2.1　俄罗斯搜索引擎 Yandex.com

3. 社交媒体

近几年，随着移动网络速度大幅提升，社交媒体营销得到了飞速的发展。

有人对社交媒体保持保守的态度，他们认为社交媒体是用来娱乐和生活交流的，并不是用来做生意的。但同时，越来越多的外贸企业鼓励自己的业务人员在各大社交媒体上与客户保持良好的互动。

销售上没有绝对的对错，也没有标准答案。对于不同的渠道，我们可以多去思考、多去尝试。特别是免费的渠道，尝试了发现不成功，最多就是浪费了些人力成本。但要是成功了，则是为企业开辟了一条崭新的渠道。

作为业务员，我们应该尽可能地扩大销售上的可能性。

其实无论如何，做社交媒体都是有必要的。一方面，我们可以利用社交媒体免费地给我们企业和产品做宣传。另一方面，我们还有可能通过一些优质的内容吸引到客户主动找我们询价。

而社交媒体上有大量国外用户，除了被动开发客户以外，我们还可以利用它们进行主动开发。只是在开发的时候也需要点技巧，这方面内容我们会在下一节中展开。

主流的国外社交媒体有：脸书（Facebook）、领英（LinkedIn）、推特（Twitter）、照片墙（Instagram）、油管（YouTube）等。

4. 海关数据

海关数据是近几年来比较多的人谈论的客户开发途径之一，其中比较有争议的是它的效果。

由于并不是所有国家都会公开海关数据，所以即使我们付钱购买，在市场覆盖范围上也有一定的局限性。而且海关的交易信息显示的进口商并不一定是真的采购商，它们还有可能是货代公司或者船务公司。再加上原始的海关数据中的联系方式，还有可能是卖数据的公司通过互联网上其他途径收集而来，并不是所有的都是有效的。

虽然说海关数据的可靠性和实用性备受质疑，但是我们不妨拓展一下思路。我们其实还可以借助里面的采购数据，分析海外市场，洞察行业趋势，监测竞争对手，通过深挖数据中的蛛丝马迹，发掘出其他潜在的客户群体。

2.2.4 如何在展会上开发客户

展会是外贸行业最为传统的获客方式之一,哪怕成本相对较高,但迄今为止依然有大部分外贸企业选择展会渠道。因为我们可以通过一次展会,快速锁定一批对口的潜在采购商。同时也可以通过展会树立企业的知名度,打造良好的企业形象。

要通过几天的展会吸引到我们的目标客户并且与他们建立起良好的关系,从业务的角度来说,我们需要做好展前、展中和展后三个环节的工作。

1. 提前做好展前准备

策划展会的第一步,我们必须提前做好规划,弄清楚这次展会的目标是什么、目标客户群体是什么、他们关心什么、哪些产品更容易打动他们。

根据这些分析,我们可以定出这次展会的基调:要申请多大的摊位,用何种风格的装修,展示哪些产品并且如何展示,业务员在现场如何引导客户等。

把展会的策划确定好之后,就要开始做展会的预热工作。

我们一般可以在展会前两个月的时间通过官方网站、社交媒体等渠道去公布我们的参展信息,并且对该地区的客户以及我们认为有可能参加这次展会的客户单独发出展会邀请。当然,如果我们即将参加的是国际性的展会,我们也可以直接通知所有客户。哪怕他们可能不会去看展,这也是从侧面宣传我们企业实力的一个很好的素材。

为什么要提前那么长时间通知客户?因为有部分客户不一定知道或者记得这个展会,提前通知会方便他们做相应的行程安排。

展会的邀请函一般需要有与客户的寒暄,告知客户参展的产品有哪些,并且列出展会名称、地址、时间、展位号、业务人员及联系方式。

以下是一份参展邀请函的模板,供大家参考。

邮件标题:

[展会名称] Invitation to [客户名字]—[公司名称]

邮件正文:

Dear customer,

Good day.

This is Wendy from [公司名称], and thanks for your kind attention!

Here we're glad to share you that we're going to attend the [展会名称] in Guangzhou, China from [展会日期].

The best-selling and latest products will be shown there, and we sincerely invite you to come and visit us to know more about we [公司简称].

Booth information as follow:
[展会名称]
Date: [展会日期]
Booth Number: [展位号]
Contact information:
Mobile/WhatsApp: +86 189×××××× Wendy
Please contact us freely if you need any information or favors from us.
Look forward to meet you there and have a nice day!

邮件标题：
[公司名称]至[客户名字]的[展会名称]邀请函

邮件正文：
亲爱的客户，
您好！
我是[公司名称]的Wendy，感谢您的关注！
我们很高兴通知您我们将会参加[展会日期]于中国广州举办的[展会名称]。
我们将在展会中展出热销以及最新款的产品，并且真诚地邀请您前来我们的展位进行参观，以便更好地了解我们[公司简称]。
展位信息如下：
[展会名称]
日期：[展会日期]
展位号：[展位号]
联系方式：
手机/WhatsApp：+86 189×××××× Wendy

如果您需要任何信息或帮助，请随时联系我们。

期待在展会上与您会面并祝您有愉快的一天！

在展会开始前两周左右，我们可以再次发出同样的展会邀请信息，提醒一下客户。而在展会前的5～7天，对重点客户的目标客户我们可以再次发出邀请，不过内容上可以稍做调整，可以包括：如何通过不同的交通方式到达展会，展会期间天气预报以及穿衣建议，如何到达我们展位的路线指引图。想要做得更加细致，我们甚至可以针对客户国家的饮食习惯，给出该城市或展会周边的饮食指南。

2. 展会期间接待分工要安排到位

展会只有短短的几天，要通过如此短的时间给尽量多的客户留下深刻的印象并且建立起良好的关系，需要我们把握好展会接待中的每一个细节。

首先，我们在接待时要做好分工。因为展会上会有各种各样的客户，有些客户只是简单看看，拿份资料便离开，而有些客户则是需要坐下来详谈。这时候我们就需要根据展位的大小以及业务人员的情况做好工作的分配。

一般来说，我们可以根据市场或者产品来分工，由指定业务员负责接待指定的客户群体。这种做法的好处是接待客户的时候，由更专业的业务员来跟进，洽谈效果会更好。不过弊端就是，可能同时会有一批同类市场或者需要同样产品的客户前来，导致业务员一下子忙不过来。另外一种办法是，我们可以在接待时不指定业务员，客户是由哪个业务员接待的日后就归哪个业务员，又或者是展会过后把所有的客户接待记录收集起来再根据情况进行分配。

不同的做法有不同的利弊，我们可以结合具体的展会策划方案以及业务团队情况找到更加合适的方式。

3. 成交需要好的报价策略

除了分工以外，展会接待时还需要注意的是报价策略。

展会上的客户大多数都是有采购需求的行家，因此在现场采取怎样的报价策略也会影响到我们跟客户开展合作的可能性。

有些企业为了防止同行套价，会在展会上要求业务员不得报价，先收集到客户信息，在展会过后再统一进行跟进和报价。这种做法，也许比较适合那些高端、非常有产品力又或者是创新型的产品。但是对于一般产品来说，我们建议还是不要太多地担心同行套价。毕竟同行有心的话，他们可以有很多渠道套到我们的价格。但我们如果在展会现场不报价的话，很有可能会让真实客户觉得我们没有诚意，从而丢失掉一部分真实的客户资源。

除了给客户报我们的常规价格，为了更好地争取客户试单、锁定合作，我们还可以制定一系列的展会促销或者优惠政策。

这些政策可以是对在展会期间下单的客户，直接在价格上给予一定幅度的优惠或赠送赠品，也可以是提供某些额外的增值服务。优惠政策可以采取限时或者限名额的方式，以便业务促成。但无论如何，我们的策略应该与企业的定位相符。

4. 展后跟进要讲究策略

由于展会的时间有限，我们很多时候无法在展会上与客户进行充分的交流。除了要在展会期间做好每个客户情况的记录，还需要我们在展会过后做及时的跟进。

有些业务员认为，展会过后，给该报价的客户做报价，然后其他的客户给他们发一封邮件，让他们有需要的话联系我们就可以了。但其实想要把展会得到的客户资源利用起来，我们还需要更具体的跟进策略。

一般来说，在展会结束的 1～2 天内，我们可以给所有客户发送感谢他们莅临我们展位参观的邮件。这封邮件可以附上一些我们的产品目录以及展会的图片，以便勾起客户的记忆。条件允许的，可以编辑成图文并茂的形式。

同时，我们应该立刻对客户的洽谈记录进行复盘，对不同类型的客户进行分类。需要短期跟进的，应该在我们承诺客户的时间内给客户发送相应的报价和资料。长期跟进的，则可以结合客户在展会中的洽谈内容以及对客户公司的了解，制定出一套具体的跟进策略。

比如说，我曾经在展会中遇到一家业内知名企业的采购商。当时他们只是拿了产品资料，看起来对我们某款新产品比较感兴趣，但是没有跟我们做具体的交流。展会过后，我立马上了他们的官方网站以及社交媒体，发现他们从来没有采购过我们展会的那款新产品，而且发现他们的产品线似乎有一段时间没有进行更新了。

考虑到大采购商在展会出差回去后都会比较忙，而且增加新的产品系列他们也需要走流程，不会立马定下来。于是，我在展会结束半个月后才给这个客户发邮件。而邮件的内容则是向他们介绍我们那款新产品的卖点，以及引入这款产品会给他们带来什么好处的分析。

客户收到邮件之后很快就回复了我，邮件中他表达了对我们这款产品的兴趣，但是他们公司对于开发新的产品系列需要一段比较长的时间审核，希望我可以理解。不过，他同时提出希望我可以给他们现有的类似产品进行报价，也许我们可以先从现有的产品线尝试合作。

就这样，我以一款新产品作为敲门砖，成功地打开了与客户的合作之门。

2.2.5　B2B和B2C平台开发客户技巧

随着互联网的发展以及各大电商平台的崛起，现在也有越来越多的客户通过网络寻找供应商，而最主要的途径莫过于各大 B2B 和 B2C 平台了。

在前一节中，我们列举出一些常用的 B2B 和 B2C 的平台。这一节，我们则着重分享如何通过这些平台开发到目标客户。

1. 注册免费会员还是注册付费会员

各大平台基本上都有免费会员和付费会员两种选择，哪些平台需要注册付费会员，而哪些平台则可以注册免费会员呢？

对于选择电商平台，基于成本的考虑，我们建议根据自己企业的情况，选择 1～2 个大平台购买付费会员，然后结合自己的产品特性以及市场定位，再选择一些中型或地方性平台注册免费会员。

成熟的大平台，由于会员数量非常庞大，免费会员其实基本上不会有任何的效果。比如阿里巴巴，不少供应商为了争取更好的排名，买顶级展位、花高价钱烧 P4P（外贸直通车），甚至支付更高的成本注册金品诚企会员。付费会员都尚且争得头破血流的，试问一个免费会员又怎么可能会有出路呢？

而对于一些地方性的平台，比如上一节我们提到的韩国的 EC21，我们则可以通过注册免费会员作为辅助。在大部分平台，免费会员可以免费发布一定数量的产品，我们可以通过发布产品来获取一定的曝光量。

有些朋友可能会有疑问，既然这些平台采购商数量并不多，我们注册免费会员不也是没什么效果吗？

当然，具体还是要看我们自己的产品定位，如果是符合我们市场的，哪怕是地方性的平台，我们也还是可以注册付费会员的。而如果不是特别对口的，我们在其他平台上注册免费会员，主要是利用这个平台在谷歌上的流量。

我们都知道，各大电商平台为了获取更多的流量，它们自身都会在各大搜索引擎上投入大量的广告，而且部分地方性的平台会在它们地区常用的搜索引擎做更大的投入。当我们在平台上发布了我们的企业和产品信息，很有可能就会因为关键词匹配而成功获得曝光。客户可以直接在我们发布的产品信息中看到我们的企业信息和联系方式，他们可以直接再跳转到我们的官方网站进行深入了解，又或者是直接给我们发邮件询价。

由于该平台没有直接产生询盘，所以人们会觉得这个渠道没有用。但是对于我们开拓客户来说，我们对于免费的渠道，可以广撒网，争取更多的可能性。

2. 用好关键词是第一步

对于大多数平台而言，要获得好的排名，首先要设置好关键词，因为客户基本上是通过在平台中搜索关键词来寻找产品的。

关键词的积累和管理是一个长期工作，想要找到合适的关键词，我们可以利用阿里巴巴数据分析里的"关键词指数"功能。

我们在搜索栏中输入我们的产品关键词 led light 后，就会出现阿里巴巴上该关键词不同时期、不同地区的搜索指数。如图 2.2 所示。

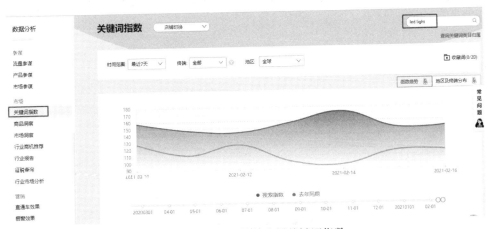

图 2.2 阿里巴巴数据分析关键词指数

往下拉，则会看到与 led light 相关的其他关键词。我们可以结合该关键词的搜索指数、点击率以及卖家规模指数来选择适合自己的关键词。如图 2.3 所示。

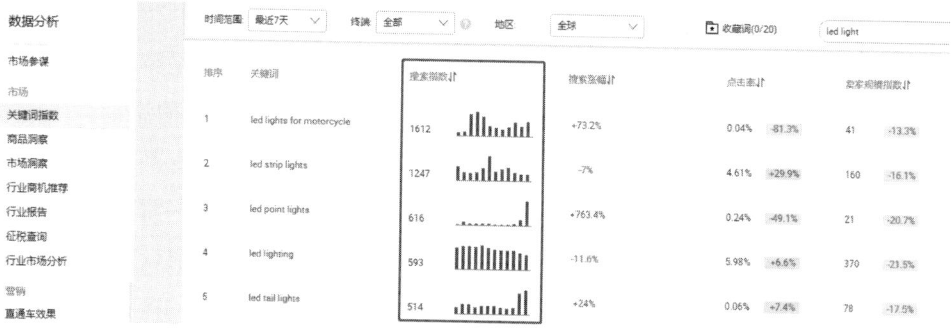

图 2.3　阿里巴巴关键词指数搜索热度

除了阿里巴巴，我们还可以通过谷歌趋势（Google Trends）来了解不同国家或地区在搜索某个产品时，它们在谷歌上会使用怎样的关键词，如图 2.4 所示。

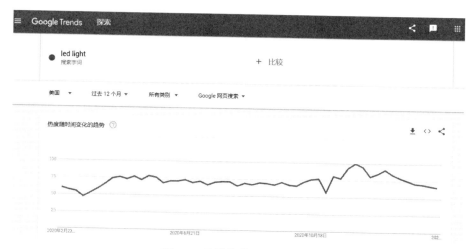

图 2.4　谷歌趋势

在谷歌趋势中同样输入 led light 进行搜索，会得出该关键词在某地区某时间段的搜索趋势，如图 2.5 所示。

图 2.5　谷歌趋势关键词趋势

往下拉，还会有该国家不同地区的搜索热度以及与 led light 相关的主题和查询。如图 2.6、图 2.7 所示。

图 2.6　子区域的搜索热度

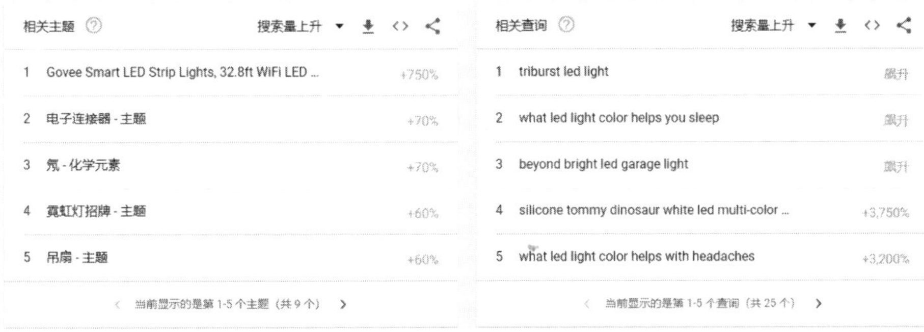

图 2.7　关键词搜索的相关主题和查询

由于不同国家对同一个产品的习惯叫法有可能会不同，通过这些数据，我们可以更加清楚一个地区对某个关键词的搜索习惯以及相关的需求，可以从中发掘到更多、更精准的关键词。

3. 了解平台规则，优化排名

在电商平台上获取询盘的第一步是获得曝光（让客户看到我们），然后是点击（点开产品详情页），接下来才是转化（向供应商发起询盘）。

不同的平台，由于侧重点不同，它们对产品排名的评分规则往往也会不一样。因此，想要获得询盘，我们首先得研究好每一个平台的规则，让我们获得更好的曝光排名。

一般来说，大部分的平台都会比较关注产品的发布质量。比如，产品图质量如何，产品名称与产品介绍是否匹配，产品详情中数据是否完善，该产品的点击、转化以及交易数据等。

除了自然排名以外，还有不少平台采取竞价排名的方式，比如阿里巴巴的直通车。

想要在竞价排名中以更低的成本获得更多的曝光，我们需要根据自己的预算和关键词的数量，选择合适的推广策略。并且通过对关键词的管理，根据目标市场的搜索时间习惯，每天定时对重点关键词的出价进行调整。

4. 关注平台采购信息

大部分的 B2B 和 B2C 平台，除了供应商可以在上面发布产品信息以外，也会有客户在上面发布采购信息。因此，我们也可以通过平台上客户发布的采购信息来开发客户。

以阿里巴巴为例，在"My Alibaba"中，打开数据分析里的访客详情，则可以看到在某时段内访问阿里巴巴网页的客户详情。我们可以从停留时间、浏览行为等判断访客质量。勾选"可营销访客"，则可以主动向该客户发布我们的产品报价和信息。

做访客营销的优势是，我们营销的客户都是浏览过我们的网页，有可能对我们的产品感兴趣的。然而缺点是，我们发出营销信息之后，要客户同意我们才能收到对方的联系方式。如图 2.8 所示。

图 2.8 阿里巴巴访客详情

除了访客营销以外，在阿里巴巴上比较常用的还有 RFQ（request for quotation，报价需求）。

从"My Alibaba"中商机沟通进入 RFQ 市场，如图 2.9 所示。

图 2.9 阿里巴巴 RFQ 市场

搜索产品关键词,如 led light,则得出客户在阿里巴巴中发布的采购需求。每个客户的采购需求只有 10 个报价席位,一般来说质量好的很快就会被抢光,所以建议业务员有空的时候可以多上 RFQ 市场逛逛。我们通过 RFQ 给客户报完价格之后,报价的页面会显示客户的联系方式,这个时候我们还可以通过邮件再次与客户联系,增加客户回复的概率。如图 2.10 所示。

图 2.10 阿里巴巴 RFQ

5. 在平台上搜索目标客户

除了上述所说的，其实各大 B2B 和 B2C 平台上的供应商也有可能是我们的客户。

比如说，阿里巴巴国际站上除了中国供应商，还有其他国家的供应商。他们有可能是我们的竞争对手，也同时有可能是我们的客户。而在其他地方性的商务平台上，当地的供应商则更加有可能是我们的潜在客户了，因为他们面对的是当地市场，极大可能是通过从中国采购然后再经销至当地的。

除此之外，各大平台上的中国供应商也有可能是我们的潜在客户或者合作伙伴。同行业中，不同厂家之间生产的产品往往略有不同，但是却有着一批共同的客户群体。与同行建立起良好的关系，可以互通有无，说不定哪一天对方的客户要找我们的产品时，我们可能就是第一个被推荐的供应商了。

2.2.6 如何通过Google开发客户

展会和电商平台，更多的是被动形式的获客。我们参展或者在平台上注册会员，然后尽可能地让路过的客户看到我们。

而在主动获客这方面，谷歌搜索成为外贸业务员们使用最为广泛的途径。在谷歌上，我们可以通过搜索获取非常大量的客户信息。但同样地，正由于数据量太大，我们搜索出来的信息很多时候质量并不如意。最主要的原因，是大部分的业务员对于谷歌搜索还是仅仅停留在直接输入行业或产品关键词 +buyer 或 distributor 之类的指令，然后以人工的方式一页一页地寻找目标客户的网站，相当低效。

想要更加高效地在谷歌中找到我们的目标客户，我们首先得弄清楚谷歌的搜索规则，才能有效地缩小我们的搜索范围。

1. Google 的"与""或""非"搜索指令

在 Google 搜索指令中，最基本的三种逻辑关系运算为：与、或、非，可以满足简单的数据筛选要求。

与（AND）：代表搜索内容同时包含两个关键词。AND 指令可以用符号 "+" 代替，也可以直接以空格键代替。例如：A AND B（中间有空格），或者 A+B（中间无空格），或者 A B（中间有空格），这三种搜索方法得出的结果都是一样，也是我们平常最常用的。

注意：使用时，所有的指令和符号都是英文状态。并且逻辑语必须大写，否则会被认为是普通的单词，而不是搜索指令。如图 2.11 所示。

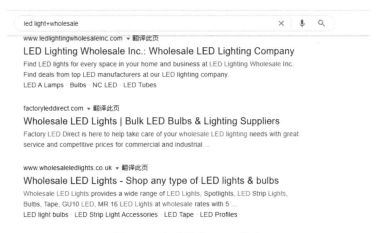

图 2.11　谷歌搜索 AND 指令

或（OR）：代表搜索内容既可以是 A，又可以是 B，或者 AB 两者都包括，并且可以用符号"|"代替。例如：A OR B（中间有空格），或者 A|B。

注意：OR 指令优先于 AND 指令。也就是说，当我们在用 OR 指令搜索时，如果其中一个搜索词包含多个单词，搜索引擎会认为单词中间的空格为 AND 指令。比如：搜索 wholesale OR led light OR distributor 时，等同于（wholesale OR led）（light OR distributor）。如图 2.12 所示。

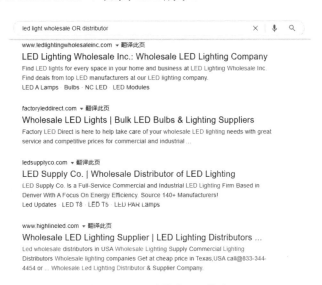

图 2.12　谷歌搜索 OR 指令

从图 2.12 可以看出，用 OR 指令搜索时与 AND 指令不同，搜索结果只需要出现搜索词中的其中一个就可以了。这个搜索指令的好处是可以让搜索结果更加灵活，受搜索词的约束比较少。

我们在搜索时经常会出现很多我们不想要的信息，比如搜索时跑出来一堆中国供应商，又或者是出现亚马逊、阿里巴巴等电子商务平台，这个时候我们就可以使用逻辑非指令。

逻辑非（-）：- 代表排除减号后面的内容，减号的命令可以多个连续使用。例如：A -B。

注意：搜索时，减号与前一个关键词之间一定要有一个空格，与后一个关键词之间一定不能有空格。这样获得的搜索结果为：匹配前一个关键词但不匹配后一个关键词。如图 2.13 所示。

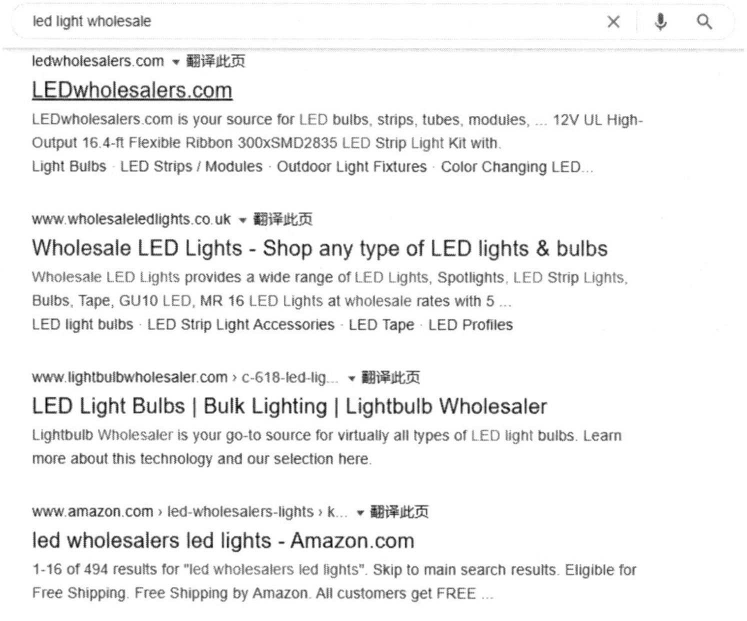

图 2.13　谷歌搜索 led light wholesale

图 2.13 中，当我们直接搜索 led light wholesale 时会出现 Amazon 的网页。当我们用逻辑非指令来剔除我们不想要的搜索结果时，搜索结果就会更加精准。如图 2.14 所示。

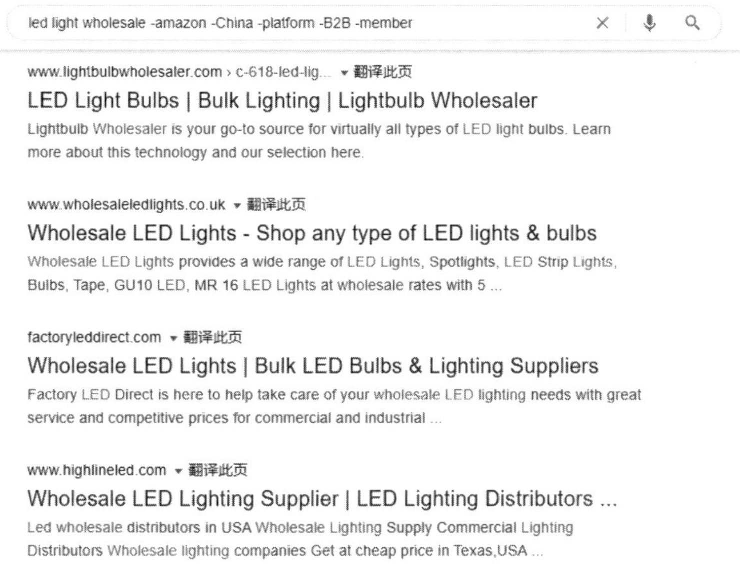

```
led light wholesale -amazon -China -platform -B2B -member
```

www.lightbulbwholesaler.com › c-618-led-lig... ▼ 翻译此页
LED Light Bulbs | Bulk Lighting | Lightbulb Wholesaler
Lightbulb Wholesaler is your go-to source for virtually all types of LED light bulbs. Learn more about this technology and our selection here.

www.wholesaleledlights.co.uk ▼ 翻译此页
Wholesale LED Lights - Shop any type of LED lights & bulbs
Wholesale LED Lights provides a wide range of LED Lights, Spotlights, LED Strip Lights, Bulbs, Tape, GU10 LED, MR 16 LED Lights at wholesale rates with 5 ...

factoryleddirect.com ▼ 翻译此页
Wholesale LED Lights | Bulk LED Bulbs & Lighting Suppliers
Factory LED Direct is here to help take care of your wholesale LED lighting needs with great service and competitive prices for commercial and industrial ...

www.highlineled.com ▼ 翻译此页
Wholesale LED Lighting Supplier | LED Lighting Distributors ...
Led wholesale distributors in USA Wholesale Lighting Supply Commercial Lighting Distributors Wholesale lighting companies Get at cheap price in Texas,USA ...

图 2.14　谷歌搜索逻辑非

除了各大 B2B 和 B2C 的电子商务平台，比较高频可以剔除的词汇有：-China -Chinese -cn -supplier -exporter -manufacturer -platform -B2B -member -forum -bbs -blog -edu -gov -wikipedia -magazine。

我们也可以在平常搜索中不断积累自己的剔除词汇，让我们的搜索可以更加精准。

2. 外贸常用的其他 Google 搜索指令

除了以上三种基础的搜索指令以外，想更精准地搜索到我们需要的内容，我们还可以借助其他搜索指令。

下面，我们将列举出一部分外贸常用的搜索指令，供大家参考。

双引号""指令：指搜索时完全匹配双引号中的内容，不得分开，顺序不得改变。上面我们说 OR 指令的时候就发现，当我们需要搜索一个词组而又需要用 OR 指令时，搜索引擎会认为词组中的空格为 AND 指令而导致我们的搜索结果不尽理想。这个时候，我们就可以使用双引号""把固定词组框起来。如图 2.15 所示。

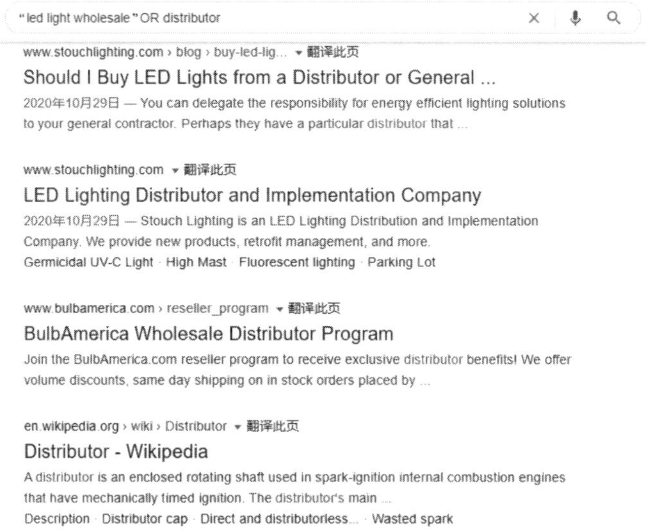

图2.15 谷歌搜索双引号指令

site: 指令：指定搜索某个网站域名。指令全都是小写字母，":"是英文状态下冒号；冒号后直接接指令内容，没有空格。site: 指令加上关键词，可以用于精准搜索某个关键词在某个国家的网页。如图2.16所示。

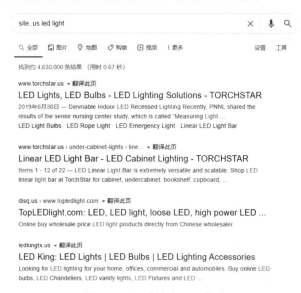

图2.16 谷歌搜索 site: 指令

inurl: 指令：指搜索结果的网站链接中包含某关键词，一次只能搜索一个关键词。这个命令加上关键词 contact、new、about、blog 等，可以让我们搜索到指定的页面，提高效率。如图 2.17 所示。

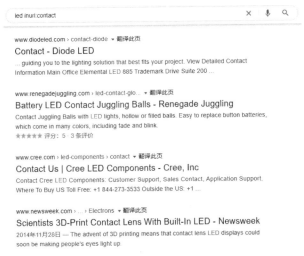

图 2.17　谷歌搜索 inurl: 指令

allinurl: 指令：指搜索结果的网站链接中同时包含多个关键词。我们在使用 inurl: 指令时会发现，当我们想要搜索 contact us 的页面时，用 inurl:contact us，得出的结果是搜索链接里包含 contact，以及和 us 相关的页面。这个时候，我们就可以使用 allinurl: 指令来让搜索链接中同时包含多个关键词。如图 2.18 所示。

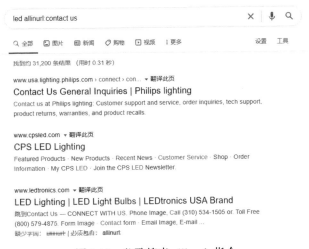

图 2.18　谷歌搜索 allinurl: 指令

由于 allinurl: 指令属于排他性指令，不能与其他指令结合使用，如果我们想结合其他指令使用，则可以改成用多个 inurl: 指令。如图 2.19 所示。

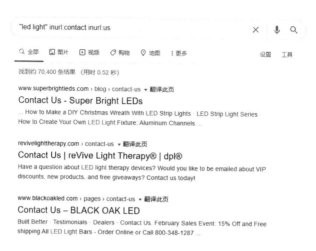

图 2.19　谷歌搜索多个 inurl: 指令

　　intitle: 指令：指搜索结果中包含在标题里的关键词，一次只能搜索一个关键词。这个指令的用法跟 inurl: 相似，优势是当我们想要搜索结果不一定能在网站域名中出现的时候，我们就可以用这个指令来搜索。比如，我们想要搜索跟 led light 相关的论坛，则可以使用指令："led light" intitle:forum。同理，如果我们想搜索多个词，则在指令前加"all"，变成"allintitle:"就可以了。如图 2.20 所示。

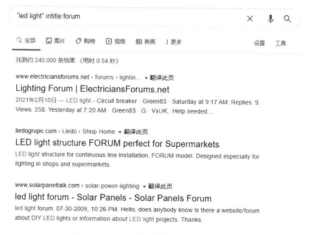

图 2.20　谷歌搜索 intitle: 指令

　　数值范围".."指令：我们在搜索时，经常会发现搜索出来的内容是很多年前的。当我们想指定搜索结果在某个年份区间时，可以使用".."指令。这个指令同时可以用于查看价格、尺寸等指定度量范围内数值的搜索结果，例如：led light distributor 2018..2020。如图 2.21 所示。

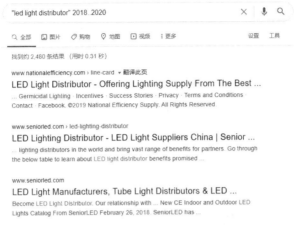

图 2.21 谷歌搜索数值范围指令

注意：列举的这些搜索指令只是提高效率的工具，具体使用中，还需要结合我们对市场和客户的思考，以及不断地优化。

3. 通过 Google 地图找客户

我们除了可以通过各种谷歌指令来找客户，比较简单而又常用的另外一种办法是使用谷歌地图。

我们可以把谷歌地图移动及放大缩小到自己想要搜索的区域，然后在地址栏中输入我们想搜索的关键词。如图 2.22 所示。

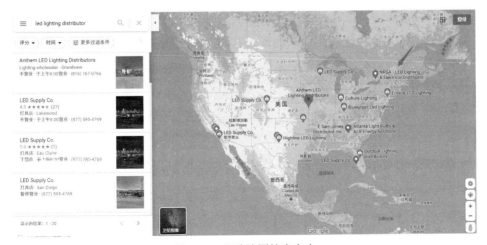

图 2.22 谷歌地图搜索客户

单击左侧的搜索结果或者地图上的标志，则可以获得该公司的详细信息。有网址的则可以直接进入查看该公司是否属于我们的潜在客户。另外，我们还可以借助谷歌地图的街景功能进入实景中，去了解这家公司的面貌以及规模。如图 2.23 所示。

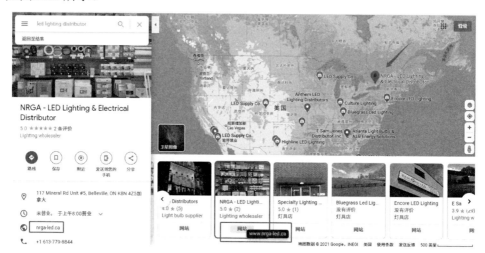

图 2.23　谷歌地图获取详细信息

这种办法的好处是操作非常简单，不会需要复杂的搜索指令，也不会出现广告和非目标区域的客户，我们只需要找准客户公司的关键字即可。但是弊端是，搜索的结果有可能是一些当地的小店铺，需要花点时间去筛选。

4. 通过 Google 图片找客户

很多朋友都知道，跟百度一样，我们也可以在谷歌图片中通过搜索关键词来获得需要的信息。这种搜索办法比起在网页中搜索显得更加直观，通过看到客户的产品图是否与我们现有产品线相关，可以快速地分辨这家公司是否属于我们的目标客户。

然而，单纯使用关键词搜索，得到的结果往往是一大堆来自各大 B2B 或 B2C 平台以及中国供应商的产品图片。

想要更加精准地通过搜索图片获得客户信息，我们可以结合前面所说的逻辑非搜索指令，把我们不想出现的内容剔除掉。如图 2.24 所示。

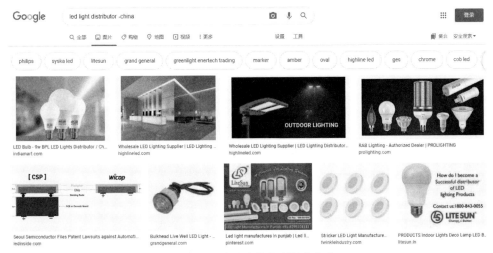

图 2.24　谷歌图片搜索逻辑非指令

同理,如果我们想指定搜索某个国家后缀的网址,则可以使用 site: 指令。如图 2.25 所示。

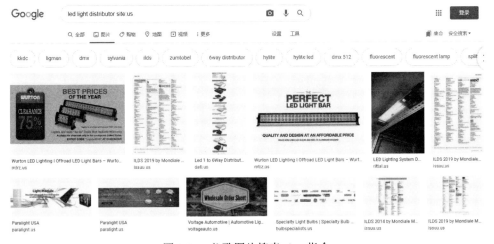

图 2.25　谷歌图片搜索 site: 指令

除此之外,我们还可以在谷歌中利用图片找图片的功能,来找到目标客户。我们只需要点击谷歌图片首页中的相机标签,然后选择粘贴图片链接或者上传图片,即可获得与该图片相关的网页和图片。如图 2.26、图 2.27、图 2.28 所示。

　　图 2.26　谷歌按图片搜索

　　图 2.27　谷歌图片找图片

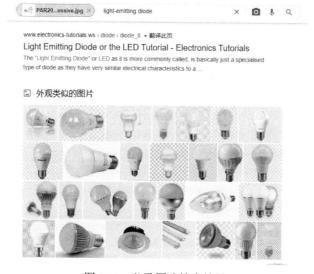

图 2.28　谷歌图片搜索结果

然后再通过同样的操作，筛选出目标客户。

有时候客户会发一些产品图给我们询价，我们同样可以利用这个方法快速找到客户图片的来源，从中可能发掘出他们原来合作的供应商或者竞争对手的信息。

2.2.7　如何通过社交媒体开发客户

随着移动互联网的发展，社交媒体越来越受欢迎。作为免费的渠道，不仅仅是个人，许多企业都纷纷在各大社交媒体平台建立账号，以此公布企业的最新资讯以及塑造品牌形象。

面对庞大的个人和企业用户群体，社交媒体也逐渐成为外贸人免费线上开发客户的重要途径。

在前面的内容中，我们列举了一些主流的社交媒体。而在这一节中，我们则重点分享通过社交媒体开发客户的思路。

1. 找到合适的社交媒体渠道

有些朋友看到别人通过某种社交媒体平台可以轻轻松松地开发到一批客户，然而当自己按照别人的经验来操作，得到的结果却是大相径庭。

由于每个行业的产品特性、客户性质、市场情况都非常不同，拿着别人的经验生搬硬套的结果不一定能让我们满意。因此，我们在找客户前，必须分析清楚我们的行业以及目标市场的特性，才能知道哪个社交媒体渠道是适合我们开发的。

举个例子，我朋友小G的公司是一家生产和加工铝型材的企业，主要市场是中东地区。他们的产品属于建筑材料的半成品，产品附加值比较低，因此需要走量才能够获得足够的利润。所以，他们的主要目标客户是各个国家或地区的代理商和大型经销商。

小G向我描述，他们目前经销商类别的客户主要是以中小型私人企业为主，只是个别的客户有自己的品牌，但是大多数客户品牌意识也不强。

根据以上的信息，我们可以果断剔除照片墙、油管这两个渠道，因为对于客户来说，这两个渠道都主要以图片或视频形式，不适合用于建筑材料半成品的推广。而我们都知道，领英和推特在中东地区的用户相对较少，也不是很适合开发。经过排除后，剩下的就只有脸书可以做开发了。

2. 打造专业的个人及企业主页

锁定合适的社交媒体渠道，我们在开发客户之前首先要建立我们的个人主页以及企业的公共主页。

在大部分的社交媒体上，我们可以通过添加目标客户群体作为好友，但是这个前提是我们自己的个人主页看起来让人不讨厌。

为了让对方更加清楚我们是谁，我们可以在个人名字中添加我们企业或产品的关键字，填写好个人档案，同时选用比较好看的个人照片作为头像。具体是用职业照还是用生活照，这要看我们的行业性质以及企业定位，如果我们希望给客户容易亲近的感觉，可以用比较阳光的生活照；如果我们希望打造专业的个人形象，则可以用职业照。

注意：由于领英是一个职场人士的社交平台，建议在领英的头像尽量采用偏职业风格的。

除了完善个人信息，我们还需要在我们的主页上不定期地发布有价值或者能够引起客户兴趣的内容。这里提醒大家，我们所发的内容尽量多样化，不要千篇一律地发产品图。因为当我们添加客户的时候，对方一般会点开我们的主页看看我们是谁，如果我们发布的内容对客户来说是有趣的，他接受我们的机会会更大。但是反过来，如果对方点开看到的是每天千篇一律的低质量的小广告，很容易就会联想到这是一个喜欢用广告轰炸的业务员，通过我们的好友邀请的概率肯定就会大打折扣。

因此，在打造个人和企业主页的时候，不妨换位思考，想想如果自己是买家，会更加喜欢与怎样的供应商成为好友。

3. 如何通过 Facebook 找客户

为了让大家更加清楚，这里我们稍微深入一点谈谈如何在脸书上找客户。

最简单直接的办法，就是在搜索栏中直接搜索用户和公共主页。但是搜索前需要思考，我们的目标客户在 Facebook 上可能会用怎样的用户名，怎样才能够高效地找到他们。

还是以 led light 举例，我们的目标客户群体其中一部分是经销商，而作为卖家的身份，他们名字中一般会出现 led 或者 led light。果不其然，我们搜索 led light 时，的确就出现了一大批的用户，里面也的确包括经销商。如图 2.29 所示。

同理，我们也可以搜索公共主页，找到目标潜在客户的主页，进去后会有企业的具体联系方式和网址。

除此之外，我们还可以搜索行业相关的小组，选择会员较多并且小组主题符合的加入。在里面我们有可能会遇到有人分享技术性的问题，也有人会分享自己的生意经营情况，从中我们也可以添加到一部分潜在客户。

比较有意思的是，当我们的 Facebook 添加了一定数量的潜在客户时，平台会自动向我们推荐更多的相关好友。只要我们的个人档案不太糟糕，我们添加共同好友多的陌生人时，获得通过的概率是非常大的，而这几乎不需要我们做太多的操作。

图 2.29　脸书用户搜索结果

反过来思考，我们在添加好友的时候，除了添加目标潜在客户，还可以添加他们感兴趣的人，比如行业媒体人或评论员。由于他们的帖子主要是行业资讯，点赞、转发、评论的，也有可能是我们的潜在客户。

4. 如何在 Linkedin 中添加客户

除了脸书，领英也是外贸人比较热衷的客户开发渠道。主要原因是 Linkedin 是一个职场人士的社交平台，比起 Facebook 来说更加容易找到职业买家。

同样地，在找客户之前，我们也需要完善自己的个人档案。但是在 Linkedin 上还有一个比较特别的功能，就是我们可以邀请别人给我们写推荐信（reference）。由于每个人在 Linkedin 上都会有自己企业和职位的介绍，当我们邀请关系比较好的客户给我们写推荐信时，对方的简介也会显示出来，这对于我们来说会是获得信任的一个非常好的加分项。

在 Linkedin 中寻找客户的方法与 Facebook 的大致相同，只是我们只能添加"2 度"关系的人做好友（2 度指双方之间有一位共同好友），并且在添加好友时可以发送个性化的邀请信息。因此，在添加的时候如何写这个邀请信息，起着比较大的决定作用。

一般来说，我们找到潜在客户后，可以点击查看他的个人档案，从中找到一些双方共同关注的，或者是我们能够吸引对方的点来做切入口。以下提供三个比较常用的邀请信息模板给大家参考。

邀请信息模板一：

Hi Jack,

This is Wendy, sales manager of [公司名字]. I came across your profile and found that you are confused on ×××.

I have more than 10 years' experience in this field, and we may be able to give you some solutions.

Pls accept this invitation so that we can discuss.

Thanks in advance.

Wendy

你好 Jack，

我是[公司名字]的销售经理 Wendy。我看到你的个人资料，发现你对×××感到困惑。

刚好我在这方面有超过10年的经验，也许我们可以给你提供一些解决方案。

请接受我的好友邀请以便做进一步沟通。

提前谢谢。

Wendy

邀请信息模板二：

Hi Elena, how are you?

Learned that as a professional distributor in US, your company has strong strength in ××× products.

As one of the leading manufacturers, we began exporting to US since 2015, and provide clients with customized solutions.（写企业优势或者是其他吸引客户的点）Are you interested to get some information?

Looking forward to possibly working with you.

Wendy

嘿，Elena，你好吗？

了解到贵公司作为美国的专业经销商，在×××产品方面具有较强的实力。

作为领先制造商之一，我们从2015年开始向美国出口，并为客户提供定制解决方案。（写企业优势或者是其他吸引客户的点）你有兴趣得到一些信息吗？

期待与您合作。

Wendy

邀请信息模板三：

Hey Thomas,

I saw on your profile that you're associated with [行业名称]. I'm also in [行业名称]industry and I'm very interested in [某个话题]. I believe that we could mutually benefit from connecting with each other – would you be open to it?

Wish you a great week.

Wendy

嘿，Thomas，

我在你的个人资料上看到你与[行业名称]有关联。我也刚好在[行业名称]中，并且对[某个话题]很感兴趣。我相信我们可以从彼此的联系中获益——你愿意接受吗？

祝你一周愉快。

Wendy

2.3 外贸开发信怎么写

获得目标客户的联系方式之后，想把潜在客户转化成合作客户，非常关键的一步就是开发信这个环节。然而这却是一件非常有挑战性的事情，因为我们跟目标客户之间并没有过任何的联系，客户对我们一无所知。

如果开发信能够成功吸引到客户的回复，我们才可能有接下来的洽谈、谈判和成交。然而，我们却发现大部分的外贸业务员在书写开发信的时候都是千篇一律，甚至有些还是沿用着十几年前教科书中的模板。

而决定我们开发信质量的首要因素，是我们的思路。

2.3.1 发开发信前的准备工作

一家美国公司曾经深入研究过 25 万封真实开发信邮件，进行分析后发现，当查看陌生销售邮件的时候，第一封邮件往往是最有效的，基本上 12.5% 的销售人员会获得客户的回复。而哪怕第一封没有得到回复，第二封邮件依然会获得大概 8.6% 的回复。要是还没得到回应，第三封的回复率会降低至 3.1%。也就是说，经过三次的尝试，大概有 24% 的概率会收到客户的回复。但是从第五次开始，回复的概率几乎为零。因此，建议开发信尽量不要超过三次。如图 2.30 所示。

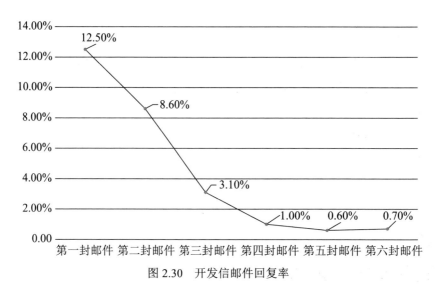

图 2.30 开发信邮件回复率

为什么同样发开发信，国外销售人员获得回复的比例会比我们高出那么多？

很多时候，我们发开发信出去之后就是石沉大海，主要原因在于书写开发信的思路有问题。

当我们以"开发"的思路编写邮件的时候，我们想得更多的是如何把客户"搞定"。因此，内容中可能会堆砌不少的、自以为是但是并不能吸引客户的所谓"卖点"。

开发信其实也叫作建交函，其主要目的是跟客户建立起联系，而不是通过一封邮件就让客户成交。因此，我们在思考开发信的时候，应该把更多的注意力放在如何吸引到客户跟我建立起联系上来。

1. 打动客户需要做足功课

想要与客户建立起联系，首先得打动客户。

而每个客户的情况都有所不同，因此我们在发开发信前需要对客户进行深入了解，知己知彼才能百战百胜。

一般来说，我们在开发客户联系方式的同时就需要对客户做深入的了解，并且以表格的形式管理好重点的信息和开发记录，以方便日后跟进管理。

对于一个新客户，我们首先需要了解他们企业的基础信息，比如：企业性质和规模、经营范围、产品种类、行业经验等。同时，我们还需要了解我们对接的联系人是谁，在这个企业中担任什么职位，是否拥有决策权，他比较关注的点可能有哪些。对于一些大企业，我们甚至还可以在网上搜索一下它们最近是否有什么新闻；对于中小型企业，我们则可以通过它们的社交媒体了解到它们的最新动态。

通过上面所说的信息，我们其实可以挖掘出不少的切入点。

有些朋友会觉得，既然要吸引对方回复，我可以直接在一封邮件中把所有切入点都列出来，这样成功的概率就会高很多。当然，如果我们对自己市场判断以及书写开发信的技巧有足够的信心的话，这是一个不错的选择。但是如果我们只是一个新手，那建议还是保守点。

前面我们有说过，前三封的开发信都有一定的概率可以获得客户的回复。因此，比较保守的做法是，我们可以选择三个认为最有把握的切入点，依次安排在三次的开发信中。这样做的好处是，我们每次的邮件都可以突出一个重点，篇幅不会太长。哪怕第一次没有打动客户，我们还有两次机会。而且在三封邮件中，我们都是不同的思路，会让客户觉得我们非常用心。哪怕是内容没有打动客户，我们的态度可能也会感动到客户。

2. 避免被判定为垃圾邮件

很多开发信之所以得不到回复，并不是因为客户对我们不感兴趣，而是客户根本没收到我们的邮件。

我们在日常生活中，经常会收到一些陌生的来电，而这些来电有时候会显示"广告推销""房产中介"之类的标签。当我们看到这些标签的时候，无一例外地，肯定是会直接把电话挂掉。

电子邮件也是一样，我们的邮箱地址、发件域名以及服务器 IP 都有可能因为触发了某些机制被列入黑名单。而如果客户的邮箱刚好是使用该黑名单的数据库，对方是绝对不可能收到我们的邮件的。

为了让我们的邮件看起来不像垃圾邮件，一般来说，首次邮件尽量不要有链接和附件。而且在邮件标题中应当尽量避免使用被过滤的高频词，比如 100%、increase sales、marketing solution、free、free offer 等。

同时，图片太多、文字较少的邮件也有可能会被标记为垃圾邮件。而相近的内容在短时间内频繁或者群发给不同的收件人也会触发过滤规则。

因此，建议大家把目标客户做好细分，根据每个客户不同的情况，对应地发一对一的邮件。如果真的需要群发，可以考虑付费购买邮件群发软件。

2.3.2　好的标题是成功的一半

采购商们每天都可能会收到一堆陌生邮件，如何在当中脱颖而出获得客户的点击，首先需要我们有一个吸引眼球的好标题。

有人称，标题是影响邮件打开率的最大因素。而同时也有研究数据表明，33% 的邮件收件人仅根据标题来决定是否要打开邮件。

有统计显示，一个好的邮件标题应该在 60 个字符以下，不超过 10 个单词。

而当我们在思考标题的时候，不妨问一下自己以下几个问题。

1. 我的标题会引起对方的好奇心吗？

邮件标题的首要任务是吸引对方点开我们的邮件，因此如果我们的标题能够勾起对方的好奇心，则很大可能不会被直接删掉。

有数据表明，55% 的客户表示他们喜欢营销邮件中包含自己感兴趣的产品以及优惠。

因此，在标题中，我们可以包含客户感兴趣的利益点，比如对方面临的挑战以及他们有可能感兴趣的解决方案。同时，我们可以利用提问的方式来吸引客户的注意。

除此之外，我们还可以在标题中加入客户的名字。一般人在邮件中看到自己的名字都会比较好奇，想知道对方是谁，为什么会有他的联系方式。因此，也更加容易会点开邮件。

2. 我的标题与客户有相关性吗？

我们在前面说可以利用提问的方式来让客户感到好奇。但有些时候，业务员在邮件标题中会过度追求勾起客户好奇心，却忽略了与客户的相关性。

我们可以对比以下这两个标题。

第一个：Want more business?（想要更多的生意？）

第二个：Want to know how to boom your LED business?（想知道怎样促进你的 LED 业务？）

相比之下，第一个标题虽然以提问的方式让对方感到好奇，但是主题有点泛，看起来比较像广告信，因此很容易被客户直接删掉。而第二个标题中，有具体提到客户的行业，看起来更加像是为对方提出有价值的建议或者解决方案。如果我是客户，我会觉得一看无妨。

3. 我的标题是否有制造出紧迫感？

客户在收到我们开发信邮件的时候，如果没有立刻点开，那几乎这封邮件就永远不会被打开了。因此，如果我们的标题能够制造出紧迫感，那被点开的概率也会大大提升。

对此，在标题中，我们可以使用具有号召性或者有时间限制的词语。

比如：

Get Your Special Offer Right Now!（立即获得您的特别优惠！）

Last Call to Get Secret Offer（获得神秘优惠的最后机会）

Grab Your Early Bird Benefit Now at 50% Off（立即享受您的五折早鸟优惠）

Only 3 Days Left to Get Your Customized Proposal（获得您的定制提案，仅剩 3 天时间）

4. 我的标题看起来是否为客户而设？

让一封邮件看起来是为对方量身定制的，无疑是提高打开率的最佳方式之一。

每个人都希望被重视，因此我们在标题中包含对方的名字会是一个很好的办法。除了会让对方觉得这封邮件是特意为他而写的，同时也会勾起他的好奇心，想知道我们是怎么知道他的，我们会给他带来什么信息。

如果我们没法知道对方的姓名，则可以在标题中包含对方的企业名称，或者是有对方需求或者利益相关的信息。

总的来说，我们应该根据客户的情况和需求来量身定制，因为没有任何两封开发信是长得一模一样的。

注意：以上四点，是获得更高点开率的邮件标题特征。但是由于字数有限，在一个标题中我们不一定可以全部兼顾。因此在思考邮件标题时，我们只需要根据邮件的内容选择更加适合的元素即可。

2.3.3 开发信正文怎么写

我们从商务英语或者外贸信函的教材中会看到不少的邮件模板，里面告诉我们在写开发信的时候需要寒暄，告诉对方我们是从哪里得知他们的联系方式，然后要用一段话介绍公司优势，接着再到正文，正文结束之后还需要有客套结束语。这的确是一封标准的商务信函的格式，是大家在学习书写邮件时必须掌握的基本功。

但是，很多业务员为了方便，基本上只是在这些开发信模板上稍加改动就发出去了。先不说这些模板在国外采购商的眼中值多少分，而是我们可以想想，这种类型的开发信模板已经被沿用多久了？国外的采购商们一年当中会看到多少封类似的邮件？

因此，只要我们还是按照这样的格式，哪怕我们的内容写得再用心，对于视觉疲劳的采购商来说，可能点开邮件一看到是这个格式就会立马删掉了。

1. 简明扼要，排版整齐

要知道，国外的采购商工作都很忙。我们能从网上找到他们的联系方式，别的同行也一样可以。因此，他们每天打开邮箱都有可能有几十封的陌生邮件。外国人的时间管理意识比较强，他们一般每天只会用固定的时间来阅读和处理邮件。而对于陌生邮件，即使是点开，往往也只会花2～3秒的时间大致扫一眼，如果没有看到有价值的信息的话，就会直接把邮件删掉。

换句话说，哪怕你在茫茫人海中找到目标客户的联系方式，你的标题可以吸引到他点开邮件，但是你的邮件内容只会在客户的面前停留2～3秒的时间。

当然，大部分情况下，我们的邮件不可能短到只用几秒就能读完。我们要做的是用尽量精简的语言进行表达，而且通过排版来让整篇邮件更加方便快速阅读和抓取重要信息。

2. 提供有价值的信息

我曾经收到过一封开发信，邮件标题是×××manufacturer（×××生产商），正文就是他们的公司介绍、产品介绍和图片。

这类型的邮件，其实充其量也只是封"自我介绍信"，谈不上是开发信。因为里面根本就没有明确的主题，也没有给对方提供非常有价值的信息。也许有些朋友说，我的产品信息就是有价值的，我的主题就是让对方知道我有这样的产品，他需要的话可以找我询价。

的确，有这样想法的朋友还不少，特别是从很多业务新人的开发信中都能看到这样的影子。

我们所说的"有价值"，是客户认为有价值，而不是我们认为有价值。作为一个采购商，谁的手上没有几十家供应商的资料，如果我们贸然发过去的产品资料也算是有价值的话，那除非是我们的产品非常有产品力，在市场上没有其他同类型替代品。否则，对于客户来说，我们的产品资料就像是电灯柱上的牛皮癣而已。

所谓的有价值，应当是了解客户背景和痛点以后，结合我们自身的优势，给客户提供的一个解决方案。

比如，我们的A产品比起客户正在使用的B产品更加节能，并且采购价格也更低。可以降低客户的采购成本和使用成本就是有价值的信息。

3. 邮件书写要跟随国外习惯

想要让客户舒服地读完我们的邮件，我们还需要学习国外客户书写邮件的习惯。

首先，正如我们前面所说的，我们的开发信需要简明扼要，因此并不需要在正文中长篇大论地介绍我们自己。如果客户对我们感兴趣，我们的签名中有公司信息，他可以自行上网查看，也可以回复我们更多的信息。

其次，邮件的用语也要尽量符合国外客户的思维，特别明显的是语序以及主动和被动语态的使用。我们平常比较习惯说的是：If you want more information, we will send you our catalog.（如果你想要更多信息，我们会发送我们的产品目录。）但是外国人书写邮件时则是比较习惯：Catalog will be sent if you want more information.（产品目录会被发送，如果你希望获得更多的信息。）

除此之外，我们在教科书中学到的寒暄其实大部分可以省略。

比如邮件开头，我在网络上看到一封开发信的模板是这样写的：Dear Mr. Jack, it is glad to write to you with keen hope to open a business relationship with you.（亲爱的 Jack 先生，很高兴写信给您，热切希望与您建立业务关系。）而外国人的是这样写的：Hi, reaching out because I know you are seeing unprecedented demand.（嘿，试图联系你是因为我知道你看到了前所未有的需求。）

外国人的思维基本上都比较直接，喜欢直奔主题。而我们中国人却比较喜欢讲求礼貌委婉，但是过度的寒暄反而会让外国人觉得很别扭。

4. call to action（行动号召）

我们花那么大的力气找到目标潜在客户，吸引他们的注意力点开并且阅读我们的邮件，最终是希望能够得到他们的回复，从而建立起联系。

因此，CTA（call to action）是一封优秀开发信不可或缺的部分。

一般来说，如果是图文形式的开发信，我们可以在图片中添加"learn more（了解更多）""contact（联系）"等按键链接来引导客户做下一步的动作。

注意：建议一封邮件中只在必需的位置出现 CTA 的按键，否则会让客户觉得不舒服。

而在文本型的开发信中，我们则可以通过不同的方式来促使客户回复或者是做进一步的行动。最常用的办法就是以提问或者号召来结束邮件，比如：

当我们不确定对方是不是相关负责人，而又希望邮件能达到对的人，我们可以问：Are you the right person to speak about this? If not, who do you recommend I should contact?（你是谈论这件事的合适人选吗？如果不是，你建议我联系谁？）

当我们向潜在客户提供了一个解决他们痛点的方案，可以提出一个问题以确认这是否是他们目前需要解决的问题。如：Is this a priority issue that you want to resolve?（这是你想优先解决的问题吗？）或者 Is this a problem that you are facing currently?（这是你目前正面临的问题吗？）

我们也可以在邮件中保留一点神秘感，询问客户是否需要我们提供更多的资讯。如：Do you mind if I share a presentation of how we can help you with ...?（你介意我和你分享一下我们如何在……方面帮助你吗？）

总而言之，在邮件结束之前，我们需要有一些内容来促使我们与客户能够建立起联系。

2.3.4 开发信案例分析

很多时候,大家看理论知识觉得自己都看懂了,但实际上操作起来却完全不是那么一回事。为了让大家有更深入和形象的了解,接下来我们对几封开发信进行分析,看看其中有什么是值得学习的,又有什么是应当尽量避免的。

案例一:

邮件标题:

Re: hot-selling massage gun details

邮件正文:

Hello,

I am ×××, my company sell massage gun, we have different models, and each model has their features. For example, some model is mini size, some model is 30 speeds with carry case package, and some model is lcd touch screen with 6 heads.

Now, our hot-selling massage gun model is for lady, it is mini size, and it is type c usb port charing, so it is popular for office lady and sports. Below is the specification, please check it:

Model: RXGM05M

Massage Head: 4 heads

Motor: brushless

Frequency: 1 800 ~ 3 200 rpm

Li-on battery capacity: 24 V 240 mAh

Endurance time: 6 hours

Switching mode: button

Gear position: 4 speeds adjustment

Interface type:type C port

Power supply: rechargeable lithium battery

Net weight: 0.4 kg

Gross weight: 1 kg

Product size: 137 mm×90 mm×46mm

Package content: mini massage gun×1; instruction×1; Massage heads×4, type c line×1

 Price: US $38/pc

 My company can help customize logo if the quantity is more than 100pcs, and we can do drop shipping too, please contact me if you have interest.

 Regards,

 ×××

邮件标题：

回复：热销按摩枪详情

邮件正文：

您好，

 我是×××，我公司销售按摩枪，我们有不同的型号，每个型号都有各自的特点。例如，有些型号是迷你型，有些型号是30速带手提箱包装，有些型号是6个头的LCD触摸屏。

 现在，我们热销的按摩枪型号是专门设计给女士用的，它是迷你型的，并且是C型USB端口，所以它很受办公室女士和运动人士的欢迎。以下是规格，请查看：

 型号：RXGM05M

 按摩头：4个

 电机：无刷

 频率：1 800～3 200 rpm

 锂电池容量：24V 240 mAh

 持续时间：6小时

 切换方式：按钮

 挡位：4挡调整

 接口类型：C型端口

 电源：可充电锂电池

 净重：0.4 kg

 毛重：1 kg

 产品尺寸：137 mm×90 mm×46 mm

 包装内容：迷你按摩枪×1；说明×1；按摩头×4，c型线×1

 价格：38美元/件

 如果数量超过100件，我公司可以帮助定制标志，我们也可以提供代发服务，如果您有兴趣，请与我联系。

真挚问候

×××

首先，我认为这封邮件做得比较好的是标题和排版。标题里面加了"Re:"，会让人觉得这是一封曾经联系过的邮件，而且标题中出现"hot-selling（热销）"和产品关键词，如果收件人对这产品有需求的话很有可能会因为好奇而点开这封邮件。在打开邮件之后，可以看到邮件的排版很整洁，因此第一印象也不错。

对于这封邮件来说，可以提升的部分是英语表达方面，而且在邮件中不宜使用 I, my，而是应当用 we, our。用词方面也可以更简洁，突出主要的卖点，在排版和逻辑上可以更加清晰，让客户一目了然。另外还有一个比较严重的问题，就是邮件正文中没有提到企业名字，结尾部分也没有签名。

结合整封邮件内容表达的专业度，这封开发信很容易让人觉得这是一家小型作坊，可信度非常低，哪怕对方真的有需求都不太可能会回复。

对于同样的正文内容，以下是我稍做调整的版本：

Hello,

This is ×××, our company ABC sells **massage gun**.

We have different types like:

- Mini size
- 30 speeds with carry case package
- lcd touch screen with 6 heads

We can **customize logo** if quantity more than 100pcs, and can do **drop shipping**.

Now we have **hot-selling model for lady**, mini size, type CUSB port charging, which is popular for office ladies and sport fans.

Below is the **specification and price**:

Model: RXGM05M

Massage Head: 4 heads

Motor: brushless

Frequency: 1 800 ～ 3 200 rpm

Li-on battery capacity: 24 V 240 mAh

Endurance time: 6 hours

Switching mode: button

Gear position: 4 speeds adjustment

Interface type:type C port

Power supply: rechargeable lithium battery

Net weight: 0.4 kg

Gross weight: 1 kg

Product size: 137*90*46 mm

Package content: mini massage gun*1; instruction *1; Massage heads*4, type c line *1

Price: US $38/pc

Contact us if you want more details.

Regards,

×××

ABC Company

您好,

我是×××,我们公司 ABC 销售按摩枪。

我们有不同的类型,如:

- 迷你

- 30 速,带手提箱包装

- 6 头液晶触摸屏

如果数量超过 100 件,我们可以定制标志,并可以提供代发服务。

现在,我们有专为女士设计的热销款式,迷你,C 型 USB 端口充电,该产品深受办公室女士和体育迷欢迎。

以下是规格和价格:

型号:RXGM05M

按摩头:4 个

电机:无刷

频率:1 800～3 200 rpm

锂电池容量:24 V 240 mAh

持续时间:6 小时

切换方式:按钮

挡位：4 挡调整

接口类型：C 型端口

电源：可充电锂电池

净重：0.4 kg

毛重：1 kg

产品尺寸：137 mm×90 mm×46 mm

包装内容：迷你按摩枪 ×1；说明 ×1；按摩头 ×4，c 型线 ×1

价格：38 美元 / 件

如果您需要更多详细信息，请与我们联系。

真挚问候

×××

ABC 公司

案例二：

邮件标题：Leading pro lighting Supplier

邮件正文：

Dear Friends,

Greetings from ABCLIGHT.

We are a stage lighting factory for years. 2021 is taking off already, lets prepare for it! For any pro lighting request, feel free to message back.

Kind regards,

ABCLIGHT

邮件标题：领先的专业照明供应商

邮件正文：

亲爱的朋友们，

来自 ABCLIGHT 的问候。

我们是一家多年的舞台灯光厂。2021 年已经起飞了，让我们为它做好准备吧！对于任何专业照明要求，请随时回复信息。

亲切问候，

ABCLIGHT

这封邮件的优点是邮件标题方向明确，正文内容言简意赅，符合外国人邮件书写习惯。虽然正文中没有对企业和产品进行介绍，只是说它是一家拥有多年经验的舞台灯光工厂，但这反而有可能会让客户感到好奇，从而会在网上查询这家企业的信息。而一旦客户发现企业官网中的产品以及品牌呈现是符合他的需求的，则很有可能会向供应商发出询盘。

在提升建议方面的话，个人认为"2021 is taking off already, lets prepare for it!"这句话对于部分客户来说可能意义不大。如果改为用一句话来概括企业或产品最吸引客户的优势，又或者是用提问的方式来勾起客户的好奇心，可能效果会更好。

案例三：

邮件标题：Website Designing

邮件正文：

Hi,

I am Brianna, Web Development Manager in India and I work with 100+experienced IT professionals who are into:

Our Specialization		
Website Designing	Web Development	PHP Development
e-Commerce solutions	Wordpress Development	Web Applications
iOS and Android Apps Development		Sales Force solutions
Technology Version Upgrade		Website Redesign
Shopify	Magento	Joomla
SEO	SMO	PPC

May I know if you are interested in any of these services?

If you are interested, then I can send you our past work details, company information and an affordable quotation.

For an effective conversation, please share your Phone Number, WhatsApp Number or Skype ID, along with the preferred time to contact you. Someone from our team will contact you according to your schedule.

Thanks & Regards

Brianna

Web Development Manager

邮件标题：网站设计

邮件正文：

您好，

我是 Brianna，印度的网页开发经理，我与 100 多名经验丰富的 IT 专业人员一起工作，他们从事：

我们的专长		
网站设计	网络开发	PHP 开发
电子商务解决方案	Wordpress 开发	网络应用
iOS 与安卓应用程序开发		销售人员解决方案
技术版本升级		网站重新设计
Shopify （电商平台）	Magento （麦进斗，电子商务系统）	Joomla （内容管理系统）
搜索引擎优化	社交媒体优化	点击付费广告

请问您是否对这些服务感兴趣？

如果你有兴趣，那么我可以给你我们过去的案例细节、公司信息以及合理的报价。

为了进行有效的对话，请分享您的电话号码、WhatsApp 号码或 Skype ID，以及与您联系的首选时间。我们团队的人员将根据您的日程安排与您联系。

谢谢和问候

Brianna

网络开发经理

这是一封来自印度的网页设计及网络推广服务的开发信。这封邮件值得我们学习的是，发件人把企业提供的服务内容以表格的形式呈现，相比用文字逐一列举而言，显得更加清晰和整洁。正文的用语虽然说并不是特别简短，但是也没什么多余的废话，而且段落清晰，感兴趣的客户也是很有可能会读完。

如果说要提升的话，可能就是标题部分。发件人直接以他们的主要服务作为标题，这样做的好处是可以快速筛选目标客户，只有对网页设计感兴趣的客户才会打开邮件。不过相对而言，这样的标题少了些创意以及触动非迫切需求客户打开邮件的理由。毕竟网页设计属于创作类的工作，如果在标题中能有些创意的成分，比如以提问或者是夸张的手法，可能起到的效果会更好。

案例四：

邮件标题：Follow up with my previous email

邮件正文：

Hi there,

Hope everything goes well!

Following on my previous email, as they tend to slip through the cracks.

I just would like to check if you're looking for translation services.

ABC Translation is a professional translation and localization provider with over 20 years of experience providing end-users with translation services with consistent quality at good prices, both individually and in partnership with some of the Top500 companies in the world, such as GE, SIEMENS, Johnson & Johnson and SAMSUNG.

Our advantages:

- Reliable Native Lingual Input for 200+ Language Pairs
- Experienced, Industry-Specific Translators
- Effective Project Management Methodologies
- Affordable and Fast Language Solutions
- Quality Assurance and ISO Certification 9001:2015

If you need, we can also offer our corporate profile and samples of translations.

Looking forward to hearing from you soon.

Warm Regards,

Jessie Lu | Account Manager | ABC | ABCtranslation.com

EN ISO 17100:2015, EN 15038:2006 Certified

ISO 9001:2008 Certified Language and IT Services provider

邮件标题：跟进我以前的电子邮件

邮件正文：

您好，

希望一切顺利！

对于我们之前的邮件，也许他们在您百忙中被遗漏了。

我只是想看看你是否在找翻译服务。

ABC翻译是一家专业的翻译和本地化提供商，拥有超过20年的经验，为最终用户提供质量稳定、价格低廉的翻译服务，无论是单独还是与一些全球500强公司合作，如GE（通用电气公司）、西门子、强生和三星。

我们的优势：

- 200多种语言对的可靠母语输入
- 经验丰富的行业特定翻译人员
- 有效的项目管理方法
- 价格合理且快速的语言解决方案
- 质量保证和ISO认证9001:2015

如果您需要，我们还可以提供我们的公司简介和翻译样本。

期待尽快收到你的来信。

亲切问候，

Jessie Lu | 客户经理 | ABC | abctransation.com

EN ISO 17100:2015，EN 15038:2006认证

ISO 9001:2008认证语言和IT服务提供商

这是一封国内某翻译公司的开发信，与上一个案例一样，都是提供服务的供应商。虽然邮件稍长，但是从标题到正文，都可以看出这封邮件的设计非常用心。

很多人邮箱每天都会收到一堆的广告邮件，因此如果邮件标题一看就是广告信的话，那么这封邮件很容易就会直接被删掉。而这封开发信使用Follow up with my previous email来做标题，会让人觉得邮件中可能会有重要的事情，因此会点击打开。不过使用这种标题也有缺点，收件人点开之后发现原来这只是一个"标题党"，会非常容易产生厌恶感，从而有可能不读完邮件就直接删掉。

而这封邮件做得比较好的就是在邮件正文的开始便解释，说之前发过邮件但可能被屏蔽了，然后迅速问对方是否需要翻译服务。这样快速解释并且道明来意可以很大程度地降低对方的厌恶感。如果对方完全不需要翻译服务，那怎

么处理这封邮件都没关系。但如果收件人是对翻译服务感兴趣的，自然会读下去，因此接下来的内容稍微长一些也没关系。在后面的内容中，发件人详细陈述了该公司的历史、优势以及具体列出几个500强企业的合作伙伴，这可以很好地建立起一定的信任基础。

而在邮件的签名中，发件人不仅给出个人的职位、企业名字，还列出了企业网址和对应的认证资质，让人觉得这是一家非常专业和规范的企业。如果我有翻译服务需求的话，很有可能就会回复他们索要报价了。

注意：有很多人认为开发信字数一定要极度精简，用词要简短到不能再短为止，其实大可不必。像案例三和案例四，发件人提供的不是产品而是服务，如果用词太简短会让人觉得表达很生硬，缺乏温度和服务意识。而相反，稍长一点的句子则更容易让对方觉得有人情味和你的细致入微。

因此，邮件的长短都需要根据自身行业和企业定位而调整，不能生搬硬套。

案例五：

邮件标题：How to Manage Your Organization's Data for Optimal Results

邮件正文如图2.31所示。

图2.31　开发信邮件

邮件标题：如何管理组织的数据以获得最佳结果

邮件正文：

如何管理组织的数据以获得最佳结果

想知道如何让你的数据为你服务？我们回答与为什么以及如何构建数据策

略相关的问题，以影响营销决策。

图文并茂并且添加外部链接，是国外开发信中比较常见的方式，其主要优势是：

- 更丰富的排版方式，减少大段文字阅读的枯燥感；
- 图片可以很好地呈现品牌形象、提供更多信息并且加深阅读者的印象；
- 通过"Read More"等外部链接按钮，把客户直接引导到指定网页再进行更深入的了解。

而这家公司在发了开发信的七天后，又从另外一个私人邮箱发了一封邮件过来：

邮件标题：Thank you Wendy

邮件正文：

Hi Wendy,

I just wanted to reach out with a personal email to say thank you for being a subscriber to my newsletter containing digital marketing tips, tricks, and practical how-tos.

Is there any way I could help you achieve your marketing goals a bit better? I have an extensive background in strategy and execution, and would be able to provide expert assistance in anything related to SEO, PPC ads, social media (both paid and organic), email marketing, website development.

Please let me know.

Thank you,

-Daniel ××× (find me on Linkedin)

Founder and Chief Strategist

××× Digital

+1 (917) 744-×××

www.××××.com

邮件标题：谢谢你 Wendy

邮件正文：

嘿，Wendy，

我只是想通过一封私人电子邮件来感谢您订阅了我的时事通讯，其中包含数字营销技巧和实用技巧。

我有没有办法帮你更好地实现你的营销目标？我在战略和执行方面有广泛的背景，能够在搜索引擎优化、点击付费广告、社交媒体（包括付费和自然流量）、电子邮件营销、网站开发等方面提供专家帮助。

请让我知道。

非常感谢。

-Daniel×××（在领英上找到我）

创始人兼首席战略家

××× 数字公司

+1（917）744-×××

www.××××.com

而在一个月之后，我又收到他们另外一封邮件，不过这次的邮件跟之前的又有点不同，是以图片加长文字的形式：

邮件标题：Free custom home page design for your business

邮件正文：

【正文上方是几个不同风格网页首页的图片（涉及版权问题，不便展示）】

Hi there Wendy

If you were thinking about getting a brand new site, or updating your existing one, now is the time.

Get a 100% free customhome page design. If you like it, you will then have the option to purchase it from us and we'll redo your entire website. If you are not happy with it for whatever reason, you pay nothing.

We're removing all risk involved with the purchase of a new website. Just get in touch with us by filling out this form on our website to see if you qualify. Mention this email. I will follow up with an invitation to jump on a call and discuss details.

Here is a list of some of our website design work below.

【这里列举了他们公司给27家不同企业设计的网页链接】

【显示"Full Portfolio"的外部链接按钮】

Thanks,

-Daniel ×××
Founder and Chief Strategist
XXX Digital
+1 (917) 744-×××
www.××××.com

邮件标题：为您的企业免费定制主页设计
邮件正文：
【正文上方是几个不同风格网页首页的图片（涉及版权问题，不便展示）】
你好，Wendy
如果你正在考虑建立一个全新的网站，或者更新你现有的网站，现在是时候了。
获得100%免费定制主页设计。如果你喜欢它，你可以选择从我们这里购买，我们会重做你的整个网站。如果你因为任何原因对它不满意，你就不需要付任何费用。
我们正在消除购买新网站的所有风险。请在我们的网站上填写此表格，与我们联系，看看您是否符合条件。在填写中提到这封电子邮件，我会以电话邀请的形式进行跟进并与您讨论细节。
下面是我们网站设计的案例。
【这里列举了他们公司给27家不同企业设计的网页链接】
【显示"Full Portfolio"的外部链接按钮】
谢谢
- 丹尼尔 ×××
创始人兼首席战略家
××× 数字公司
+1（917）744-×××
www.××××.com

作为一家网页设计和网络推广服务供应商，这家企业的开发信很明显比案例三的要好很多。
首先，他们邮件的标题都非常有吸引力。第一封邮件标题通过提问的方式，询问"如何管理组织的数据以获得最佳结果"，这是很多企业管理者关心的问题，而他们也正是服务购买的最终决策者。第二封邮件的标题则很有意思，突然一天收到一封向你道谢的邮件，相信大部分人都会很好奇地点开，以为自己做了什么好事了。而第三封邮件则是更直接，告诉对方自己提供网页设计的服务，而且重点是"免费"！

而正文内容方面也是非常创新。第一封邮件使用提问的方式，吸引收件人点击链接阅读关于数据管理的博客文章。通过文章，一方面显示出他们的专业度，另一方面文章中提供的几种数据管理方式正是他们提供的服务内容，从而引导客户购买他们的服务。在第二封邮件中，他们通过感谢信的方式成功地吸引到客户的注意力，并且顺势陈述了他们主要提供的服务范围。而到了第三封邮件，这家公司才终于认真地推销它的服务，而且邮件中利用了"免费""零风险"、大量成功案例等信息来增强客户的购买欲望。

这家企业的邮件可以说是非常成功的案例。它每一封邮件都是经过精心设计，内容丰富、新颖，耐人寻味。它不仅仅通过新颖的标题来吸引收件人打开邮件，邮件正文的内容也正是客户关心的各种问题。由此可见，这家公司对客户心理把握得非常好，那自然会让收件人觉得他们在网络推广方面的服务应该也是做得不错的。

2.4 小结

客户开发一直是外贸业务员又爱又恨的工作，很多业务员在开发客户的时候花了很大的力气，但效果却往往是不尽如人意。本章中，我们分享了开发客户的思路，被动和主动、线下和线上开发客户的途径，如何从几种主要渠道获得客户，并且书写开发信时应当注意哪些事项。

其中重点内容包括以下几方面。

1. 开发客户前需厘清思路

很多业务员之所以在开发客户的工作上颗粒无收，主要是因为自己的思路没理清楚。今天学一下A分享的这个方法，明天又用一下B分享的那个方法。

想要获得精准的目标潜在客户,我们需要先思考我们的客户是谁,怎么找到他,以及如何获得与他的联系。

2. 选择合适自己的渠道

客户开发方式分为主动和被动,客户开发的途径分为线下和线上。本章中,我们列举了主要的客户开发方式,并且深入地分析了其中几个渠道的获客思路和方法。

而不同的行业,市场和产品特性不同,我们应当根据自身企业的情况选择最合适自己的渠道。

3. 不要再发千篇一律的开发信

开发信在我们客户开发工作中起着承上启下的作用。哪怕我们找到的客户资料再精准,如果我们无法跟客户建立起有效联系,这也只是一堆躺在我们客户表格中的字符而已。

我们花如此多的精力去搜索一个客户资料,但是在临门一脚的时候却是拿那些陈旧的开发信模板来应付了事。试问这样的开发信如何打动客户?

真正好的开发信,需要用心去写,是要根据每位潜在客户的不同情况而量身定做的。因此,不要再发千篇一律的开发信给客户了。

第 3 章

建立信任感：
从这七个细节做起

很多业务员认为，外贸的洽谈流程就是收到询盘后给客户做报价，跟客户讨价还价，然后就到成交。但实际上，整个销售流程还有一些我们看不到却是至关重要的环节，如果没做好，可能会对整个洽谈有着非常严重的影响。比如：建立信任感。

业务员是企业面对客户的窗口，如果我们可以在接触的初期就与客户建立起信任感，后面的业务推进工作就会容易很多。相反，如果客户对企业或者业务员不信任，哪怕是再好的产品，客户也不会埋单。

在接下来的本章节中，你将会了解到以下知识点：
- 客户参观企业时如何从细节抓住客户的心；
- 如何通过网络多维度打造企业形象；
- 如何制作企业简介 PPT；
- 如何让自己看起来更专业；
- 邮件沟通中的商务礼仪。

注意：客户接待的商务礼仪将在第 5 章进行深入阐述。

3.1 打造值得信赖的企业形象

如果你发现一个产品，看起来不错，价格也挺有竞争力，但是后来你发现这产品原来是出于一个"三无"厂家，整个工厂上上下下只有不到 10 个人。然后你再发现另外一个产品，出自一家通过 ISO 认证，并且拥有过百员工的现代化生产厂家。产品可以满足你的基本要求，但是外观看起来没有前一家好看，价格也偏贵。

如果你是买家，你会选择购买哪个产品？

我相信很多人都会选择后者。

在国际贸易中，客户不仅仅是要找一个合适的供应商，更多的，是要找一个长期合作伙伴。因此，客户在采购产品时，供应商是否值得信赖是一个非常重要的衡量指标，有时甚至还高于产品功能和价格。

3.1.1 通过细节抓住客户的心

对于周期性的采购或者大宗买卖，客户为了确保采购达到预期的效果，往往会挑选一些觉得符合要求的供应商进行拜访。而拜访的其中一个重要目的，就是要确保供应商是真实存在，并且规模、品质等各方面都是符合自己期望的。

因此，我们除了需要拥有跟自身产品定位相符的企业形象以外，在接待客户参观时，有四点细节是应该注意的。

1 提前确认来访信息

客户来访前，要提前与对方确认清楚来访者的职位和人数，来访的目的和行程安排，是否需要安排接送，是否需要上级领导或者其他部门同事陪同接待，来访过后是否需要安排用餐，等等。

我有一位朋友，他曾经跟我分享过他外贸业务生涯里最遗憾的一次客户接待经历。

他在刚开始做业务的时候谈过一家日本客户。前期跟客户都是用邮件沟通，各方面都聊得挺好。基于对他们良好的第一印象，客户决定要来中国拜访一下他们，以便做更深入的了解。

然而，客户来到工厂参观，却只是随便看了两眼就离开了。更糟糕的是，他们回国之后态度有了很大的变化，发过去的邮件也是隔几天才回复。

后来我朋友再三询问对方的采购负责人，才得知原来当时来参观的是日本企业的大老板，到了之后发现只有一个业务员在门口接待自己（当时我那朋友才只是一个刚毕业没多久的新人），觉得这个供应商非常不重视跟他们的合作，所以随便看两眼就离开了。

从这个事件我们可以看出，在客户接待的过程中，任何一个细节都是非常重要的。如果忽略了这些细节，很有可能会直接丧失客户对我们的信赖，从而让合作破灭。

2. 不起眼的地方也是关键

客户参观时，除了要保证客户必经之地的整洁以外，还需要注意一些不起眼的地方，比如卫生间和饭堂。

大家都知道，我们会在客户参观前把重点区域打扫干净，甚至仓库前几排的产品都是放挑选过的，好让客户在抽看大货的时候不会有什么差错。但是我们往往会忽略，久经沙场的采购员们对这些操作已经是了如指掌，他们更擅长的是通过各种细节去窥探这家企业的真实管理水平。

这让我想起，一位客户跟我分享过的一次工厂拜访经历：

他曾经在接近中午下班的时间去拜访一家工厂。看到工人们还没到下班的时间就已经在打卡机附近等着打卡，打完卡之后一窝蜂地冲向饭堂打饭，好不热闹。

即使那家工厂的产品看起来还可以，但是中午下班这一幕却让他觉得很不舒服。

他说：还没下班，员工就已经停止工作，等着打卡。说明这家企业的管理松散，员工归属感以及责任心都不强。员工打卡后一窝蜂地冲向饭堂，让人觉得企业在安排午餐的工作上没有考虑周详，缺乏对员工的关怀，才会让员工争先恐后。

他认为这样的企业生产出来的产品很有可能会有质量方面的风险，所以最终他并没有选择与这家企业合作。

3. 了解客户国家的风俗习惯

我们还可以在接待前先了解一下客户国家的风俗习惯，并且在接待中为客户增加些贴心服务。

每个国家的客户都有不同的商务礼仪和风俗习惯，业务员在接待之前做足准备工作，一方面可以避免在接待时因为不了解对方文化而产生不必要的误会；另一方面可以结合客户国家的风俗习惯，在接待过程中增添一些"个性化服务"。

比如说，穆斯林客户羊群心理比较重，他们会注重一个供应商是否在他们地区有销售经验，如果有的话证明这家企业的产品已经得到当地市场的认可，他们也比较乐意跟这样的企业合作。而我们在接待中则可以通过各种细节告诉客户，我们对穆斯林市场和文化都很熟悉，并且非常尊重他们的文化。

穆斯林客户一般都喜欢接近中午才去拜访供应商，而且对于有意向的供应商一般洽谈时间会比较长。

这种情况下，客户有可能在洽谈中需要做礼拜。而如果我们已经提前准备好礼拜毯，在客户要做礼拜的时候主动告诉客户哪个方向是东方，会让客户觉得我们非常贴心。

在饮食方面，大部分穆斯林客户都喜欢吃甜食，而且有喝茶的习惯。但是跟我们不同，他们习惯用红茶的茶包，泡好一杯茶后加糖喝，而且如果条件允许的话，再加点薄荷叶会更加好。所以在接待穆斯林客户的时候，红茶茶包和糖是必不可少的。

同时，穆斯林的很多客户没有吃午饭的习惯，但是我们不确定客户在洽谈中是否会饿，而他们对饮食又有比较多的忌讳。所以我们可以准备一些水果，让客户饿的时候可以放心地吃。

注意：以上列举的是大部分穆斯林客户的习惯，并不代表全部。**接待不同地区客户的注意事项将在第 5 章进行深入阐述。**

客户选择供应商，其实也是在选择长期合作的伙伴，所以让客户在拜访时有宾至如归的感受会提高客户对我们的信赖感，进而提高双方合作的概率。

4. 客户参观时主动做笔记

很多人认为客户参观时只需要带客户看他想看的，具体的沟通都应该留在进会议室做具体洽谈的时候再做。

但是其实在参观的时候，客户往往会对自己在意的地方提出各种疑问，或者是对某些方面表现出特别感兴趣。在这个时候如果我们用笔记记录下来，一方面可以帮助我们更加清楚客户的关注点有哪些，在接下来的洽谈中应该主动谈些什么内容；另一方面也会让客户感受到我们的专业以及对这次合作的重视。

我们曾经接待过一位欧洲客户，他在体验我们产品的时候不停地提出各种问题。一下子说这个地方设计不合理，一下子说这个地方的细节没做好，总之整个参观下来都一直是在挑刺，而且有些问题其实是工艺原因，是无法克服的。

而我们面对这位客户，没有表现出一丝的不耐烦。客户在抱怨的时候，我们在旁边用笔记认真地做记录。对于我们没有做好的部分，真诚地向客户承诺我们会改正，并且告诉他我们将会如何改善。对于客户过分挑剔的问题，我们跟客户解释其中的道理，但同时也表示我们日后会更加注意类似方面的细节，好让我们的产品品质得到进一步的提升。

到最后，我们还感谢客户给我们的产品提出了这么多的宝贵意见，也希望我们能有幸跟他这样的客户合作，让我们的产品可以越做越好。

后来客户跟我们说，其实他在每一家工厂都能挑出一大堆问题，但是很多厂家都是一个劲儿地解释说这些并不算是什么问题，只有我们是非常诚恳地面对。他觉得我们是一家追求高品质以及重视客户反馈的企业，所以最终选择了跟我们合作。

3.1.2 多渠道打造值得信赖的网络形象

随着互联网的日益发展，国际贸易的采购成本越发透明，展会等线下采购渠道的分量已经大不如前。现在的采购商往往都是习惯先从网络上找几家觉得看得上眼的供应商，然后再通过展会或者是实地考察的方式确认哪个供应商是最合适的。甚至有些采购商为了节省成本，会放弃面对面考察，直接通过网络洽谈，找一家觉得合适的供应商进行试单。

因此，一个值得信赖的网络形象可以说是一家企业给到客户的第一印象，决定着这家企业是否能够成功地进入客户的供应商候选或者试单名单。

而一个值得信赖的网络形象，则是需要通过多个维度来打造的。

1. 专业并符合客户审美的网站是首要任务

有很多做外贸的企业认为自己主要是通过一些 B2B 平台来获取客户，只需要把大部分精力放在平台的运营上就足够了，甚至有些企业会把某个平台上的公司主页当成是自己的官方网站来使用。

但其实如今各大 B2B 平台上，每种产品都充斥着成百上千的供应商，大家使用的模板都差不多，产品内页以及公司主页呈现的内容也都大致相同。

就好比我们平常买东西的时候，在某些电商平台上搜索到几个自己觉得不错的产品，拿不定主意的时候我们会在网络上搜索这几个商家的更多信息，对比一下，看哪家更值得信赖。客户在采购产品的时候其实也是一样，他们在无法辨别哪个供应商更好的时候会在网络上继续搜索相关的信息，而企业的官方网站则肯定是他们首先关注的。

在客户无法进行实地考察之前，企业的官方网站就代表着这家企业的门面。而同样的，企业官方网站的风格也必须跟自身的产品定位相符。条件允许的话，最好是找一家设计公司给自己企业做一个统一的 VI（visual identity，视觉识别系统）设计。同时，做网站的时候也可以多看看自己国外客户和国外同行的网站，借鉴一下他们的网站设计是怎样的。这样比起我们用传统的大红大绿背景、字体要大、Logo 要大的风格，会更加符合国外买家的审美要求。

2. 利用社交媒体打造丰满的企业形象

由于企业官网主要是用于发布产品和企业新闻，信息相对来说比较正规，所以我们还需要根据自身产品和客户的定位，利用不同的社交媒体渠道做辅助，来打造一个更加丰满的企业形象。

传统的主流社交媒体渠道有脸书、领英、推特、照片墙等。而近年来，随着视频平台的兴起，如果我们的产品适合做视频，油管和抖音国际版（TikTok）也是不错的渠道。

总体来说，社交媒体渠道除了可以用来开发客户，更重要的是可以通过不同的维度来展现一个企业的专业形象。

要注意的是，我们经常看到很多朋友在社交媒体上发布的内容都比较千篇一律，几乎都是几张产品图片，然后配上一些心灵鸡汤或者是让客户有兴趣就联系咨询的话语。这种内容就好比我们在路边看到的小广告那样，看多了会觉得很厌烦。

比较有效的做法是根据不同社交媒体的特性，在上面发布一些有价值或者能吸引眼球的内容。举些例子：

脸书属于一个比较轻松的社交平台，我们可以在上面以个人或者公共主页的角色去发布一些公司的小动态。比如分享出货的动态，证明我们企业的销量不错；分享客户的案例，证明我们产品在某些国家已经得到认可；分享一些客户的正面评价，证明我们的产品和服务得到客户的认可；分享产品出货前的检验工作，证明我们对产品质量的重视……

而在领英这种偏向商务的平台，除了像以上说的动态以外，我们还可以在上面发布一些跟行业相关的资讯，也可以发一些行业和产品分析的文章，让客户知道我们是一家有思想、有深度的企业。

在照片墙、油管和抖音国际版这些渠道则可以发布一些体现产品质量、细节和卖点的图片和视频。比如，我们在油管上发布终端客户体验产品的过程以及对产品使用评价的视频，就可以从侧面印证我们产品在市场上的被接受和受欢迎程度。同时，也可以发布一些比较有趣、有创意的图片或视频来吸引客户的眼球，让我们的产品更具生命力。

而这些社交媒体渠道，我们都可以统一把链接加在官方网站和我们的邮件签名中，客户要是希望进一步了解我们的话基本上都会看或者与我们联系。

3.1.3 任何一份文件都是品质的代表

要做到形象的统一，除了做好上面所说的官方网站和社交媒体以外，我们发给客户的每一份文件也是我们企业的形象代表。

之所以把这个问题单独拿出来用一节来说，是因为这个看似简单的问题，实际上在很多企业中都存在着。而且我们经常听到有业务员抱怨说，自己总是发了资料给客户之后就完全没下文了。这种情况下，我们不妨去反思，我们发出去的资料质量是否能够达到客户的期望值，如果我们自己是买家的话，我收到这样的资料是否会满意。

1. 产品图册要与产品定位相符

很多时候，采购商在寻找供应商的初期都是以广撒网的方式，向他在网络上觉得还可以的供应商群发询盘，而在这个时候他们并不会花太多的时间去研究每一家供应商。

在收到首次询盘回复的时候，采购商会衡量这家供应商的邮件是否专业，附件中的文件是否完善并且质量如何。如果一切都符合他的期望，那才会有接下来的深入了解和洽谈。

因此，我们的产品图册的质量十分重要。但是同样的，图册并不是做得越精美越好，而是要符合我们的产品和市场定位。

如果我们销售的是高端科技产品，主要销售欧美市场，那我们可以把图册做得比较厚重和精美，每一个产品都用几页纸的篇幅去阐述细节，选择能体现科技感的颜色，同时在排版上多留白。但如果我们销售的是以价格取胜的小商品，主要销售非洲市场，那我们的图册就可以做得比较薄，排版可以比较紧密并且选用较为鲜艳丰富的颜色。

2. 如何制作企业简介文件

一般来说，我们都会把图册的设计交给专业的设计公司去做，所以我们只需要把握好方向就可以了。但是，为了让客户可以快速了解到我们的企业优势，业务员还经常会需要自己制作一些企业介绍之类的文件。

这类型的文件应该如何制作呢？

首先，为了统一文件的风格，建议业务员自行制作其他文件的时候要参考公司的产品图册或者是官方网站的设计风格。如果有企业 VI 的话则可以参考 VI 中的要求。

而为了方便排版，我们一般可以用 PowerPoint（微软公司的演示文稿软件）进行制作，然后再导出成 PDF 文件。

内容方面，大致可以分为三个部分：企业简介、市场情况和产品优势。

企业简介部分，除了企业介绍和展现文化与愿景以外，我们还可以讲述企业的发展历程、国内外参展经历，以及对核心团队人物做简单介绍，让客户知道我们是一家有历史并且是注重人才的企业。市场情况部分，我们可以展示产品的市场覆盖情况，列举部分有代表性的客户案例、市场以及客户的正面反馈等。产品优势部分，除了列举我们的主要产品和服务，还可以增加一些关于产品卖点、质量控制等内容。

总而言之，产品图册主要是用于展示产品的详细参数，而在产品图册上无法体现的企业竞争力和优势，都可以在我们另外制作的企业介绍中作出呈现。

3.2 如何让自己看起来更专业

业务员是一家企业面对客户的窗口，所以除了要有值得信赖的企业形象，业务员的个人形象也非常重要。

我们说的个人形象，指的是一个人的综合形象。除了自身的外在形象，还包括个人与客户沟通中是否得体、是否专业、是否让客户觉得你值得信赖。

3.2.1 拥有专业的个人形象

有一句谚语是这么说的：你不会有第二次机会给人留下第一印象。

在社会心理学中，人与人之间在第一次交往中所留下的印象，在对方的头脑中形成，并且占据着主导的作用，深深地影响着往后双方之间的交流。这种情况被称为首因效应，也叫最初效应、第一印象效应。

因此，在与客户的洽谈中，如果我们想给对方留下良好的第一印象，就必须注意自己的衣着打扮和言行举止。

1. 你的形象价值千万

很多中小型的外贸企业，由于管理不是非常完善，既没有提供工作服给员工，也没有对员工有明确的衣着要求。在这个时候，我们的业务员们可能就"八仙过海"了。女生们上班穿着背心小短裙，男生们夏天穿个凉鞋短裤上班，这种情况并不少见。

然而，接待客户时，我们的衣着打扮是客户第一眼看到的。同时，这也很大程度上决定了我们给客户的第一印象。

因此，在商务场合，我们讲究的是要穿着"合适"，而不是"好看"或者"自我舒适"。

有一句经典的谚语是这么说的：Dress like the person you want to be（像你要成为的那个人一样打扮）。

换句话说，就是我们想给客户呈现一个怎样的个人形象，就怎么打扮。

有些朋友可能会说，那这还不简单吗，我想让自己看起来更加专业，我就天天穿正装就好了。

然而，我们不要忽视一点，就是我们想呈现的个人形象不仅是要专业，而且还需要让客户觉得舒服。而正装只是其中一种让我们显得专业的服装而已。

那商务场合的衣着难道没有一套简单有效的准则吗？答案是有的。

人总是喜欢与自己相似的人打交道，因此，比较有效的方法就是穿得与客户差不多。

当然，很多时候我们在见客户之前并不知道对方的长相以及穿衣习惯。

举些例子，如果我们即将要接待的客户是德国某大集团的采购经理，我们知道对方是一家很正规的企业，并且在平常邮件交流中都感受到对方是比较严谨的。这种情况下，我们接待客户时应当穿整套的正装，并且要注意配搭的颜色和细节。而如果我们要接待的是一位美国的个人买家，情况则大大不同。因为美国人对衣着要求以舒适为主，讲究不多，他们很多时候拜访供应商也只是穿POLO衫配搭牛仔裤。这种情况，如果我们还穿整套的正装，客户会觉得有压迫感和距离感。因此，我们可以选择穿跟客户同样风格的，又或者是商务休闲装。

但无论如何，我们在商务场合，吊带背心、超短裙、超短裤、带帽卫衣，这些过分暴露或休闲的衣服都是不适宜的。

2. 西装的着装标准

偶尔我们会看到有些男业务员，穿着一件松松垮垮的衬衫，甚至都无法很好地束到裤子里；有些女业务员虽然穿了合身的白衬衫，但下身却配了一条紧身的黑色短裙，脚上还穿了一双露趾的高跟凉鞋。这些着装全部都是错误的。

很多业务员只知道在严肃正规的商务场合中需要穿正装，却不清楚穿着正装有什么标准。结果是自以为自己穿着很得体，但是在国外客户看来却是哭笑不得。

正装是指正式场合的装束，一般来说男士主要是西装，而女士则是以西服套裙为主。

一套完整的男士正装包括上衣、西裤、衬衫、背心、领带、皮带、袜子和皮鞋。女士的正装包括上衣、衬衫、背心、半截式西裙、丝袜、皮鞋。

在正规严谨的商务场合中，需要穿着整套的正装，业务员建议选择较深的颜色，比如黑色、藏蓝，主管级别以上的除了深色还可以选择深灰、棕色等较浅的颜色。衬衫的领口和袖口要长于西服上装领口和袖口1～2厘米，并且一定要露出袖口。

男士的西装外套长度应在手自然下垂后的大拇指指尖的位置，或者刚好在臀部下缘处，袖长到手掌虎口上方处。除了一粒扣西装，外套最下面一颗纽扣永远不要系上，站立时把扣子扣好，坐下时要全部解开。而如果里面穿着西装马甲，则应将外套扣子和马甲最下方扣子解开。此外，袜子颜色需与西裤颜色一致或接近，并且袜口应当高一些，以坐下跷腿后不露出皮肤为准。西装扣子规则如图3.1所示。

图3.1　西装扣子规则

在国内，很多女士为了让自己看起来更加干练大气，会较多地倾向穿着裤装。然而，在正规的国际商务场合中，一年四季，女士都应该穿着裙装。

女士的西装外套相对男士来说，款式比较多，对于颜色的要求也没有那么严格，一般来说不要过于鲜艳即可。但同样，业务员建议尽量选择深色，主管或管理人员深色、浅色均可。女士裙子一般在膝盖以上3～6厘米，并且需要穿肉色丝袜以及不露脚趾的高跟鞋。

注意：高跟鞋的鞋跟越高，会让人觉得越强势，并且有些国家会认为高跟鞋的高度代表着职位的高低。

以上所说的，是在正规严谨的商务场合中的西装着装标准。但是在很多时候，我们接待客户时并不需要如此正规。因此，在一般场合中，我们可以选择较为商务休闲的搭配着装。

3. 言谈举止得体

穿衣打扮只能帮助我们打造一个外在的个人形象，而言谈举止则会充分体现我们的个人素质和修养。因此，想要在客户面前留下一个专业的形象，我们还需要注意一言一行。

正如麦拉宾法则（又称7-38-55定律）所说，人们对一个人的印象，只有7%来自说话的内容，有38%来自说话的语音语调，而55%则来自肢体语言。由此可见，想要给别人留下良好印象，我们如何说比起我们说什么更加重要。

如果一位业务员举手投足干净利落，说话的时候条理清晰，一语中的，我们会认为他是精明能干并且富有经验的。相反，如果一位业务员在接待客户时，肢体僵硬，眼神飘忽不定，说话还吞吞吐吐的，我们则会认为这位业务员难以获得信任。

在举止方面，我们无论站着还是坐着都应该是保持身体端正，挺胸收腹，并且要面带微笑，不时与客户有眼神的交流。但同时，我们的肢体应该是自然放松的，否则会让人觉得死板和紧张。

而言谈方面，我们则需要用合适的语速以及语音语调。说话语速太慢声音太小，会让人觉得我们缺乏自信；而如果语速太快声音过大，则会让人觉得我们过于强势。

在与客户接洽时，一方面我们需要注意我们的言谈举止是否得体恰当，另一方面也需要有足够的自信。正如上面举例的前者，这种情况其实经常会在新人身上看到，他们很多时候只是因为紧张或者不自信，但是给到客户的感觉就是不确定或有所隐瞒。

3.2.2 学会聆听

有人说，80%的成交是靠耳朵完成的。

也就是说，懂得聆听比能言善道更容易获得订单。

很多人误以为做销售就是需要口才好，只要能够把产品所有的优点都行云流水地介绍给客户，又或者是在客户提出异议时能用巧妙的方式回答客户，就是成功的。

然而，在销售中，仅仅通过"口舌"是不能够赢得客户的。成功的销售员除了是口齿伶俐的说话者，同时也是一位出色的听众。

聆听除了让客户感受到我们的尊重以外，还可以帮助我们通过客户的叙述更好地发掘对方的需求，从而制定出更准确的销售策略。

然而，很多人并没有做到真正的聆听，而只是"自以为是"地听。

比如说，倾听的时候只是选择性地听自己感兴趣和认同的部分，又或者是被动消极地听，从而错过了很多潜在的信息。更甚者，在听的时候心不在焉，只是迫不及待地想结束话题，或者是一味想着如何反驳对方的观点。

想要做到真正的聆听，需要做到以下几点。

1. 做个认真的听众

在听客户讲话的时候不能故意打断对方。哪怕我们真的想要表达自己的想法，也尽量等客户说完之后再表达。因为频繁地打断，不仅仅显得不尊重，还可能会让对方失去继续讲下去的欲望。

2. 不能边听边想

很多人在倾听的时候都会有边听边想的习惯，但是这并不是一个良好的习惯。

因为当我们思考的时候，注意力自然会从对方身上转移到自己的思考当中。而在这短短的一瞬间，我们可能会漏掉一些重要的内容，导致我们无法准确地了解对方想要表达的信息。

3. 不要急着下定论

有数据表明，大多数人倾听的接受速度是说话速度的四倍。也就是说，在一句话还没说完之前，倾听者很有可能就已经明白对方的讲话内容是什么。

但即便如此，我们也应当继续认真地倾听对方讲完所有的内容。因为我们不可能每一次的判断都是准确的，而只有这样做，才能够确保我们真正了解到对方的立场。

4. 要听弦外之音

没有说出来的部分可能比说出来的更重要。

有些业务员在听客户讲话的时候非常认真，会一直做笔记。这样做虽然能够记录下客户的大部分讲话内容，但是却会导致我们忽略了对方的表情以及肢体语言，从而无法听到弦外之音。

5. 注意给予回应

在聆听对方说话时，应该不时与对方有眼神交流，并且给予积极的回应。这样，会让对方觉得我们是在认真倾听他们的讲话，从而更加有动力继续讲下去。

不过除了"嗯""是的"这种简单的回应以外，我们还可以就对方表达的内容给予一些积极的反馈，比如说"真有趣""我明白您的意思"，以表现出我们对这话题充满兴趣。

6. 确认听到的是否正确

有时候哪怕是我们再认真地聆听，都有可能会对部分信息产生误解。因此，在听完对方讲述之后，我们应当以自己的方式复述一次内容，以确保我们的理解是准确无误的。

而对于不太肯定的地方，我们则可以直接通过提问的方式来确认。

3.2.3 上知天文下知地理

前面分享的几点，都是个人的外在和修养方面的。想要让自己看起来专业，也要求我们必须掌握足够的知识，让自己从内到外、从头到脚都是专业的。

如何掌握过硬的专业知识，我们已经在第 1 章中谈论过。这里想跟大家强调的是除了产品行业等专业知识以外，我们还需要尽可能多地掌握各种各样的知识。

有人说，好的销售需要上知天文下知地理。

为什么这么说呢？因为在与客户的接洽中，除了正规的商务洽谈部分，其实还有很多机会需要我们与客户闲聊。在这个时候，如果找到合适的话题，如何能很好地跟客户聊下去，需要我们了解尽量多的资讯和知识。

比如说，我们可以跟英国客户分享各自喝茶的习惯和文化；跟法国客户探索不同国家红酒之间的区别；与意大利客户交流怎样才算是合格的咖啡；和巴西客户谈论最近的足球赛事，等等。

总而言之，就是投其所好。

有些朋友可能有疑问，我们既需要掌握英语、产品专业知识，还需要懂得那么多杂七杂八的知识，那我需要多少年的积累才能成为一名称职的外贸业务员？

当然，我们所说的上知天文下知地理，是指我们应该尽可能地涉猎多点知识。这需要长时间去积累，甚至有可能是一辈子的学习。因此，重点在于要有这个意识，并且把我们对一个国家或市场所认识的，融入与客户的交流当中去。

同时，也可以借助开发一个新国家的市场，来深入了解一下当地的风土人情和文化礼仪。

曾经，我有一位突尼斯的贸易公司客户跟我分享，说他对一位供应商的印象非常深刻。虽然他们家的产品并不是他目前需要的，但是他们的业务员让他非常的意外。

在很多中国人可能还不知道突尼斯是属于哪个洲的时候，那位业务员却可以跟我的客户分享说，比起希腊的圣托里尼，她更期望去看看西迪·布·赛义德（Sidi Bou Said），尝试一下他们的地道美食古斯古斯。而且她很喜欢一首突尼斯的歌曲，还把歌曲的链接转发给了我客户。

当时客户跟我是以"crazy（疯狂）"这个词来形容这位业务员，因为她对突尼斯的了解已经完全超出了常识的范围。而且就算是想去旅游做过攻略，也不至于连突尼斯的歌曲都知道。客户跟我说，哪怕是这家公司的产品他暂时不需要，但是只要他有空，他绝对会抽时间去拜访一下这位业务员。

我们不知道是因为机缘巧合，刚好那位业务员真的非常热爱突尼斯，还是她在与客户交流前查了大量的资料。但是可以知道的是，这些资料其实我们同样可以通过网络搜索出来。

而最重要的，是用心。

3.2.4 外贸邮件沟通中的商务礼仪

以上所说的三点都是与客户面对面交流时应注意的部分，然而在我们的实际工作中，大部分时间都是通过邮件等网络形式与客户进行沟通的。因此，我们同时需要注意如何让我们的线上沟通看起来更专业。

以下几点是我们可以注意的。

1. 重点事项用邮件沟通

以往我们与客户沟通，由于时差问题，经常动不动地要花几天时间，发几个来回的邮件才能把一个问题沟通清楚。

但是今时今日，借助各种即时聊天工具，我们与客户的沟通变得更加便捷、高效。

因此，越来越多的商务洽谈反而是通过聊天工具完成的。同时，也有很多客户会要求我们直接在聊天工具上给他们发送各种的报价和文件。

为了方便客户，我们当然是可以根据他们的要求来做。而且聊天工具上的沟通我们可以相对地轻松些，不用太过死板和正规，也方便我们拉近与客户之间的距离。

但同时，由于即时聊天工具中的聊天记录会容易因为设备的问题导致丢失，对于重要的事项和文件，我们哪怕是在聊天工具中发送给了客户，也应当同时以邮件的形式再发一次。这样做，既可以避免电脑或手机损坏而导致无法找回相关文件，也可以避免万一与客户发生任何误解或纠纷的时候无法找到合适的证据。

因此，作为专业的业务人员，哪怕是麻烦一点，我们也要分清楚哪些事情是可以在即时聊天工具上说，哪些事情是需要通过邮件来进行沟通的。

2. 邮件排版

邮件的排版可以说是我们业务员在网络上给到客户的第一印象了。

在前面我们有说到，采购商们工作都非常的忙碌，每天处理邮件的时间可能非常有限。特别是对陌生或者是不熟悉的供应商的邮件，往往都是采用快速阅读的方式。

而这时候，如果我们忽略排版，一封邮件过去乱七八糟的，客户看得不舒服，自然就不会对我们有好印象了。

举个例子，我们随便用些常用的语句写出同样内容的两封邮件，可以看看以下的两种排版方式下的区别。

排版一：

hi Thomas,

How are you? This is Wendy from ×××company. it was so nice to receive your inquiry from alibaba.

Are you interested in ××product?We are professional manufacturer of ××(product name) with high quality and competitive price. our factory has 5 years experience of producing this product and we are located in guangzhou city.

we have attached the quotation and our latest E-catalog for your reference. If you have any questions, please just feel free to contact us and we will respond to you as soon as possible. Look forward to your kind reply.

Regards

Wendy

排版二：

Hi Thomas,

How are you?

This is Wendy from ××× company. It was so nice to receive your inquiry from Alibaba.

Are you interested in ×× product?

We are professional manufacturer of ××(product name) with high quality and competitive price. Our factory has 5 years experience of producing this product and we are located in Guangzhou city.

We have attached the quotation and our latest E-catalog for your reference.

If you have any questions, please just feel free to contact us and we will respond to you as soon as possible.

Look forward to your kind reply.

Regards

Wendy

嘿，Thomas，

你好吗？

我是×××公司的Wendy。很高兴收到阿里巴巴的询价。

你对××产品感兴趣吗？

我们是××（产品名称）的专业制造商，具有高质量和有竞争力的价格。我们的工厂位于广州市并且有5年的生产经验。

我们已附上报价单和最新的电子目录供您参考。

如果您有任何问题，请随时与我们联系，我们将尽快回复您。

期待您的回复。

真挚问候

Wendy

是不是很明显地发现，同样的内容，第一封邮件看起来像乱码一样，而第二封邮件则非常方便我们快速阅读？然而，特别是在外贸新人身上，第一封邮件的排版方式是时常会出现的。

首先，为了方便阅读，邮件中我们习惯在段与段之间空一行（内容太少的可以不用）。商务邮件中，整封邮件的字体和字号必须保持一致，字体不能采用可爱的字体或鲜艳的颜色。常用的字体是 Times New Roman 和 Arial，字体颜色一般是黑色、深灰色或者是深蓝色。

英文的标点符号与大小写要正确，标点符号应当紧跟前一个单词，并且与后一个单词间有一个空格。逗号后面的单词首字母是小写，而句号后面的应当是大写。这些都是很基础的英语常识，如果犯这种错误，哪怕我们的邮件写得再好，都会让客户觉得我们是小学没毕业的文化水平。

除此之外，从第一封邮件那里可以看到，有时候我们写邮件的时候字体是一样的，但是到客户打开的时候就不是那么一回事了。

那是因为我们其中某些内容是通过复制粘贴的形式输入的，导致字体跟我们邮件的默认设置不同。因此，建议大家尽量不要采用复制粘贴的方式，特别是客户的名字，因为这样会让对方觉得我们是在用模板回复，显得不太尊重对方。

3. 回复客户的及时性

有时候客户给我们发一封邮件，我们可能由于各种原因，没有办法立即解答对方的问题。比如说，一些比较偏僻国家的客户问我们门到门的运费，而货代需要 2～3 天的时间才能提供报价。

这种情况下，有些业务员会等到收到报价后才回复客户。因为他们认为，没有结果就不能够回复客户。而这种思维在商务沟通中是绝对错误的。

因为，没有结果，本身也是一种结果。

而客户没有收到我们的任何回复，也许会不好意思催促，苦等一番后，最终可能会认为我们对这个合作并不重视。于是，在等的途中，他也会开始与其他供应商联系，以做后备。

这样无形中，可能还会影响到我们与客户之间的合作。

在电子邮件沟通中，我们一般会期待对方在当天回复我们邮件。

因此，如果遇到任何无法在当天或者是合理的时间段内回复对方的情况，我们应当先给对方回复，告知对方我们已收到这封邮件，但是因为什么原因，我们目前无法给出准确的答复，并且预计在多久之后可以有具体的答复。

如果我们在与客户承诺的时间到了但是还没有准确答复的话，依然要再发一次邮件，向对方解释原因以及预计多久后有结果。

这种做法同样适用于我们因为太忙而无法及时回复客户。

总的来说，只要我们在客户预期的时间之内给到对方答复，让对方明确知道什么时候可以得到我们具体的回复。这样，客户就不会在等待的过程中产生任何不愉快的情绪了。

4. 不要期待客户立马回复

我曾经见过一些新手业务员，整天抱怨自己的客户这个有什么不好，那个又有什么毛病。其中的一个抱怨是，客户不回复他，认为客户没礼貌。

我们平常说买卖双方是一个平等的关系，而良好的合作关系的确是建立在平等并且互相尊重的基础之上。

但实际上，在客户没有明确的需求或者疑问的时候，没有及时回复我们，甚至是完全不回复我们，都是可以理解的。

因为有时候可能客户出差了，可能太忙了，也有可能是项目出现问题，又或者是客户觉得根本没有必要回复。

举个例子，我们在逛街的时候不少店铺会有导购，在我们进入相应的区域时他们会主动地走向前，问我们是否需要帮助。有些比较热情的，可能还会问一堆的问题。当然，我们可能会告诉对方不需要帮助。但是，我相信还是有不少的朋友会对这些导购完全不理睬，而这种做法难道就真的很没礼貌吗？

所以，我们不必因为客户没有及时回复而有受害者心理，又或者是焦虑自己是不是没做好。只要我们把该做的每一步都做好，回复该来的时候始终会来的。

5. 有情绪时避免立即回复

在处理商务邮件时，我们难免会遇到各种各样不如意的情况。其中有些可能会引起我们的负面情绪，而如果我们处理不当的话，后果可能会很严重。

举个例子，我有一次跟一位新手业务员小O复盘客户沟通情况，他跟我说其中一位客户不知道该如何跟进好。

他是用WhatsApp（一个即时聊天工具）与客户沟通的，而当我查看他们的聊天记录时，发现小O在最后的某次跟进中跟客户发了一句："Why don't you answer me? What's your problem?(你为什么不回复我呢？你出了什么问题吗？)"

注意："What's your problem"从字面上看，意思是"你出了什么问题吗"，但实际的意思是指"你怎么回事？你有毛病吧"。比较恰当的表达是"Do you have any questions"或者"What's the matter"。

看到这句话的时候我愣了，一方面感叹如今的年轻人真的是敢说，另一方面也惭愧自己在新人培训的时候没有做好这方面的思想引导。

我问小 O："有没有意识到这句话会让人不舒服？"

他回答："好像有点。"

我问："那你当时为什么会说这样的话？"

小 O 说："当时就是有点生气，觉得之前跟客户一直谈得好好的，但是他突然就不回复，而且我跟进了好多次他都不回。一气之下，说话就直接了。"

有情绪是人之常情，但是作为业务员，我们需要注意在自己负面情绪比较高涨的时候，不适合与客户进行沟通。因为在情绪之下，我们很有可能会像小 O 那样说出一些过激的言语。覆水难收，一旦这些话说出去了，可能会对我们与客户的合作带来毁灭性的结果。

因此，在觉察到自己有情绪的时候，不妨先让自己冷静下来。等自己心平气和了、思路清晰了，再去回复客户。

3.3 小结

在与客户接触的初期，如果能够成功地建立起信任感，会对我们后续销售工作的推进起到积极的作用，而第一印象在当中又占着较大的比重。因此，我们应当有意识地打造好企业和个人的形象。

1. 打造统一的企业形象

企业形象包括实体形象和网络形象，这两者都应当与企业的市场定位相符。

一般来说，企业的实体形象、官方网站、产品图册以及相关文件应当遵从企业 VI 的要求。如果没有 VI，至少主颜色以及风格要保持一致。

2. 通过细节赢得信任

想要为商务洽谈赢得更多的筹码，我们应当注意接待时的所有细节，比如：

（1）提前与客户确认来访信息：来访人员的职位、人数，来访目的和行程安排，会议人员安排以及是否需要安排接送、就餐等。

（2）办公室或车间的现场细节工作要做好：细节决定成败。越是专业的采购商，越是善于在各种细节中窥探企业的真实管理意识和水平。

（3）了解客户国家的风俗习惯：如果我们在接待客户前先了解到对方国家的风俗习惯，并且在接待期间提供一些贴心的服务或者照顾的话，会拉近双方的距离并且大大地提升客户对我们的好感度。

（4）主动做好笔记：正所谓好记性不如烂笔头。在客户参观时，可以对客户特别感兴趣的点或者提出的问题做好笔记，既能让客户感受到我们的尊重与专业，也能方便我们在后续跟进中找到切入口。

3. 打造专业的个人形象

"7-38-55定律"告诉我们，人们在进行语言交流的时候：55%的信息是通过视觉传达的，如手势、表情、外表、装扮、肢体语言、仪态等；38%的信息是通过听觉传达的，如说话的语调、声音的抑扬顿挫等；剩下只有7%来自纯粹的语言表达。

由此可见，肢体语言和语音语调在个人印象中起的作用远比说话内容重要。因此，想要打造专业的个人形象，除了要有合适的商务衣着打扮以外，还需要有得体的言谈举止。

除此之外，还要懂得如何正确地聆听，让对方感受到我们的尊重，同时真正了解到对方的诉求。

在业余时间，我们要尽可能地多涉猎不同方面的知识，为我们在与客户闲聊的时候提供更多的谈资，拉近距离。

4. 注意邮件里的第一印象

邮件沟通中，有几点是需要我们注意的。

（1）重点的事项要用邮件沟通，以防止数据丢失而无法找回记录。

（2）邮件排版要注意字体和字号的统一，常用的字体是 Times New Roman

和 Arial，字体颜色一般是黑色、深灰色或者是深蓝色。

（3）要及时回复客户，哪怕是暂时没有结果，也要先跟客户交代一下预计可答复的时间。但反过来，我们不能用同样的标准来要求客户。

（4）有情绪的时候避免立即回复，我们如果没控制好负面情绪可能会导致非常严重的结果。因此有情绪时，应当平静下来理清思路再做回复。

第 4 章

挖掘客户需求：
互联网销售的成交关键

曾经有一位业务员跟我说她很困惑，明明自己也像别的业务员一样发邮件和跟进，工作一直很认真，还经常加班，但是成交率为什么就是上不来。

我让她给我看了一下她跟客户的邮件和聊天记录，发现她的确是很努力。但是几乎对每一个客户，她都是用同样的邮件和沟通方式，没有太多变化。

这种情况在很多业绩一般的业务员身上都会出现。

他们往往是客户问什么就回答什么，要什么就提供什么。把所有资料都给出去后，客户就开始消失了，然后怎么跟进都好像起不到很好的效果。

之所以会发生这种情况，是因为我们忽略了销售循环中一个非常重要的环节：挖掘客户需求。

在接下来的本章节中，我们将谈到有关客户需求的以下知识点：

➤ 挖掘客户需求的重要性；
➤ 挖掘客户需求的常用方法；
➤ 挖掘客户需求的常见误区；
➤ 如何通过分析询盘来推测客户需求；
➤ 如何通过提问了解客户需求。

4.1 做外贸为什么要挖掘客户需求

其实，销售的过程就是不断地满足客户的需求。而在满足客户需求之前，我们首先要知道对方的需求到底是什么。

作为销售人员，我们应当充分了解行业的普遍规律，针对不同的情境，围绕不同层次的客户需求来展开销售工作。

4.1.1 什么是客户需求

客户的购买行为源于购买动机，而购买动机又源于需求。

然而，并不是所有的需求都会表现成购买动机，只有那些强烈的、占主导地位的需求才会引发客户的购买动机，进而成为购买行为。

简单来说，需求＝需要＋购买力＋时间的迫切性。需要是有购买的欲望，但是不一定能买，也不一定会买。而需求是不但有购买欲望，有购买力，并且在时间上有迫切性才会产生购买行为。

而由于需求具有可变性，不同的客户群体在不同的时期和不同的环境下，需求都有可能不一样。

为了让大家对客户需求有更清晰的了解，下面列举出两种不同的需求分类方式。

1. 真需求和伪需求

需求有真伪之分，而这里说的伪需求，并不是说对方有意隐瞒自己的需求，而是由于认知或者其他方面的限制，对方并不清楚自己的真实需求是什么。

关于这方面，有一个经典的例子：

在18世纪，如果我们问一个欧洲民众：请问你对交通工具有什么期望？

他的回答会是：要一匹更好的马、更快的马车。

然后，福特创造了汽车。

从这个例子中，我们可以看到，当时欧洲民众对于交通工具的认知就只有马车，因此他们的期望也只能是局限于要更好的马和马车。而他们真正的需求，是想拥有更快的交通工具。

需求往往不是我们从表面上看得那么简单。也正因如此，对于需求，我们更多的是需要深层次的"挖掘"，而不是表面上的"了解"。

2. 客户需求的痛点、痒点、兴奋点

基于对客户满意度的影响程度，我们还可以把客户需求分为痛点、痒点、兴奋点这三个层次。

（1）痛点。痛点指目前客户正受困扰或急需解决的问题，如果不及时解决则会带来痛苦。

一般来说，痛点属于基础型需求，也就是理所当然的需求。当此需求被满足时，客户不会感到满意；但此需求不被满足时，客户的满意度则会一落千丈。

比如说，如期交货属于基础型需求，当我们的订单如期完成时客户并不会觉得高兴，因为这是理所当然的。但是，如果我们无法如期交货，会严重影响客户后续的一系列工作，从而让客户满意度降低。

要是这种情况一再发生，就会成为痛点，而客户也很有可能会因为这个原因去寻找新的供应商。

因此，作为供应商，多倾听客户的反馈，及时解决客户的痛点，可以降低客户的流失率。而作为潜在供应商，则可以多了解客户与现有供应商的合作情况。要是能从中挖掘并解决客户的痛点，则很有可能赢得合作。

（2）痒点。与痛点相比，痒点并非急需解决的问题，更多的是潜在的需求和深层次的欲望。

痒点一般被称为期望型需求，需求的满足程度与满意度挂钩。当此需求得到满足的时候，客户满意度会显著提高；但此需求得不到满足时，客户的不满也会显著增加。

相对来说，这类型的需求没有基本型需求那么苛刻，只是客户希望得到的。

比如说，在准时交货的基础上，我们可以做到定期向客户汇报我们的生产进度、产品的检验情况以及出货时的具体情况，出货后还不时给客户同步货物运输的状况，客户收到货后主动向客户提出注意事项，跟进产品的后续使用情况。

这些服务并不是必须提供给客户的，但要是我们做到这些，则会让客户觉得很舒服。

因此，除了满足客户的基本需求，我们还应当多去了解客户对我们的产品和服务还有什么期望。主动解决客户的痒点，会让我们在市场中更具竞争力，也更容易获得更多的忠诚客户。

（3）兴奋点。兴奋点也称作兴奋型需求，是指客户自己也意想不到的需求。如果不提供此需求，客户满意度不会降低；但如果提供此需求，客户满意度会大大提升。

还是以交货为例子。在一般情况下，其他同行的交货期是 30 天，而我们可以做到 5 天交货，并且在同等质量和同等价格上，我们还可以做到包邮到门。这种超出客户想象的服务就是兴奋点。

一般来说，兴奋点就是我们产品或服务与其他竞争对手的差异化特色，满足客户的兴奋型需求，可以让我们在众多供应商中脱颖而出。而正由于客户没有意识到自己有这方面的需求，我们在思考时应当跳出客户的描述，从全局的角度去满足客户需求和解决客户问题。

4.1.2 挖掘客户需求的重要性

关于客户需求的重要性，有一个小故事：

话说，有一只小兔子一天突然很想吃鱼，于是它带上鱼竿和鱼饵就到河边去钓鱼。

然而，

一天过去了，一条鱼也没钓到。

两天过去了，还是没有钓到鱼。

五天过去了，小兔子依然没有钓到鱼。它跟自己说："坚持就是胜利，我就不信我一直坚持还是会钓不到鱼！"说完就准备回家。

这时候，河里跳出一条大鱼，"反手"就给了小兔子一个巴掌，说："如果明天你再拿胡萝卜来钓鱼，我就一巴掌扇死你！"

从这个故事我们可以看出，没了解清楚客户需求的前提下，再多的努力和坚持都有可能是徒劳无功的。

而在外贸工作中，挖掘客户需求的重要性主要表现在以下几个方面。

1. 有助于制定更有效的营销策略

很多销售员在谈订单的时候，总是想着怎样才能让客户快点下单，关注的其实是自己的个人利益。然而，只是盯着客户口袋里的钱，往往很难打动客户。

不同情况下，客户的需求也会有所不同，并且愿意为不同的服务水平和质量支付不同的价格。

当我们把注意力放在客户身上，真正用心地去了解甚至是挖掘对方的需求，知道客户的痛点、痒点和兴奋点分别是什么，则可以为客户量身定制出属于他的销售解决方案，而成交概率也会大大地提高。

对于企业来说，了解客户需求是做好市场营销的第一步。

如今市场上产品同质化严重，越来越多的企业开始在营销方式上寻求新的突破点。了解客户需求，可以帮助我们更清楚地知道客户问题的本质，从而结合我们的产品特性，制定出更加完善和有效的营销策略。

2. 有助于提高客户满意度

我们经常说，开发十个新客户，不如维护一个老客户。

其中的原因是，开发一个新客户的成本比维护老客户要高很多，而一旦我们把老客户维护好，我们还有可能由于老客户的转介绍而获得更多的客户资源。

在前面的客户需求分类中，我们就已经知道，客户需求与客户满意度密不可分。是否可以满足客户需求，以及满足客户的哪类需求都对我们的客户满意度有很大的影响。

作为供应商，我们应当保证必须能够满足客户的基本型需求，并且尽可能多地满足客户的期望型需求和兴奋型需求。这样，既可以帮助我们在众多供应商中脱颖而出，也更有利于我们提高客户黏度，降低客户流失率。

3. 对企业发展战略有重要参考作用

正所谓"得人心者得天下"。企业的发展战略其实不在市场，而在需求。企业能否夺取市场，关键在于是否能够把握好客户需求。

但由于客户需求是多种多样的，每家企业只能根据自身的优势与特性，在对客户需求分析的基础上，选择自己最应该满足的那块需求。

大部分的企业都希望能够为市场提供有价值的产品和服务。

而想要获得可持续的发展，企业必须时刻把客户需求放在第一位，深入研究客户需求，为解决客户问题提供更多优质的方案。只有不断致力于满足客户需求的企业，才有可能赢得客户的信赖以及在市场中获得良性的发展。

4.1.3 客户需求形成的四个步骤

在前面我们谈到，客户需求有不同的层次。同一个产品或服务，由于需求不同，对于客户来说可能会有不同的价值。

而客户需求的形成往往会经历四个过程，随后才会有可能产生购买的需求。因此，当客户表现得没有迫切需求时，我们在介绍销售方案时不能一蹴而就，而是应当遵循以下四个步骤，由浅至深地推进。

1. 了解

没有人会选择购买一件自己都不知道是什么的商品。

可见，在客户决定购买之前，首先需要了解这个产品，包括产品的功能、规格、外观、品质、服务、运输、安装等。同时客户也需要从不同的方面来了解企业是在规模还是管理上是否符合他们对合作伙伴的要求。

业务员需要尽可能全方面地让客户了解我们的企业和产品信息。一般来说，可以通过企业简介、产品演示、样板展示、客户体验、老客户反馈等方式让客户了解企业及产品。

2. 值得

很多业务员向客户介绍产品时仅仅就停留在"让客户了解"这一步上，然后就问客户："您觉得我们家的产品怎么样呢？"得到的结果往往是客户点点头，说"还不错"，但就是不购买。

客户不买账，是因为他只是了解了这个产品，但是并没有认为这个产品值这个价格。因此，我们塑造客户需求的第二步，就是要让客户觉得我们的产品"值得"。

比如说，我们的产品比客户原来采购过的产品价格要贵，但是我们有一个新的功能。客户不选择我们的产品是认为他不需要支付更高的成本来购买这额外的功能。这时候我们就需要想办法向客户证明，这个新功能对于他来说有什么好处。

我们可以说，的确市面上大部分的产品都是您采购过的那种版本，市场也对这类产品的接受度非常高。但是我们要知道，每个产品都有一定的生命周期，在市场上同样的产品到最终都是拼价格。而现在我们这款产品多了一个新的功能，首先可以让我们的产品与其他竞争对手的产品有明确的区别，产品有差异性，我们才可以在定价上有更大的空间。而且对于您的销售人员来说，我们的产品功能更全面，可以体现出我们品牌在产品研发上的能力，就更容易向客户证明我们家的产品比别人家的要好。哪怕这款产品的销量可能一开始并不会太高，但是我认为您可以尝试先进一点货，看看市场的反馈，对于您来说并不会是什么坏事，您认为呢？

总而言之，要证明我们的产品或服务"值得"，其实就是要向客户证明我们的产品能为他带来什么好处和利益。

3. 相信

然而，客户既了解过我们的产品，又清楚知道我们的产品能为他带来什么好处，但是为什么就是不购买呢？

这背后的原因是客户不相信。

信任是双方合作的基础。作为业务人员，一方面我们要让客户信任我们的公司和产品，另一方面要让客户信任我们个人。如果客户对我们个人不信任，那我们所说的所有话他都不会相信。

注：如何建立信任感在第 3 章中已有谈及。

而在向客户介绍产品和塑造价值的同时，我们也可以利用客户反馈、客户案例等客观素材来让我们的陈述更加有说服力。

4. 满意

我们与客户之间大多数并不是一次性的买卖，而客户在开始与新供应商合作的时候往往也会比较谨慎，一般刚开始的时候会以样板或者小试单来测试产品质量和市场的反馈。如果满意，才会有后续的大单采购以及不断的返单。

因此，想办法说服客户认可我们的产品和服务固然重要，当客户选择尝试合作时，我们还需要注意无论在产品还是服务上都要尽力做到让客户满意，这样才有可能赢得与客户的长期合作。

4.2 外贸销售挖掘客户需求的常见误区

我们都清楚，挖掘客户需求无论是对企业还是对销售人员来说都很重要，而挖掘客户需求的方式无非就是听和问。

然而，很多业务员还是无法准确挖掘到客户的真实需求。这是因为他们没有觉察到自己其实在与客户的沟通过程中犯了各种各样的错误。

常见的错误有以下四种。

4.2.1 机械式询问

以下这情境可能大家会很熟悉：

小 M 是一个刚入行的外贸业务员，经理开始分配客户询盘时给他专门叮嘱："要是客户问价格，不要立刻报价给客户。我们的价格是跟订货数量挂钩的，因此，要先了解客户要什么产品、多少数量，然后再报价。"

小 M 收到第一个询盘，果然，客户一来就是问某款产品的价格。

想起经理的叮嘱，小 M 就直接回复客户："请问具体要多少数量？"

然而客户却回复他："我的数量取决于你的价格。"

小 M 回复："我的价格取决于你的数量。"

然后客户就不回复了。

其实，经理要求小 M 在报价前先了解客户具体要什么产品和数量，实际上就是要我们在报价前先了解客户需求是什么，这样报价才会更准确。

然而，一部分业务员只是机械式地照搬经理的问题，把了解客户需求当成做问卷调查一样，把要问的问题都问一遍就当工作完成了。实际上我们可以看到，这种沟通，看起来就是怪怪的。而客户也会感到疑惑，我不就是问个价格而已吗？你为什么不能好好地报价，反而要问我一堆的问题呢？

因此，想要了解客户需求，首先不能机械式地问问题，而是应该根据不同的情况采取不同的询问方式。

注意：如何通过提问来了解客户需求，我们在后面的内容中会谈到。

4.2.2 只关注产品

很多业务员认为，自己的工作就是把自家的产品推销给客户，因此在与客户洽谈的过程中，几乎只把注意力放在产品上。

但实际上，客户对产品的功能或者特性上的需求只是基础型需求。而大部分情况下，我们产品的竞争力并没有达到让客户"非我们不可"的程度。因此，我们能满足的产品基础型需求，实际上还有很多其他竞争对手也一样地能满足客户。

那怎样才能赢得与客户的合作呢？

正所谓有问题才会有销售。客户往往是因为有新的产品需求，或者是目前的采购遇到某些不能解决的问题，才会去寻找新的供应商。

因此，除了关注产品方面的信息，我们还应当多了解客户目前是否有什么问题或者是需求没有得到满足的。而当我们真正深入地挖掘的时候，才会发现，其实客户采购产品时的需求真的是五花八门的。

举个例子，在我刚入行做外贸的时候，其实我工作的那家公司也是刚起步，无论是企业规模、产品种类还是产品价格，都没有特别大的优势。

在我工作了一段时间之后，出于好奇，我采访了一下我的第一位成交的客户，当时是因为什么选择与我们公司合作。

在那之前，我一直以为那位客户是因为我们给的价格比较低，才选择跟我们合作。但他告诉我并不是，当时有其他的厂家报给他更低的价格，产品看起来跟我们的差不多。他之所以选择与我们合作，是因为我们在接待他的时候非常热情周到，而另外那家公司可能是规模比较大，不太重视他，接待起来比较冷淡。

而且在他的规划中，他后期还需要工厂在产品上做一些定制化的配合才能够打开更大的市场。因此，他不仅仅是在找供应商，更多的是在找长期的合作伙伴。而在对比之下，我们明显是更加符合他的长期合作需求。

除此之外，客户的需求还有可能是更好的售前和售后服务、更快速的交货期、更好的沟通，又或者是更有利的付款方式。因此作为业务人员，应当跳出固定思维，多去了解客户的具体情况才能更好地觉察到客户的潜在需求。

4.2.3 与客户争辩

让我们无法挖掘客户真正需求的另外一个障碍，是喜欢与客户争辩。

在与客户洽谈中，我们会遇到很多客户提出异议。有时候客户是特意挑刺，有时候是真实的诉求。但是对于客户的不同意见，有一部分业务员会选择反驳或者争辩，而不是认真地倾听。

在争辩当中，双方都会想尽办法证明自己是正确的。在这种情况下，我们的注意力会全部放在如何收集更多证明自己是正确的论据上，从而忽略掉有可能从客户的话语背后可以挖掘到的需求。

我的一位贸易公司的国外客户曾经跟我说，让他最受不了的是那种喜欢争辩的业务员。他曾经去过一家工厂，发现他们的产品设计和质量管理都不太完善，于是在参观的时候就提出很多意见，告诉厂家哪些地方是做得不够好的。

客户之所以会跟厂家说这些，是因为他觉得这个厂家在大部分方面都是符合要求的，只是在一些细节上做得不够好。因此，希望自己提了建议之后，他们把这些细节改善好，合作的机会就比较大了。

然而，厂家的业务员却是一个喜欢争辩的人。只要客户否定某一点，她就马上以各种各样的理由跟客户解释，要么是生产工艺问题，要么是行业标准就是这样，反正就是自己没有任何问题。客户听到这些反驳，也不想再说什么了。

本来即使厂家不做什么改动都有可能赢得合作，但就是因为这位业务员的态度，客户觉得这家企业是不重视客户需求的。

4.2.4 诋毁竞争对手

很多时候，我们的目标客户已经有稳定合作的供应商。而当我们要挖掘需求的时候，很自然地就需要去了解客户与目前供应商的合作情况，有没有什么不愉快或者是没有被满足到的地方。

但是，要不是与现有供应商发生较大的冲突，一般来说客户是不会透露太多信息给我们的。

而有些业务员认为，既然我们要挖掘需求，客户不说的话我就自己推测吧。

再加上，有一定行业经验的业务员都会知道自己与不同竞争对手之间有什么差别。于是，业务员可能就会按自己的推断，主动跟客户说：我知道你合作过的那个供应商，他们的产品质量不如我们，价格却比我们还高，其实你选择跟我们合作的话，可以省下一大笔费用呢。

如果客户本身对合作过的供应商有不满的话，可能我们这么说会让客户觉得可以尝试一下跟我们合作。但是，如果客户对现有的供应商很满意，合作也很愉快，我们说那个厂家不好，不就等于是告诉客户自己没有选对供应商，太笨了？

没有人喜欢被证明自己是错的。

在这种情况下，客户的思维很容易就会要证明自己并没有错，然后内心列出一堆理由证明自己当初选择那家供应商是正确的。

而同时，这就意味着客户没有必要更换供应商了。

因此，无论如何，不要诋毁我们的竞争对手。

4.3 如何通过询盘分析推测客户需求

我们经常说，询盘的首次回复非常重要，因为这决定着我们是否能够成功地吸引到客户的回复，从而进入具体的商务洽谈。而如何让我们的首次回复更加精准，更容易打动客户，这就需要我们尽可能地了解客户需求。

然而，与面对面交谈不同，我们无法在收到询盘时立即与客户展开深入的交谈。

这时，我们只能通过对询盘进行分析，结合我们对市场的经验，推测出客户有可能存在的需求。

4.3.1　从询盘内容判断询盘质量

收到一个询盘，我们首先需要通过不同的方面去判断这个询盘的质量是高还是低，是有效询盘还是垃圾询盘。

为了方便大家理解，我们举两个例子。

询盘一：

Hi,

I want to know more information about the ×××（产品名）. Can you send me more details?

Ivan

你好!

我想知道更多关于×××(产品名)的信息,你能给我提供更多的细节吗?

Ivan

询盘二:

Hello,

My name is John Hollstein and I in charge of business development for ABC Group, Jeddah Saudi Arabia;

ABC is one of the oldest Saudi private entities founded in 1969 and active in many different fields but very strong in real estate development;

We are planning together with the GEA (General Entertainment Authority) an indoor playground in Jeddah;

Who is the right person in your organization to talk to about our project and your possible services?

What we need?

A winning & unique concept that is attractive to KSA.

A permanent concept to be part of Riyadh & Jeddah Seasons (2021-2022) and afterwads.

Concepts & financials should be ready to be presented to the Saudi General Entertainment Authority (GEA) in 3-4 weeks.

Concept can be rolled out in 2-steps to address timeline challenges:

Indoor concept is preferred, outdoor is still an option provided that it has a proven successful model.

Looking forward to hear from you.

Thanks for your cooperation and best regards

John Hollstein

你好!

我叫 John Hollstein,负责沙特阿拉伯吉达 ABC 集团的业务发展;

ABC 是成立于 1969 年的最古老的沙特私营实体之一,活跃于许多不同领域,但在房地产开发方面非常有实力；

我们正与GEA（娱乐事务管理局）一起计划在吉达建设一个室内游乐场；

在您的组织中，谁是谈论我们的项目并且提供相关服务的合适人选？

我们需要什么？

一个对沙特有吸引力的成功且独特的概念。

作为利雅得和吉达节日（2021—2022年）以及此后的永久性概念。

概念和财务报告应在3～4周内提交给沙特娱乐事务管理总局（GEA）。

该概念可分两步推出，以应对时间上的挑战：

室内概念是首选，室外方案仍然会被考虑，前提是它有一个经过证实的成功模式。

期待您的来信。

谢谢你的配合和真挚问候

John Hollstein

第一个询盘中，客户只是很简单地说想要了解某个产品的更多信息，并没有透露任何关于他公司或者是采购需求方面的信息。

从询盘的格式来看，要么这出自一个不太专业的采购员，要么是一个前期广撒网的询盘，并不希望供应商获得太多关于自己的信息。除此之外，也有可能是客户对这个产品只是处于一个前期了解的阶段，由于对产品并不熟悉，采购计划也尚未确定，因此无法在询盘中提供更多的信息。

不过比较好的是，客户有向我们明确提出某个产品，证明他对我们的产品做过了解。

而第二个询盘中，客户做了一个详细的自我介绍，并且明确列出了他们的需求。可以看得出他是一个专业并且有经验的采购商，非常明确自己想要什么。

但同时，客户并没有在询盘中具体列出我们的产品，证明他可能并没有对我们的产品做深入的了解，只是希望我们根据他的情况推荐产品方案。这种情况下，客户往往会把同样的询盘内容发给多家供应商，让他们都提供方案，然后进行对比挑选。

这种情况下，如何才能够让客户眼前一亮以及留下深刻印象？

我们需要花点心思，仔细研究他的询盘内容，并且在网络上搜索可能相关的信息，通过推测出可能存在的需求点，进而给客户量身定制一份产品方案。

总体来说，我们不能单凭一个询盘的长短来判断询盘质量。因为，询盘虽然短，但客户可能只向我们一家询价；而详细的询盘，也有可能是群发给多家供应商的。

我们应当做的是，仔细阅读询盘中的每一字一句，从中挖掘出有价值的需求信息，然后再制定出对应的销售策略。

4.3.2　了解客户规模和性质

在同一行业，不同规模和性质的企业，客户需求可能会有一些共性。

因此，我们在收到客户询盘的时候，应当有意识地去了解客户的企业规模、历史、经营性质方面的信息。然后不断地积累和总结同类型客户之间有可能存在的共同需求，一方面可以方便我们日后遇到同类型客户时快速地给出有效的销售方案，另一方面则可以利用合作过的同类型客户案例来为新客户打开合作通道。

比如说，大企业一般会更重视供应商是否能够长期稳定地合作。对它们来说，价格基本上不会是第一考虑因素，反而会更加重视企业实力、资质、文化等综合方面的因素。而对于小型个人买家来说，他们可能考虑的是产品卖点是否符合他们需要以及价格是否有足够的竞争力等。

而在询盘中，我们可以通过一些细节去了解客户的规模。

如果是 B2B 平台，我们可以留意买家信息中的平台注册时间、公司名字、网址等信息。然后从客户的网站以及社交媒体账号去了解客户的企业资讯，如果有地址的，还可以在谷歌地图上用街景的模式看看客户公司的外观和规模。

而如果是邮件询盘，除了客户自己主动介绍以外，我们可以留意客户在邮件最后的签名栏。

一般来说，比较正规的企业都会有自己的邮件签名格式，里面会有公司名、地址、联系方式、网址等信息。我们可以通过网址去了解客户企业的历史、规模、经营性质、产品和服务范围，也可以在谷歌或者社交媒体上去搜索，看看有没有关于这家企业的信息。

除了签名栏，我们还可以看客户的邮件后缀。如果他使用的是 gmail、hotmail 这些普通的邮箱，那很有可能是一个个人买家或者是小企业。但如果他的邮箱是企业邮箱，那起码可以证明他是一家正规的企业，我们也可以通过邮箱的后缀在网络上查找到客户公司的网址或者其他相关信息。

4.3.3 阿里巴巴询盘如何做需求分析

当然，很多客户不会在询盘当中给我们介绍他的采购经验，即使是我们问，对方也不一定会回答。

想要了解客户的采购经验，我们可以从网上搜索客户的公司名，看是否有相关的信息。如果询盘是来自阿里巴巴这些 B2B 平台的，我们还可以从询盘的客户信息中看到客户的注册时间、最近的搜索行为、询盘数量以及询盘产品等。

以阿里巴巴为例，从客户的注册日期，我们可以推测客户的采购经验；从90 天的站内搜索行为，可以看到客户的产品浏览数、询盘发出数以及登录天数，从而得知客户的采购急迫性以及我们面对的竞争对手有多少；从最近询盘产品，我们可以了解客户采购产品的范围大小，从而判断客户的专业性。

比如，客户 90 天内只登录过 1 天，浏览过 1 个产品，但是却发出了 50 个有效询盘，并且有 6 个被标为垃圾询盘。哪怕数据统计可能有滞后性，但也完全不符合一个正常的采购商行为，所以我们基本上可以直接判断这是一个垃圾询盘。如图 4.1 所示。

客户在 90 天内登录 10 天，产品浏览和询盘的发出都不多，从数据上看是一个正常的买家，并且可以判断我们的竞争对手并不多。不过，从客户最近询价产品信息看，客户询盘的产品种类比较杂乱，因此可能是贸易公司或者是小买家。如图 4.2 所示。

图 4.1 阿里巴巴垃圾客户站内行为

图 4.2 阿里巴巴正常客户站内行为

当我们从询盘的分析中了解到客户的规模、采购情况等方面的信息，可以推测出他有可能存在的需求，继而相对应地制定出有效的销售策略。

4.4 如何挖掘客户需求

想要了解客户需求，最好的办法是提问。但是如果我们直接问客户："请问您的需求是什么？"对方基本上会认为我们脑子有问题。

因此，在提问之前，我们必须有清晰的思路。通过自己对行业和客户的认知，先明确自己需要知道哪些方面的信息，然后再思考怎样提问才能够获取相关的信息。

4.4.1 如何营造提问环境

很多业务员之所以无法准确挖掘客户需求，是因为没有掌握到提问的技巧。

比如，主管告诉业务员小F：给客户报价前要先了解客户有没有采购过同类产品，之前是在哪里采购。

结果，每次遇到新客户，小F都是没聊两句就直接问：请问您有采购过这款产品吗？有的话是在哪里采购的呢？

这样提问的结果是，有部分购买意向高或者是比较容易相处的客户会如实告诉小F，但是更多的客户会直接忽略小F的问题。

而更糟糕的是，小F问完这两个问题之后，就不知道该怎么聊下去了。

这种情况其实在很多新手业务员身上都会发生，主要原因是他们缺乏自己的思考，直接照搬主管给到的问题。提问的方式让人觉得很唐突，而最终得到的结果也是不尽如人意。

因此，我们在提问之前，必须先理清楚以下几点。

（1）对于一个新客户，我们需要了解什么信息？

（2）要了解这些信息，我需要提什么样的问题？

（3）在什么时候提这些问题更合适？

（4）如何提出这些问题可以让对方更愿意回答？

有没有发现，我们的思路会随着这几个问题变得更加清晰？而这也更有利于我们在与客户交流时清晰地知道每一步应该怎么走，而不是被客户"牵着鼻子走"。

1. 营造良好的沟通氛围

在沟通中，我们得营造一个良好的沟通氛围，这样对方才会向我们打开心扉。而良好的氛围，取决于客户对我们的第一印象、信任度，以及我们如何展开与客户的交流。

很多业务员之所以经常与客户"尬聊"，是因为他们在沟通的时候只是为了拿到自己想要的结果，目的性太强。于是在沟通时就会出现上面小 F 例子的情况，问了几个唐突的问题，然后就没有然后了。但其实，与客户沟通不是要我们做问卷调查，而是聊天。

一般来说，面对面交流是最容易营造氛围的。我们在与客户见面时本身就可以先坐下来喝点东西，寒暄一番。我们可以把握正式洽谈前的这个时机与客户闲聊一下，让氛围变得轻松些。这样的话，即使进入了正式洽谈，我们的沟通可以延续原来轻松的氛围，我们的提问也会变得更加容易。

而如果我们是用即时聊天工具沟通的话，相对来说就没那么简单。因为与面对面交流不同，即时聊天中没有那些刚见面时的礼仪，往往都是相互问候一句就直奔主题。经验不足的业务员在这种情况下，基本上是只顾着回答客户的问题，等回答完了想起自己的问题还没问，但这个时候再提问客户已经不回复了。有些业务员经历了几次这样的过程后开始学精了，于是便在回答客户问题前先把自己想要问的问题提出来，然而结果却经常还是会被客户忽略。

其实这两种提问的方式都是错误的。第一种提问太迟了，客户已经获得自己想要的信息后往往就没有心情再跟我们聊下去了。而第二种提问，在回答对方问题前自己抛出另外一个问题，会让人觉得功利心太强，没有礼貌，而客户也容易产生抵触的心理。

无论如何，与客户沟通的第一步，是要先营造良好的沟通氛围，而不是急于求成地直奔主题。

2. 善用"试探气球"

为了保证我们的提问不至于唐突，除了营造氛围以外，我们还可以通过"探索式"的问题来了解客户的观点和立场，然后再有选择性地继续提问。在商务谈判中，这种做法我们称为"试探气球"。

举个例子，我们在与客户交流的前期，需要了解清楚客户的一些基本情况，但是我们不能唐突地直接提出我们的问题，而是迂回一点，通过侧面提问的方式来了解客户的想法。在确认客户的想法与我们期望的方向一致时，再进行直接的提问。

比如说，我们的产品在行业中属于中高端的定位，产品质量比较好，但是价格也是比较贵。在接触到一位新客户的时候，我们不清楚客户的采购经历，因此不好判断客户想找的是怎样的产品。如果客户采购过的是低价的产品，我们需要向他强调我们更好的产品质量相比之下能够为他带来什么好处。但如果客户采购过的是我们同等质量的产品，那我们只能是通过其他方面比如服务、交期等来突出我们的优势。

但是如果我们在洽谈初期直接问客户采购经历的话，很大部分的客户都会比较警惕，不愿意透露过多的信息。在这个时候，我们可以采取"试探气球"的方式，从侧面询问一些相关的问题来判断客户的采购经历。

这种情况下一般来说，我们可以询问客户以下方向的问题。

您之前有采购过我们同类型产品吗？

您有多少年的采购经验呢？

也是在我们这边采购吗？还是别的城市呢？

您的销售模式是批发还是零售呢？

您采购过的产品在市场的反馈如何呢？

当然，上面列举的只是一些提问题的方向，具体的提问方式我们还要看自己行业特性以及客户沟通的开放程度。

而且在实际操作中，我们有可能直接就顺着客户的回答而延伸出下一个问题。比如，当客户说自己采购这款产品很多年了，我们则可以接着说："您采购了这么多年，相信对这个产品和市场都已经是非常了解了，那您之前主要是跟一家还是多家供应商合作呢？"

4.4.2 逐步提问发掘需求

爱因斯坦说过，提出一个问题往往比解决一个问题更重要。

然而，受商务洽谈中角色以及性格的影响，每个人在沟通中的开放程度都是不一样的。而我们这里讨论的，主要是针对那些在沟通中不会主动分享自己信息的客户该如何提问。

我们经常说，谈客户其实是跟谈恋爱差不多的。

想想，如果一个男生喜欢上一个女生，想让她成为自己的女朋友但是又不知道她喜欢什么类型的男生，也不知道自己怎样才能够符合对方的要求。这个时候，男生可以直接问女生你喜欢什么类型的男生，或者是我怎样才能成为你的男朋友这样的问题吗？

显然，要不是对方本身就对男生很有感觉的话，往往不会得到很好的结果。

我们之所以说一些问题会过于唐突，是因为那些问题超出了我们的预期，我们没有想到在这个时候会被问上自己还不想回答的一个问题。也就是说，对方在不合适的时机问了一个太大的问题。

有统计显示，先从简单的问题问起的情况下，被提问者回答的概率会较高。而由于惯性思维，当被提问者连续回答几个问题后，心理的防线会降低。因此，即使被提到比较隐私的问题也会较乐于回答。

但反过来，如果一开始就被问到一个较为隐私或复杂的问题，不回答的可能性则会更高。

因此，在沟通初期，我们应当先从"小问题"问起，这样更容易获得对方的回答。当问了几个"小问题"之后，对方的警惕性有所下降了，我们再开始提出我们的"大问题"。

那什么是"小问题"呢？

一般来说，"小问题"就是一些容易回答的封闭式问题。比如说：请问您之前有买过这类型产品吗？"大问题"则是一些范围较大的开放式问题，比如说：请问您的采购计划是怎样的？

注：封闭式问题答案是有限制性或者是标准化的，一般是是非题或选择题；开放式问题相对来说范围比较大，对回答内容的限制不严格，可以让对方有充分发挥的空间。比如"什么""怎么""为什么"这类型的疑问句。

举个例子，当一位客户在向我们咨询某个产品价格的时候，我们需要知道他的采购时间、订单规模以及对价格的敏感度，但是我们不可能直接问对方这些问题。

在洽谈开始的时候，我们需要问一些简单并且有信心对方会回答我们的问题，以起到破冰的作用。

如果我们觉得一开始就问生意上的问题会有点唐突的话，我们可以与客户闲聊一下，问一些与生意无关的问题，比如：

（1）你之前来过中国吗？

（2）这次来中国逗留多少天？

（3）是什么时候到达的？

（4）这边的吃住还习惯吗？

……

注意：关于如何与客户闲聊，我们会在第 5 章中具体阐述。

这类型的问题也是客户很容易回答的，当我们问了几个简单的问题破冰之后，就可以开始进入我们真正的提问。比如：

（1）之前是否有采购过这类型的产品？

（2）之前是在当地采购还是在中国采购？

（3）在中国的话具体在哪个地区采购？

可以看到，这些问题都并不是太具体，主要目的是要让客户先放下戒心，然后再从客户的回答中顺藤摸瓜继续深入提问。比如：

（1）这款产品在当地市场如何？

（2）之前采购过的产品市场反馈怎样？

（3）现在为什么想要换供应商？

（4）现在对产品和服务有没有什么特殊要求和期望？

当然，这里举例只是让大家知道我们提问是需要循序渐进的，具体该问什么问题，我们还需要根据自身行业以及客户的情况做调整。

而很重要的是，我们提出的问题都是要跟我们想要获得的答案相关的。了解客户的行程计划，可以判断出我们的竞争对手数量；了解客户之前是在哪里采购，可以推断出他对价格的敏感度；了解客户更换供应商的原因，可以知道我们应该突出我们哪方面的优势，等等。

4.4.3 学会"以问题回复问题"

在与客户沟通中，很容易出现的一个状况就是"被客户牵着鼻子走"。也就是说，客户不断地提出各种关于产品的问题，而我们只能跟着客户的思路来一个个地回答。这样的情况对于业务员来说是非常被动的，因为我们只能不断地输出信息，而无法很好地获取对方的信息。

对于这种情况，我们可以采取"用问题回复问题"的办法。

换句话说，就是当客户向我们提出一个问题时，我们不急于正面回答，而是通过提出一个相关的问题，把沟通的主导权转移到我们自己身上。

很常见的例子，就是客户一来就问价格。

沟通一：

客户：How much is this product?（这个产品多少钱？）

业务员：How many quantities will you buy?（您要买多少呢？）

这就是我们的第一种做法，不回答客户问题反而提出另外一个问题。但前面我们也有说到，这种做法的风险就是可能会让对方觉得我们没有礼貌，在刻意回避他的问题，从而产生不满的情绪，影响后续的沟通。

沟通二：

客户：How much is this product?（这个产品多少钱？）

业务员：Our price is related to the quantity. May I know how many quantities are you planning to purchase?（我们的价格是跟数量挂钩的。我可以知道您计划采购多少吗？）

沟通三：

客户：How much is this product?（这个产品产品多少钱？）

业务员：Our price is related to the quantity, if you buy 10pcs or 1,000pcs, the price will be very different. May I know how many quantities are you planning to purchase?（我们的价格是跟数量挂钩的，如果您买 10 个和 1 000 个，价格差距会很大。我可以知道您计划采购多少吗？）

从第二、三个沟通中我们可以看到，我们的陈述越详细，越有利于对方理解我们提问的原因，沟通起来功利性没有那么强，而对方回答我们问题的可能性也会越高。

除了直接提问，我们还可以用另外一种方式来引导沟通的方向。比如：

客户：How much is this product?（这个产品多少钱？）

业务员：It is USD100 for one set and if you are buying more, we can provide some discount. Have you bought this kind of products before?（一个的价格是 100 美金，但

如果您计划买更多，我们可以提供一些折扣。您之前有采购过这类型产品吗？）

又或者是：

客户：How much is this product?（这个产品多少钱？）

业务员：It is USD100, but if you want to customize, there will be some extra cost. May I know where are you planning to use it?（一个的价格是100美元，但如果您想定制的话会有额外的费用。我可以知道您计划在哪里使用它吗？）

从这两个例子可以看到，我们可以在回复客户问题的同时提出一个相关的问题。这样的沟通既显得有礼貌，同时也可以把沟通引导到我们想要的方向上去。

总而言之，我们可以通过不同的提问方式来让自己获得沟通的主导权，只要表达得当以及有合理的过渡。

4.4.4 网络聊天时怎样挖掘需求

在面对面交流时，挖掘客户的需求相对来说会比较容易，毕竟我们可以根据谈话的节奏和氛围，在合适的时候提出我们想问的问题。然而在实际的外贸工作中，我们大部分时间都是依靠互联网与客户进行交流，这种情况下我们只能看到一堆冷冰冰的文字，无法看到客户的表情，也就无法判断客户的心理状态。

特别是在如今移动互联网发达的年代，越来越多的外贸沟通是通过即时聊天工具进行的，如果我们没有把握好沟通的分寸，可能会把挖掘需求变成"自挖坟墓"。

与邮件沟通不同，网络即时聊天中我们没有太多斟酌的时间，需要对客户作出迅速的回复，并且对在什么时候该说什么话有清晰的思路。

比较常见的网络沟通误区有以下两种。

1. 客户问什么给什么，然后才想起要问需求

这是对于新手业务员来说最简单、最省心的做法。无论客户是要图册还是要某一款产品的报价，客户要什么就发什么，客户问什么就回答什么。回答完了才想起自己要了解客户需求，可是当自己再向客户提问时发现客户已经不回复了。

于是，就有了我们经常看到的问题："为什么我前期明明跟客户聊得好好的，他要的资料都提供了，可是当我反过来问客户项目情况时他突然就消失了，而且怎么跟进都不回复,该怎么办?"

其实,我们可以换个角度想想。采购商的工作是分阶段性的,一旦他们完成了资料收集的阶段,除非有新的状况,否则是不愿意花太多时间去应对供应商们不时提出的五花八门的问题。所以,他们不回复是很正常的。

大部分情况下,与客户沟通的初期是我们了解客户需求的大好机会。所以,我们要尽量在这个时候多与客户互动,主动思考客户提出的问题和要求背后是基于什么原因与考虑,在回复客户的同时也适当地提出一些问题,这样既能显示出我们对客户项目的用心,也能帮助我们更好地了解客户需求。

2. 不管客户要什么,只管自己的问题

与前面一种情况刚好相反,有些新手业务员在培训时知道客户需求的重要性,也知道一旦发了资料给客户之后有可能就无法跟客户继续沟通下去了。因此他们会采取另外一种做法,就是无论客户要什么,在沟通的前期先把自己想要问的问题逐一抛给客户,等客户回答了再发资料。

这样的做法,如果幸运地遇到一个很有耐性的客户可能会真的逐一回答。但可惜的是我们大部分客户都不是这种类型,所以,结果往往是客户随便敷衍一下,又或者是直接忽略我们的问题。

那在网络沟通时,应该怎样做才能够友好地挖掘客户需求呢?

首先,在提问的时候应当同时给客户一个回答的理由。

有些业务员为了知道客户的采购经验和竞争对手情况,会在刚开始交流的时候就直接问客户:"Have you bought this product before? Where did you buy from?"(您之前有买过这个产品吗?在哪里买的呢?)

的确,一开始往往都是客户最有耐心、最愿意花时间交流的时候,但同时也是客户防备心理最重的时候。如果我们一来就向客户问一堆问题,而且这些问题看起来跟客户的利益并不相关,客户会觉得很唐突和无礼。

比如,当客户问我们一款产品的价格时,我们要尊重客户,先回答他的问题,然后立马提出一个相关的问题。

客户:What is the price of this item?(这个产品多少钱?)

业务员:It is USD100 per unit. May I know where are you using this product? We have other similar items that you might be interested in, maybe we can give you some recommendation.(一个的价格是100美元。我可以知道您计划在哪里使用它吗?

我们有其他类似的产品，也许您也会感兴趣，或者我们可以给您提供一些建议。）

从上面这个例子我们可以看到，如果单独询问客户在哪里使用这款产品，会显得很唐突，因为客户不知道我们为什么要问他这个问题。但如果在提问的同时告诉客户，我们有其他类似的产品，如果知道客户的使用场景的话可以提供一些建议。大部分客户都希望能够选购更加符合自己需求的产品，在这种情况下，除非特别敏感的客户，一般都会愿意回答。

所以，建议大家在提问前不妨先问一下自己：客户凭什么要回答我们的问题。

其次，在冷场的时候主动分享经验或者案例，然后再提问。

有时候在聊天中我们会发现有些客户很冷漠，回复问题也是非常简短，所以可能聊着聊着就冷场了。这种情况往往是由于客户的戒备心重，不想让供应商知道太多信息。

当客户不愿意透露信息的时候，我们可以主动地向客户分享有价值的信息，比如推荐热销的产品款式；分享我们在当地市场的销售经验；分享一些客户可以借鉴的成功案例，等等。出于礼貌和好奇，客户一般都会对我们提供的信息作出反馈甚至是提出问题。而当我们跟客户聊开之后，再顺带提出我们想要问的问题，就会显得非常自然了。

这样做，一方面是利用冷场的时候给我们自己打一次广告，告诉客户我们是专业的。另一方面，则是利用主动分享有用信息来让客户更乐意回答我们的问题，毕竟"吃人嘴软，拿人手短"，大部分的人都不希望亏欠别人。

4.5 小结

销售的过程并不是单纯机械式地向客户推销产品，而是了解客户购买背后的动机和需求，为客户量身定制出属于他的销售解决方案。

而在挖掘客户需求时，有以下几个方面是需要特别注意的。

1. 需求是多种多样的，而且具有可变性

由于客户在认知或者其他方面的限制，他们可能并不清楚自己的真实需求是什么，因此需求有真伪之分。所以判断需求不能直接听从客户表面的话语，而是应该深入了解客户的实际情况加以思考和分析。

同时，基于对客户满意度的影响程度，我们还可以把客户需求分为痛点、痒点、兴奋点这三个层次。满足客户不同类型的需求，所产生的客户满意度和忠诚度也有所不同。

2. 客户需求形成的四个步骤

没有人会选择购买一件自己都不知道是什么的商品。我们在介绍销售方案时不能一蹴而就，而是应当循序渐进地向客户介绍。

客户在购买之前，往往会经历了解—值得—相信—满意这四个步骤。而从销售人员的角度来说，我们则需要向客户由浅至深地推进销售工作：介绍产品信息让客户了解产品基本的功能和原理，然后塑造产品的价值让客户认为这产品值得购买，在这过程中，我们还需要建立值得信赖的企业和个人形象以赢得客户的信任。到最后，我们的产品和服务要真的能够让客户感受到满意，才有可能获得持续长久的合作关系。

3. 挖掘需求的常见误区

常见的挖掘需求的误区有以下四种。

（1）机械式询问：只是机械式地照搬经理的问题，把了解客户需求当成做问卷调查一样，把要问的问题都问一遍就当工作完成了。

（2）只关注产品：认为自己的工作就是要把自家的产品推销给客户，因此在与客户洽谈的过程中，几乎只把注意力放在产品上。

（3）与客户争辩：对于客户的不同意见，有一部分业务员会选择反驳或者争辩，而不是认真地倾听以挖掘客户想法背后的潜在需求。

（4）诋毁竞争对手：靠自己的主观推断，希望通过证明客户目前合作供应商的不足来突显自己产品的优势。

4. 如何通过提问了解客户需求

（1）营造合适提问的环境：沟通时不要急于向客户提问，这样会让对方觉得我们目的性很强而保持警惕。反过来，我们应当先营造轻松的沟通氛围，这样对方才更有可能向我们打开心扉。

（2）提问需要"从小到大"：先从简单的问题问起的情况下，被提问者回答的概率会较高。而由于惯性思维,当被提问者连续回答几个问题后,心理防线会降低。因此,即使被提到比较隐私的问题也会较乐于回答。

(3)以问题回复问题:当客户向我们提出一个问题时,我们不急于正面回答,而是通过提出一个相关的问题,把沟通的主导权转移到我们自己身上。

5.网络聊天时怎样挖掘需求

(1)在提问的时候同时给客户一个回答的理由,一方面可以让提问显得不那么唐突,另一方面会让客户觉得我们是为了更好地服务他才提出这些问题。

(2)在冷场的时候主动分享经验或者案例,然后再提问。这样既可以向客户展现我们的专业性,同时可以让客户更愿意回答我们的提问。

第 5 章

初次接触：
你只能留下一次第一印象

在前面几章中，我们谈到的内容基本上都是客户洽谈的前期准备和铺垫工作，主要目的是让我们可以更好地开展洽谈工作。

而从这章开始，我们会深入讨论与客户接洽时，不同环节应该注意的不同事项。

在接下来的本章节中，我们将着重讨论与客户初次接触时应当注意的各方面知识点：

- ➤ 客户接待流程和相关礼仪；
- ➤ 不同地区客户接待的注意事项；
- ➤ 如何让产品介绍更加有吸引力；
- ➤ 产品报价中的技巧；
- ➤ 电话沟通的注意事项。

5.1 外贸客户接待

如今的互联网时代,客户很多时候会通过网络途径找到一批供应商,然后再实地拜访考察哪些供应商能够真的纳入最终深入洽谈的名单。而我们在接待中,企业、产品甚至是业务员个人的呈现是否能够达到或者是超出客户的期望,决定着这个洽谈是否能够顺利地推进到下一环节。

而且与线上沟通不同,我们面对着客户时不允许我们停下来思考或者是找同事支招。在现场中如果说错一句话,又或者是做出一个出格的举动,都有可能会对洽谈的进展起到很大的影响。

而想要把客户接待做好,首先我们得知道接待包含什么流程以及其中有什么需要注意的地方。

5.1.1 外贸客户接待流程

很多业务员认为,客户接待就是在客户来访时做好参观和会谈的接待就可以了。但实际上客户接待真的这么简单吗?肯定不是了。

在举行跨国商务会议前,我们可以先问自己一些有助于会议准备的问题,并提醒自己应该注意哪些方面的文化差异。

(1)该国商人的商务谈判风格是怎样的?

(2)我们应该如何组织会议?

(3)我们该如何向客户打招呼?

(4)我们该如何召开会议?

(5)进行谈判时我们需要考虑什么?

(6)会议结束后我们该怎么办?

客户接待总的来说包含接待前准备、接待会谈以及后续跟进三个环节。而具体细分的话,客户接待则可以分成八个环节。

1. 确认来访信息

在客户来访前,我们应当与相关人员确认具体的来访信息。

人员方面,我们需要知道具体的来访人数、身份、职位、性别,由于可能需要安排住宿和餐饮,我们还需要提前了解每一位来访人员在食宿方面有没有什么特殊要求或者忌讳。如果是小语种国家的客户,还需要提前了解是否需要安排翻译。

有些国家的客户来访前需要我们提供邀请函才能办理签证。一份完整的邀请函,需要有我方公司的抬头以及具体联系方式,邀请日期,来访原因,被邀请方的全名、护照号码等信息。邀请函模板格式如下:

[COMPANY NAME]
Add:
Tel/Fax:
E-mail:
Website:

<u>Invitation Letter</u>

Dear ×××:

We would like to invite you to come to China and visit our company from Apr. ××th to ××th, 202×. This visit will provide an opportunity for you to make a better understanding of our products, and to determine the final cooperation.

We are looking forward to meet you very soon and wish you a successful trip.

Below information for [client's name]:

 Name: ××××
 Nationality: ××××
 Passport No.: ××××
 Date of birth: ××××

Gender: Male

Place of birth: ××××

_____

[Company name]

Export department

[date]

[公司名称]

地址：

电话 / 传真：

电邮：

网站：

<u>邀请函</u>

亲爱的 ×××：

我们想邀请您于 202× 年 4 月 ×× 日至 ×× 日来中国参观我们公司。此次访问将为您提供一个更好地了解我们的产品并确定最终合作的机会。

我们期待着很快与您见面，并祝您旅途愉快。

[客户名称] 的以下信息：

姓名：××××

国籍：××××

护照号码：××××

出生日期：××××

性别：男

出生地：××××

_____

[公司名称]

出口部

日期

除了确认人员信息，我们还需要提前与客户确认来访的具体计划。其中包括来访目的、来访时间、离开时间、来往交通方式以及是否需要接送和帮忙订票等。

而且在客户来访前，还应当提前收集好对方公司以及来访人员的详细资料，包括公司背景、实力、经营模式、行业经验、主要市场、国家风俗习惯、来访人员的兴趣爱好等。

2. 确定接待规格

一般来说接待规格分为三种方式。

（1）对等接待：指我方接待人员与客户来访人员的职务大致相同。

（2）高格接待：指我方接待人员职务高于客户来访人员。

（3）低格接待：指我方接待人员职务低于客户来访人员。

这三种接待方式在我们日常工作中都会出现，而对于业务员来说，更多的可能是低格接待或者是对等接待。这时就需要我们根据收集到的来访人员资料和行程计划，提前确定是否需要邀请上司或者更高级别的领导进行陪同接待。

3. 行程安排

确定好接待规格后，我们就可以对客户接待做具体的行程安排。

提前做好参观行程安排的好处是，一方面可以与客户提前沟通整个参观流程，知道客户对哪些方面的信息更加感兴趣，我们也可以提前做好相应的准备。另一方面，提前做一份行程安排也可以体现出我们的专业和严谨。

客户来访行程安排表模板如表 5.1 所示。

表 5.1 客户来访行程安排表

date（日期）	time（时间）	content（内容）	place（地点）	participants（参加者）

4. 接待准备

确定了具体的接待行程后，我们需要根据其中的每一个环节提前做好准备，一般包括现场的准备以及洽谈准备。

现场准备中，对客户参观路线的现场需要提前准备好：包括生产车间、展厅、仓库的整理，样板准备，设置欢迎客户的接待牌，会议室布置。如果要接机或接车的话还需要提前准备好接机牌或接车牌。

洽谈准备则包括咖啡、茶、小零食，公司介绍演示文稿，相关证书以及送客户的小礼品等。如果客户来访时计划要做具体谈判，还需要提前准备好与客户谈判的三个方案，即最佳方案、折中方案和妥协方案，并且要有这三个方案的具体策略。

5. 接送和酒店安排

如果需要接送客户，我们需要提前确认好接送车辆、人员的安排，并且确保在约定时间前到达。

接到客户后，应当热情主动地做自我介绍，并且在车上与客户做些简单轻松的交谈，比如询问旅途情况、介绍城市景点和饮食文化。如果客户显得疲惫，则应当保持安静让客户在车上做短暂的休息。

如果客户是自行前往，则需要提前与客户约定好时间和下车地点，并且提前向客户提供附近地标和行车路线。

在公司迎接客户时，应当根据接待规格的不同提前做好迎接准备。一般来说，我们可以根据客户企业的规模、来访人员的职位高低来确定是否需要部门经理、总监、总经理等陪同迎接。若想表现合作的诚意，可以请上级领导到机场、车站、酒店等地点一起陪同迎接。若不需要太正式，则可以由业务员到指定地点迎接客户，上级领导在公司门口进行迎接。

此外，如果客户到达时间刚好是中午，则需要询问客户是否需要先简单用餐。

6. 参观和会谈

根据提前做好的参观行程安排，我们需要制定出具体的企业参观路线，如：大门—企业形象墙讲解—展厅产品讲解—生产车间—质检环节—包装车间—仓库抽看成品。

并且在不同的参观环节中，需要明确具体要给客户呈现什么信息，以哪种方式呈现，这些都是需要我们提前做好准备的。而在参观的途中，有必要的话我们还需要安排专业讲解人员陪同。比如由技术人员讲解产品的研发和生产的过程，由质控人员陪同讲解品质控制的标准和方式，这样比起单纯由业务人员讲解显得更加的丰富和专业，也可以让客户在参观时对我们企业的团队有更深入的了解。

会谈方面，采用哪种会谈风格也是需要我们提前准备和策划的。

一般来说，比较正式的团体接待会选择在会议室以演示文稿的方式向客户介绍企业和产品信息。这时候我们需要提前安排好会议室中的座位，在每一个座位上放置好产品图册、会议相关的文件资料、瓶装水、纸和笔，并且在演示开始前告知客户演示的时长以及演示的主要内容。

而如果不是非常正式的团队会谈，我们则有可能以一种相对较为轻松的氛围与客户进行会谈。相比之下，虽然没有前者显得那么专业，但是这种会谈方式会让双方没有那么大的距离感，客户的警惕性会较低，也比较有利于我们与客户建立起良好的关系。

想要让会谈变得更加轻松，我们可以在进入洽谈室后不急于进入商务洽谈的话题，而是可以询问一下客户想喝些什么。然后在给客户准备饮料的同时，可以与客户稍微闲聊几句，以营造一个良好轻松的沟通氛围。

7. 宴请用餐

由于在公司的参观和会谈都是正式的商务洽谈，我们可能无法很好地与客户建立起深厚的关系，而客户也有可能在沟通中有所保留。想要拉近与客户之间的关系，我们可以在会谈结束后宴请客户一起用餐。

一般来说，欧美发达国家的客户在没有开展合作之前，又或者是与这家供应商还没有明确的合作意向，都不会轻易接受供应商的用餐邀请，主要原因是想与每一家供应商保持一定的距离，从而可以作出一个客观中立的采购决定。

所以如果欧美客户很乐意地接受我们的用餐邀请的话，说明客户至少对我们的印象还是可以的。不过这一点对于其他发展中国家，甚至是部分东南亚国家不适用。

至于这个用餐邀请，我们可以在与客户前期沟通行程安排的时候直接邀请客户，然后顺便询问客户对饮食方面有没有什么特殊要求、期望或者是忌讳。如果前期没有沟通，则可以在会谈接近尾声的时候作出邀请。

在接待前，我们应当先了解客户国家或地区的饮食文化喜好，在宴请的时候则需要尽量结合客户的喜好来进行安排。

如果时间充裕而客户又乐意的话，还可以在用餐后带客户到附近的景点进行参观，以更进一步地拉近双方距离，为日后的长期合作打下良好的感情基础。

8. 后续跟进

客户接待的完成只是代表我们完成了整个销售流程的其中一步，因此我们还需要做好跟进才能够有效地推进后续的工作。

有时候客户来中国出差一趟，可能需要看很多的工厂，做很多的洽谈。而如果我们不了解客户的行程，在客户离开后就立马一直发邮件发信息来跟进客户订单的进展，这样的操作有可能会让客户觉得我们太功利，从而产生厌恶的情绪。

又或者客户有可能出差行程太忙，根本没有时间去看邮件和回复我们。而当客户回国开始重新投入正式工作的时候，可能已经过去了一段日子，而我们却认为客户不回复是对我们没兴趣，所以放弃跟进了。

而当然了，如果客户在走访的供应商中对好几家的喜好度都是差不多的情况下，他更加有可能会选择在合适时间进行跟进的那家。

因此，在客户接待完成前，如果条件允许，我们可以尽量了解一下客户后续的行程，并且与客户约定好会谈中谈及的内容，应当在什么时候与客户再做进一步的沟通。

如果会谈中涉及的内容比较多，我们还可以在会谈结束之后整理一份会谈记录。当中可以列出会谈中重点洽谈的内容、会谈后的待办事项、负责人以及期望完成时间。然后把这份记录抄送给会谈的相关人员，再结合其中的时间要求进行工作跟进。

5.1.2 外贸客户接待中的商务礼仪

除了要清楚客户接待的流程，做好相关环节的准备和接待工作以外，我们想要把接待工作做得更好，必须要了解国际商务中的商务礼仪。

业务员是一家企业的窗口，业务员的素质与水平同时也折射出公司的企业文化和管理水平。如今市场竞争如此激烈，除了做好产品质量，企业还需要通过多方面的因素来战胜竞争对手。而掌握必要的国际商务礼仪，可以让谈判在更融洽的氛围中进行，从而为我们将来的合作加分。

1. 迎接与相互介绍

客户来访时，一般由主人先主动伸手表示欢迎，顺序上由职位高的先伸手，或者是按顺时针方向依次握手。而当客户离开时，则是由对方先伸手。

握手时力度要适当，可以握得稍紧以示热情，但不可太用力。男士与女士握手时力度应当小一些，而且不宜握满全手，只握住其手指部分即可。握手的同时应当注视对方，并且面带微笑。

注意：有部分国家和地区的习俗认为注视对方是不敬的，因此如果发现对方不与我们对视则跟随对方的做法即可。

而在介绍双方人员时，顺序通常是按照职位的高低依次介绍。

如果是两人见面，应由职位低的向职位高的递名片。而如果是多人，则一般是由近至远或者由职位高向职位低进行递名片。但是要注意，如果上司或者领导同时在场，则应当由职位高的人先向客户递名片。而如果是由上司带领的接待，则要等上司介绍完后才能递出自己的名片。

递名片时应当双手递出，并且正面朝对方。若接待的是印度客户，则只需要右手递出名片即可（印度人认为左手是不洁的）。而当收到对方名片时，不能立马把名片放口袋或者扔到一边，而是应该稍微阅读一下名片上的信息，然后整齐地放到一旁。若是在会议桌上，则应该按照客户座位的位置把对应的名片按顺序在自己面前排开，这样做可以方便在会议中更及时并准确地叫出不同客户的名字。

2. 乘车座次安排礼仪

商务乘车时，座次安排的原则是要把客人安排在最安全的位置，而副驾驶座是最不安全的座位，因此在惯例中，不宜让妇女儿童乘坐该位置。在公务活动中，副驾驶座被称为"随员座"，一般由秘书、翻译、陪同等随从人员就座。

不过在乘车座次安排中，也有另外一个原则"尊重为上"。也就是说，即使客户没有按照商务礼仪的惯例就座，我们也不应当纠正对方，而是尊重对方的选择。

而对于不同的车型，乘车座次的安排也有所不同。一般来说，除了主人驾驶的情况下，都是后排为上、前排为下；以右、中为"职位高"，以左为"职位低"。具体如图 5.1、图 5.2 所示。

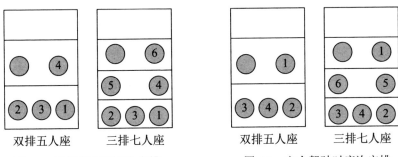

图 5.1 司机驾驶时座次安排　　图 5.2 主人驾驶时座次安排

1）双排五座车

如果由司机驾驶，则座次安排由职位高低依次为：后排右侧、后排左侧、后排中间座位、驾驶座右侧。

如果由主人亲自驾驶，则座次安排由职位高低依次为：驾驶座右侧、后排右侧、后排左侧、后排中间座位。多人乘车时，若中途前排乘客先下车，则后排的客人应当改坐前座。

2）双排四座车

无论是司机还是主人驾驶，都是驾驶座右侧为职位高，后排右侧次之，后排左侧为末。

3）三排七座车

如果由司机驾驶，则座次安排由职位高低依次为：后排右侧、后排左侧、后排中间座位、中排右侧、中排左侧、驾驶座右侧。

如果由主人亲自驾驶，则座次安排由职位高低依次为：驾驶座右侧、后排右侧、后排左侧、后排中间座位、中排右侧、中排左侧。

3. 参观引导

当我们需要带领客户到不同的地点进行参观时，也需要注意引导方面的礼仪。一般来说，引导者应当在客户左前方一米处进行引领，指引方向时不能用手指来指明方向，而是应当五指并拢手心向上来指引。

引导客人上楼梯时，应由客人走在前面，接待人员走在后面。而引导客人下楼梯时则相反，由接待人员走在前面，客人走在后面。但在客人不清楚路线的情况下，则均是接待人员走在前面。

进电梯时，可以在电梯门外按"开门"键，等客人都进入电梯后再进入。

若客人人数较多,也可以先进电梯,在电梯里一手按"开门"键,一手按住电梯侧门,等待客人进入。到达楼层后,一手按"开门"键,一手按住电梯侧门,让客人先出电梯,然后跟上指引方向。

注意:在国际礼仪中还遵从"女士优先"的原则,因此如果是女业务员在接待男性客户,在进出电梯时则可以先进先出。

4. 会谈座位

引导客户进入会议室后,业务人员应当用手指示客户进行入座,待客户入座后自己再入座。

在会议开始前,应当提前在会议桌上准备好会议相关的文件、水以及记录用的笔和纸。如果会谈中需要以演示文稿的方式向客户进行介绍,则应当提前告知客户演示的内容以及大概的时间。若是比较轻松的洽谈,我们则可以准备一些水果和小零食,以营造出一个比较轻松的氛围。

在会议室的座位安排中,应当遵循"面门为上、居中为上、以右为上"的原则,如图5.3所示。

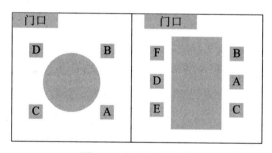

图 5.3　会议座次安排

5. 宴请用餐礼仪

与接待国内客户不同,有些国外客户可能是第一次来中国,对中国的饮食没有什么概念,也不一定能够适应中餐的口味。

因此,比较稳妥的做法是在宴请客户用餐时,应当提前问一下客户在饮食方面有没有什么忌口以及有没有哪种风格的菜系是比较想尝试的。如果客户表明想尝试中餐,我们可以选择一些环境和服务都比较好,并且有代表性的餐厅。但如果客户并没有特别表明想尝试中餐,我们则应当选择菜系比较齐全的餐厅,又或者是接近客户国家口味的餐厅。

一般来说，特别要注意的是穆斯林客户的饮食安排。由于穆斯林客户基本上都是信奉伊斯兰教，他们都不吃猪肉。因此，在选择时可以尽量选择清真餐厅。如果附近没有清真餐厅的话，大部分客户也会比较接受吃海鲜。

除此之外，虽然中国饮食文化博大精深，在宴请国外客户时，点菜还是尽量地选择一些接近客户国家口味并且比较大众化的食材，同时采用他们比较习惯的方式进行烹饪。除非客户表示自己愿意挑战尝试不同的食材，否则尽量不要点一些在外国人看来不可以吃的食物。

用餐的座位安排，与会议的座位安排是一样的道理，同样是遵循"面门为上、居中为上、以右为上"的原则。

6. 送礼注意事项

为了表达我们合作的诚意以及加深客户对我们的印象，我们还可以在接待客户时赠送礼品。

一般来说，我们可以根据不同国家的风土人情、商务习惯等来准备我们的礼品。

比如说，对于中东客户可以送些穆斯林的小礼品，如绿茶和茶具；俄罗斯的男性客户我们可以送酒，女性客户可以送巧克力；南美客户可以送些中国传统的家居工艺品，等等。

比较全球通用而又便宜的有中国结、中国扇、剪纸、一些中国传统的小摆件，价格稍贵的有白酒、青花瓷、刺绣、茶叶、卷花、丝巾，如果对中国文化比较感兴趣，还可以送唐装。

除此之外我们还可以送些本地的特产小吃。有一次我送了一盒月饼给我的土耳其客户，他开心得不得了，说知道中国有中秋节，但是一直没能够尝到月饼的滋味。

而对于大客户来说，我们可以送一些价值稍贵的礼品，但需要注意的是，并不是所有国家的客户都适合送名贵的礼品。

举个例子，日本客户会喜欢赠送和接受名贵的礼物，礼物价格越贵代表越有诚意。但是如果我们赠送贵重物品给美国客户，他们会认为我们是在贿赂或者是刻意讨好，所以我们反而送些价格不贵的小礼品还更为妥当。

正所谓物轻情意重，送礼时其实更重要的是我们的心意，只要是我们用心给客户准备的，相信客户都会很感激的。

不过需要注意的是，我们送礼的时候要注意客户国家有什么忌讳。比如说给印度客户送礼，不应该送牛皮制品或者是动物制品；穆斯林客户不宜送酒、雕塑、女性画像或者是跟狗相关的礼品；日本客户不宜送刀，等等。

5.1.3　接待不同地区客户的注意事项

由于不同国家和地区的风土人情和文化习俗不同，我们在接待客户时除了要遵从普遍的国际商务礼仪之外，还需要了解不同地区的商务习惯。让客户感受到我们对他们国家文化的尊重，甚至让他们有宾至如归的感觉，会不知不觉让我们在客户心目中加分不少。

在判断不同地区客户的商务谈判风格时，我们可以着重从以下几个方面做区分。

（1）友好还是冷漠？

（2）开放还是不宽容？

（3）随和还是固执？

（4）直接沟通还是间接沟通？

（5）平等的还是等级的？

（6）正式还是非正式？

（7）希望单独工作或团队合作。

由于全球不同地区的文化差异很大，即使同一个国家的不同地区或者不同行业的商务习惯也会大有不同，我们无法具体列举出所有的注意事项。因此，我们只能按大区域做划分，把该区域比较有代表性或者与中国有较多贸易合作的国家的商务习惯列举出来，供大家参考。

1. 北美客户

北美客户主要来自美国和加拿大两个国家。

美国人总体来说比较热情坦率，性格外向幽默，他们敬业、注重效率，比较欣赏专业敬业的业务员。除非是非常正规的商务谈判，他们一般也不会穿着太正式，反而是更加追求衣着的舒适感。在洽谈时他们也比较倾向于较为轻松的气氛，因此我们在接待美国客户时也不需要太过正规，否则会让客户觉得我们太拘谨，很有距离感。

除此之外，美国客户还很重视合同精神和承诺。因此我们与美国客户初次合作时，可以主动告知客户我们可以跟他们签合同，这样会让对方对合作更加的放心。不过承诺过的事项一定要按时按质按量完成，否则会让对方非常厌恶。

加拿大的商务习惯总体来说跟美国差不多。但由于加拿大曾经分别是英国和法国的殖民地，他们的文化习俗和商务风格分成英式和法式两种。英裔的采购商一般是生意导向型，作风比较直接，喜欢直奔主题。而法裔的采购商则更加倾向关系导向型，他们往往习惯花较多的时间去了解合作伙伴，喜欢较为缓和的推销方式。

所以，在接待加拿大客户时，我们的接待风格也应当根据客户所在地区是英语区还是法语区而稍加调整。

2. 欧洲客户

我们都知道，欧洲分为北欧、东欧、南欧、西欧、中欧这五个区域。不同区域间由于地理气候的差异，文化习俗有着很大的差异。

1）北欧

北欧包括欧洲北部的挪威、瑞典、芬兰、丹麦和冰岛 5 个国家，而其中除冰岛以外的 4 个国家被合称为斯堪的纳维亚半岛（Scandinavian）国家。这些国家经济发达，多属于高福利国家。但由于地理位置偏北气候寒冷，北欧国家的客户给人感觉是比较高傲的，人与人之间的关系也比较冷漠。

而由于北欧国家是欧洲地区中最富裕的，他们对品质的要求比较高，对质量的重视程度高于价格。而且他们往往不喜欢过多地讨价还价，如果我们的报价刚好在他们可以接受的范围之内，他们可能会立刻同意。

同时，在接待北欧客户时，除了要注重强调产品的质量控制，我们还需要与客户保持适当的"距离"。这里说的"距离"，一方面是指我们在接待时与客户的物理距离不宜太近，另一方面是指我们交谈或跟进时不宜太过热情，否则会让对方感觉不适。

不过北欧人都比较喜欢喝酒，特别是挪威人，所以在洽谈过后如果能够安排与客户出外喝一下酒会是一个不错的增进感情的方法。

2）南欧

南欧范围包括伊比利亚半岛、亚平宁半岛及巴尔干半岛南部，共 17 个国家，也称为地中海欧洲，因为大多南欧国家靠近地中海。主要国家包括西班牙、葡萄牙、意大利、希腊、保加利亚、塞尔维亚等国。

南欧的风土人情可以说是跟北欧完全相反，由于地理位置让他们可以享受到更多的阳光。总体来说，南欧人一般比较热情开放，也比较浪漫，喜欢享受生活，时间观念比较薄弱。

不过南欧不同国家之间的风土人情也有较大的区别。比如说：

意大利是众所周知的设计大国，他们会比较注重外观和时尚，因此在接待意大利的客户时，更高的服装品质以及时尚度会让对方留下深刻的印象。

而希腊人对穿戴却是非常的不注重，他们诚实但是效率非常低，并且喜欢浪费时间。他们认为有时间浪费的才是富人，因此比起忙里忙外地去挣钱，他们会更加喜欢在爱琴海边静静地晒太阳。

在传统的西班牙商人心中，阶层观念是比较根深蒂固的，他们会比较倾向与同等级别的人士进行沟通。因此，如果业务员发现自己在与西班牙的经理或者老板级别的洽谈无法很好地推进时，不妨找自己的上级领导与客户进行交流，有可能一下子就会使谈判变得轻松很多。

3）西欧

西欧指欧洲西部濒临大西洋的地区以及附近的岛屿共同组成的区域，地理上包含英国、爱尔兰、荷兰、比利时、卢森堡、法国和摩纳哥7个国家。西欧经济在欧洲相对而言更加发达一些，生活水平较高，也是和中国商人生意往来较多的地区之一。

英国是资本主义的发源地，也是最早进行工业革命的国家，曾经是"日不落帝国"。所以英国人的大国意识很强，加上历史悠久的君主立宪制，他们相对来说比较保守和内敛，注重形式，喜欢按部就班。而在选择供应商时，他们往往会通过试单或样板单的质量来考察供应商。如果质量达到他们的心理预期，才有可能会逐步地下更大的订单。但如果第一次试单的质量就已经不符合英国买家的要求，则很有可能不会再有下一次的合作了。

然而，同属西欧并且仅仅只隔着一个英吉利海峡的法国却是截然不同的风格。一提到法国，我们都会想起"浪漫""高雅"这两个词。他们天性浪漫，对衣着穿戴极为讲究，崇尚休闲，时间观念不强。在法国还有一种非正式的习俗：在正式场合，主客身份越高，来得越迟。所以，与他们做生意，在时间上要有足够的忍耐力。然而，法国人自己经常迟到但却不喜欢别人迟到，对于迟到者，他们都会很冷淡地接待。因此，作为供应商的我们对于法国客户既要守时又要有耐性。

荷兰人非常精明，文化素养较高，性格坦率，时间观念强，注重工作效率，办事认真负责。他们做事比较讲究秩序，喜欢提前做好安排，因此要拜访荷兰客户的话一定要提前预约。

4）中欧

中欧包括德国、波兰、捷克、斯洛伐克、匈牙利、奥地利、列支敦士登和瑞士8国。因地处欧洲中央，其政治、经济、民族与文化也具有明显的多样性和过渡性。中欧地区是世界上经济较发达地区之一，总体在欧洲位列中等，各国服务业均占主导地位，其中德国为欧洲第一大经济体。

德国人在国际上是出了名的严谨，他们思维缜密，有计划性，讲求效率，注重合同，诚实守信。并且由于他们在欧洲的优越条件，他们往往会十分自信，有时甚至会有点自负。而在商务洽谈中，他们一般对个人关系也比较严肃，不喜欢拉关系、套近乎。接待德国客户时，提前做好充分的准备尤其重要，而且在陈述时也应当尽量明确、果断，犹豫不决或者拖泥带水都会让对方觉得我们不够专业。

波兰在地理位置上位于德国和俄罗斯之间，在东西方之间的地缘政治位置一直影响着波兰人的思维和行为方式，让他们在文化上拥有双面性。这也是在与波兰人进行谈判时，乍一看并不容易明白波兰人的真实想法的原因。

波兰商人在谈判时既以关系为导向又以目标为导向，这种双重标准的文化特质使得他们在谈判桌上既重视建立良好的关系，但同时言辞又是十分直接和尖锐。在会议当中，波兰人不善于隐藏自己的情绪，特别是他们感到恼怒、沮丧或愤怒时。因此，当我们在接待波兰客户时遇到这样的情境不应该感到吃惊或觉得受到冒犯，对于波兰的文化而言，这样的开放和真实是很正常的。此外，波兰的管理风格是等级森严的，因此最好确保与我们洽谈的是决策者，否则可能在谈判中对方会需要花更多的时间在汇报和等待决策当中。

5）东欧

东欧包括爱沙尼亚、拉脱维亚、立陶宛、俄罗斯、白俄罗斯、乌克兰、摩尔多瓦等国家。而波兰、塞尔维亚、克罗地亚、斯洛文尼亚、波斯尼亚和黑塞哥维那、黑山、北马其顿、罗马尼亚、保加利亚和阿尔巴尼亚有时也被视为东欧国家。

随着20世纪90年代初苏联解体，东欧诸国的政治体制改革和经济体制改革对社会文化的影响很大，国家制度的变化给这些国家人民的思想带来了很大冲击。他们的谈判人员在这种背景下形成了官僚主义、作风散漫的风格。而在谈判中，他们则比较急于求成，注重实际利益。

俄罗斯人性格比较豪放耿直，但同时也比较霸道，不喜欢妥协或者迁就，有时即使他们自己知道自己的要求不符合客观标准也不愿意妥协让步。由于受官僚主义的影响，他们办事会比较拖拉，并且喜欢照章办事，缺乏灵活性。他们计划的制订和审批需要经过许多部门和环节，因此在决策和反馈上需要较长的时间。他们谈判能力很强，非常善于讨价还价，也很重视项目中的技术内容和索赔条款，因此与他们洽谈时要做好充足的准备。

乌克兰长期以来经济动荡、政府不稳定，苏联统治以及根深蒂固的传统和宗教价值观塑造了乌克兰的商业文化。因此，在与乌克兰人做生意时，诚实和忠诚是他们比较注重的。

大多数乌克兰公司也是等级森严，决策过程较慢。而在选择供应商时，他们更加倾向寻找可以信任并且长期合作的生意伙伴。因此，我们在接待乌克兰客户时应当尽量让对方增加对自己的信任感，也可以多通过闲聊和商务娱乐活动来增加双方的了解和感情。

3. 中东客户

中东，是指地中海东部南部到波斯湾沿岸的部分地区。在地理上，中东包括西亚（除阿富汗）和部分北非地区（即埃及），是非洲与欧亚大陆的亚区。

"中东"是一个笼统的地理术语，究竟包括哪些国家和地区，国内外尚无准确定论，一般泛指西亚、北非地区，约23个国家和地区。

注：西亚的国家和地区包括沙特阿拉伯、伊朗、伊拉克、科威特、阿联酋、阿曼、卡塔尔、巴林、土耳其、以色列、巴勒斯坦、叙利亚、黎巴嫩、约旦、也门、塞浦路斯、格鲁吉亚、亚美尼亚、阿塞拜疆。北非国家和地区包括埃及、利比亚、突尼斯、阿尔及利亚、摩洛哥、马德拉群岛、亚速尔群岛和西撒哈拉。

谈中东地区的商务谈判风格，我们不得不以阿拉伯国家作为代表，因为它们的语言、宗教信仰、民族传统和生活习惯都是较为统一的，因此它们的谈判风格也大致相同。

注：阿拉伯国家包括阿尔及利亚、巴林、科摩罗、吉布提、埃及、伊拉克、约旦、科威特、黎巴嫩、利比亚、毛里塔尼亚、摩洛哥、阿曼、巴勒斯坦、卡塔尔、沙特阿拉伯、索马里、苏丹、突尼斯、阿联酋、也门、叙利亚。

阿拉伯人总体来说性情固执而保守，脾气比较倔强，注重朋友情意，喜欢面对面交流,热情好客,但不轻易相信别人。他们时间观念比较弱,谈判的节奏往往也比较慢,做决策的时间也会比较长。他们有时候一天只拜访一家企业,在缓慢的交谈中考察供应商。同时,在讨价还价上,他们喜欢面对面地慢慢磨价格,有时候甚至会采取疲劳战术,供应商失去耐性了就直接在价格上妥协。

因此,接待阿拉伯客户时要做好长时间的准备,特别是他们很喜欢从早上直接谈到下午,由于他们自己没有吃午餐的习惯,我们在接待时可以安排一些水果或者小点心,让双方在洽谈中也可以适当进食补充体力。此外,中东人普遍喜欢甜食,他们无论是喝咖啡还是喝茶都喜欢放大量的糖,所以接待前必须要提前准备好。

此外,对于接待所有穆斯林客户,我们都需要注意他们有可能需要在洽谈途中进行祈祷,可以的话提前准备好祈祷垫。而在饮食方面,他们认为猪是不洁的,因此他们不吃猪肉。部分地区的客户连牛肉也不吃,因为他们要求要在犹太教牧师在场下宰出来的牛,并且被宰的牛不能太痛苦的情况下才能供人食用。不过由于时代的发展,部分地区或者部分客户在国际商务中并不一定会非常严格地遵守伊斯兰教的规则。所以,宴请中东客户用餐前,我们应当提前问一下客户在饮食上有没有什么特殊要求和忌讳。

而在中东国家中,一个比较另类的国家是以色列。

在强敌环伺,几乎没有任何矿产资源的情况下,以色列却成为中东唯一不靠石油而富裕的国家,并且经济与科技都非常的发达。由于与美国长期的盟友关系,大部分以色列人都比较认可美国的制度和文化。因此,与其他中东国家相比,他们无论是生活习惯还是风土人情都更加接近欧美国家。而以色列的商人也不同于其他中东国家的商人,他们相对来说比较理性,较为直接明了,在商务谈判中喜欢迅速进入主题。

4. 亚洲客户

亚洲国家中,从经济实力、文化差异以及采购规模来说,我们主要讨论日本、韩国、印度。

日本深受儒家思想的影响,日本商人总体来说比较谦和有礼,非常注重礼仪礼节。他们在商务谈判中十分小心谨慎,做任何决定都需要经过仔细的思考,因此与日本人洽谈时应有足够的耐心。而由于他们性格比较内敛,在谈判桌上很少会像西方人那样坦率地表明自己的立场和想法,所以想从他们身上获取准确的信息，我们需要反复认真地推敲。

需要注意的是，日本商人非常注重人际关系，等级观念很强，而且善于利用不同层次的人员与谈判对手进行不同层次的交流，达到从中打探信息、研究对策的目的。在与日本人的谈判中，高层官员的作用往往只是礼仪上的，因此与日本高层主管谈话时，说话的方式比说话的内容更加重要，因为他们往往会从细节中判断对方公司是否正直、可信。

虽然也是非常重视礼仪，但韩国商人与日本商人相比，相对比较直率和爽快，往往在沟通中会更加直截了当。韩国人同样注重人际关系，希望与商业伙伴可以维持良好的关系，并且会拿这当作谈判的筹码。而且韩国人比较爱面子，在接待他们时选择比较豪华有气派的场所会让他们觉得自己更有面子，同时也是对谈判重视的体现。

而在亚洲众国中，印度买家可以说是让大多数中国供应商又爱又恨的。他们最突出的采购特点是非常喜欢货比三家，找一个产品可以把他们能够找到的供应商全部拜访一遍，而且非常喜欢砍价，动不动都是先把价格砍一半，而且为了拿到底价还喜欢说空话，夸大实际的采购量。由于他们大多对价格比较敏感，因此合作的忠诚度并不是很高，大部分的印度商人更加倾向于不断寻找性价比更高的供应商而不是长期合作的伙伴。

除此之外，他们的时间观念非常淡薄，无论是到达时间还是谈判进程中的时间控制都是非常的随意。如果一个印度人跟你说15分钟后会到你公司，也许那时他还在跟上一家供应商谈得火热当中，而且很可能过了两个小时后才会告诉你今天行程安排不过来，没办法拜访了。

5. 澳大利亚客户

由于曾经是英国的殖民地，澳大利亚人在文化习俗上与欧洲比较接近，但是由于地理位置上没有比邻的竞争对手，澳大利亚人的性格相对来说比较温和有礼，并且崇尚平等。

澳大利亚商人在商务谈判中并不会要求非常正式，他们无论是着装还是礼仪方面都比较随意。在时间观念方面，澳大利亚人比东南亚人要守时，但是并不如德国人、日本人、美国人的时间观念强。除了悉尼以外，澳大利亚其他地区的生活节奏是比较悠闲和散漫的，因此他们的工作效率并不会太高，"Thank you for your patience"是他们经常说的口头禅。

与北欧客户相似，澳大利亚客户不太热衷于讨价还价。如果是在他们接受的价格范围内，他们会欣然接受并且很快下单，但如果超出他们的心理预期，则很有可能招呼都不打就直接选择别的供应商。因此，在跟澳大利亚客户报价时，不能采取报高价然后逐步降价的策略，反而需要尽可能在初次报价时就一步到位。

6. 拉丁美洲客户

拉丁美洲与北美同处一个大陆，但人们的观念和行为方式却大相径庭。

曾经有谈判专家这样描述他们：当北美人已经急着要落实计划时，拉美人却才刚开始认识你；当北美人马上要大展宏图时，拉美人却才刚开始想要怎样开张；当北美人想让他们的产品占领整个拉美市场时，拉美人却只关心自己在当地市场掌握的那一点点销路。

由此我们可以看出，拉美人生活节奏比较缓慢休闲，时间观念淡薄。而且他们有很多假期，如果洽谈的关键时刻撞上了他们的休假时间，也只能等他们休完假回来再继续商谈。

与拉美客户接触时，一般会行握手礼，并且同时有眼神交流。如果对方不与我们眼神相对则不要感到惊讶，因为在某些地区，凝视对方会被认为是不礼貌的行为。

总体来说，拉美人比较热情，看重朋友情谊，喜欢面对面交流，所以与他们建立起良好的关系会对商务合作有很大的帮助。同时，他们还比较自信固执，他们不重视合同，合同履约率也不高，特别是在付款方面。

在拉美国家中，阿根廷的商务文化相对来说比较特殊，这主要是源于阿根廷曾经的飞黄腾达，导致阿根廷人哪怕现在经济衰退严重，骨子里还是有相当高的民族优越感。阿根廷的礼仪和礼节跟欧美国家大致相同，不过时间观念方面还是跟其他拉美国家一样的淡薄。他们往往需要最高管理层才能做决策，因此，提前了解我们接洽的对象是否为最终决策者、决策的流程以及时间，对我们把握洽谈节奏很有帮助。同时，高傲的阿根廷人不太喜欢讨价还价，他们宁愿把建立关系作为商业协议的一部分，也不愿从交易中榨取最后一分钱。

7. 非洲客户

在非洲大陆中，北非国家和南非经济水平较高，撒哈拉以南非洲相对较落后，并且贫富悬殊。结合宗教信仰和语言来说，北非国家遵循阿拉伯国家的礼仪、规则及行为准则，采用阿拉伯国家的手势语言及礼貌习惯；中非国家则大多数沿袭了撒哈拉以南非洲的多文化特点；而南非因为曾经被荷兰和英国殖民统治过，所以文化礼仪也很大程度上受了这两个国家的影响。

非洲人总体来说思维简单，性格直率，民族自尊心极强，而且十分看重友谊和感情。他们的时间观念非常淡薄，认为不守时是天经地义的。而在南非俚语中，"非洲时间"（African time）就是"不守时"（unpunctual）的意思。

除此之外，非洲国家贫富悬殊、等级森严，从事商务的大多为名门望族，所以会比较注重礼仪和礼节，跟他们相处的时候也要特别注意，因为稍有失礼，可能会直接影响到谈判结果。

值得注意的是，非洲商人同样也是不太重视合同，并且喜欢在付款上钻空子，因此与非洲人合作时要多考虑资金安全的问题。

南非受英国和荷兰的殖民统治影响较多，因此在文化习俗方面也比较接近欧美。他们的社交礼仪可以概括为：黑白分明，英式为主。所谓黑白分明是指：受到种族、宗教、习俗的制约，南非的黑人和白人所遵从的社交礼仪不同；英式为主是指：因为在很长的一段历史时期内，白人掌握南非政权，所以白人的社交礼仪特别是英国式社交礼仪广泛流行于南非社会。

南非商人一般都比较彬彬有礼，商务场合喜欢穿正装，所以我们跟他们沟通的时候也要注意礼节。而且南非人还习惯用不同的手势来表达自己的喜怒哀乐，因此在交谈的过程中，我们应尽量减少自己的手部动作，以免在交谈中不经意地冒犯到对方。

而埃及借助其独特的地理位置，从古埃及时就已经是贸易大国。由于有悠久的经商历史，埃及商人普遍都比较精明，而且特别会压价格。比起质量，他们一般会更加重视价格。曾经有个贸易公司的采购员跟我说，埃及人对质量的要求就是：买一个灯泡，只要刚安装上去那一下子能亮就可以了。所以在面对埃及客户时，要提前准备好报价的策略。

5.1.4 如何有效地与客户面对面闲聊

在接待客户的整个环节中，我们不可能一直都是正式的商务洽谈。比如在前往公司的路上、等待会议开始，又或者是出外用餐时都需要穿插一些轻松的闲聊。

在融洽的闲聊中，我们不仅可以与客户建立起更亲密的关系，还可以通过闲聊来了解到客户更多的信息，为我们后续的商务谈判起到很好的帮助作用。

这让我想起我曾经接待过的一位非常健谈的中东客户。

当年在接他回工厂的路上，他一直跟我说他很喜欢旅游和享受生活，去过很多国家，而且每次出去都一定要住五星级酒店，吃也要吃得很好，各种各样的炫耀。当然，我当时也是非常地配合，向他投以敬佩的目光和肯定的眼神。

当我们到了工厂后，他也跟所有的客户一样：选产品，问价格，然后讨价还价。这位中东客户采购的货量并不是很多，但是在讨价还价上却是很用心地在争取一分一毛。在稍微让了一点价格之后我实在是不想在价格上再让步了，就跟他说："您刚才不是说您很喜欢享受生活，经常住五星级酒店吃豪华大餐吗？您看看我们这刚起步的小工厂，天天为了那么一点点的利润活得水深火热的，您要不就当作做慈善，别再压价格了。要是您下次出去的时候不住五星级酒店，改住一下四星级，这点钱也就省回来了，不是吗？"

我依然记得，当我说完这番话的时候，那位客户顿时接不上话，也不好意思再压价格了。

虽然说这种策略并不一定在所有客户身上都能奏效，但起码我们可以看到，与客户的闲聊的确能为我们的商务洽谈起到非常重要的作用。

而在闲聊的时候，我们需要注意以下几个方面。

1. 闲聊就是闲聊

闲聊就是闲聊。

然而却有很多业务员把闲聊当成"访谈"，在整个过程中一直地提问：

您之前来过中国吗？

您来过中国几次？

您喜欢吃中国菜吗？

哪道中国菜是您最喜欢的？

如果你在跟客户一开始闲聊的时候就出现以上的问题，那也许你只能得到客户很快速并且冷淡的回答。

为什么呢？

想想这些问题是不是感觉非常熟悉？我们似乎在哪些商务英语的书籍或者课堂中可以频繁地看到这样的例句。就好像被问到"How are you?"的时候，我们脑海里永远第一句蹦出来的会是"I'm fine, thank you. And you？"

当大部分中国人都是用这种问题来展开与客户之间的闲聊时，也许客户第一次被问到的时候会很认真地跟你沟通，而当客户每次见到一个新的供应商都被问到这些问题的时候，他心里可能只会想："为什么中国人都喜欢问我这些问题？"

随之而来的，很有可能是让人厌烦的感觉。

所以，我们在与客户闲聊时，请尽量抛开那些商务英语的常用句型。想想自己平常跟陌生朋友见面时用中文会如何寒暄、会聊些什么，然后再结合一下客户国家的一些商务礼仪和风土人情稍做调整。

同时，闲聊时也不应当插入太多与商务相关的话题，因为这会让客户觉得我们非常功利。这种情况下，客户有可能会一直处于警惕的状态，而不会向我们透露过多的信息。

2. 闲聊也要有清晰思路

也有一些朋友天生是话匣子，闲聊时，可以跟客户天南地北地聊各种各样的话题。

当然，如果我们闲聊的目的仅仅是跟客户建立起良好的友情基础的话，这是对的。而且前面我们也说了，闲谈时不应当有太多与商务相关的话题。

但是我们要知道，在闲聊中知道客户的小狗叫什么名字，绝对不如了解客户这次的采购行程来得重要。

因此，我们在闲聊时应当要清楚，我们有哪些方面的信息是需要在闲聊时收集的。而想要收集这些信息，应该如何提问会更加恰当。

注：在第 4 章中我们分享过的提问技巧，在这里同样适用。

而当我们有清晰的思路时，我们就可以主动地引导闲聊的方向，从而更好地获得我们想要的信息。

比如，想知道在客户这次采购中我们有哪些竞争对手，我们当然不可以直接问客户这次要走访多少家工厂。取而代之，我们可以通过逐步询问以下的问题，然后推测出答案：

您是什么时候到中国的？

这次在中国逗留多少天？

除了我们这个城市，还会到其他城市吗？

去那些城市是商务出差还是观光旅行呢？

……

从上面几个问题，我们可以大概了解到客户的行程计划。

如果客户告诉我们，他昨天才到中国，今天一天的时间拜访我们公司，然后明天就出发到别的城市去走访其他产品的企业。很明显，他这次来中国，对我们同行业的产品只走访我们一家企业。在这种情况下可以看出，客户与我们的合作意向已经是比较强烈的，而我们在与客户做商务谈判时，在价格或者付款条件上则不需要做过多的让步。

但如果客户告诉我们，他这次来中国逗留 10 天，而所有时间都是在周边的城市走访我们的同行企业。这种情况下我们就得多花心思，想想办法如何能够让自己在众多竞争对手中脱颖而出，让客户留下深刻的印象。

5.1.5　网络初次沟通如何避免尬聊

随着移动互联网的发展，如今越来越多的客户选择采用网络方式与供应商进行初步沟通，如果没有必要进行实地考察的话还很有可能直接就从网上下单。有时候甚至是从认识到合作多年，我们跟客户都还没见过面。

但在网络沟通时，我们无法听到对方的语音语调，无法看到对方的表情，有时候连客户什么时候阅读我们的信息都不知道，甚至有可能聊着聊着客户就突然有事要下线，沟通过程中有着太多不可控因素。因此，面对面交流的那一套方法明显不适用于网络沟通。

对于新手业务员来说，最头痛的并不是提出刁钻问题的客户，而是那些话不多的客户，因为与面对面交流不同，客户有可能随时会不回复我们。

所以，在网络上如何与客户进行聊天，如何避免尬聊，是当代外贸业务员必须掌握的技能。

1. 选择合适的时间

即时聊天的优势是沟通双方可以在网络上方便快捷地进行沟通，比起邮件交流要高效很多。但与邮件沟通不同的是，我们不可能在网络聊天时动不动就给客户发一大段的文字然后让客户逐一回答。因此，在网络沟通中，双方互动非常重要。

即时聊天的另外一个缺点，就是沟通起来比较随意不可控。而我们与客户的初次交流却有可能决定着我们给对方留下怎样的第一印象，所以，沟通时间是否合适起着至关重要的作用。

首先，我们要了解不同国家与中国的时差，与客户交流应当尽量选择在对方工作或者方便的时间。不过时差并不代表一切，实际工作中时常会有客户因为工作太忙要到晚上才有空跟供应商交流，又或者有些国家的时间跟中国是完全颠倒的，我们也不可能天天 24 小时不断地去谈客户。

所以如果客户看起来比较忙，又或者是不确定他什么时候方便交流的话，我们可以直接跟对方说，关于他的询价，我们有什么内容或者问题需要跟他确认，只需要占他多长时间（时间尽量短一些，比如 3～5 分钟），问他什么时候方便在线沟通。

由于占用的时间并不长，如果客户觉得我们这个交流是有必要的话，他自然会回复或者与我们约个时间进行交流。

2. 直接表明来意

很多业务员之所以在网络上无法与客户很好地交流，是因为他们总以为自己给客户打个招呼，等客户回复了再找话题跟客户聊。这样的做法明显是错的。

换位思考一下，如果你是那个日理万机的客户，每天都收到一堆供应商的邮件或者信息，这种情况下你会理睬那些只是打招呼的供应商吗？

显然是不会的。

所以，在网络上沟通的第一步，就是要向客户表明自己的来意。

比如说，简单的自我介绍之后，可以告诉客户我们收到他的询盘并且已经通过邮件发出相应的报价和资料，让他查看一下是否有成功收到。

3. 循序渐进地提问

有些朋友觉得，我每次跟客户聊天也是有表明来意，但是客户怎么就是不回复我呢？

这里要留意的是，表明来意只是第一步，想要与客户聊起来，我们要在表达中留下让客户回复的"线索"，比如说提出一个要求或者问题。

正如我们在上一章提到的，提问的时候需要先问"小问题"再问"大问题"，循序渐进地提问，客户才容易打开心扉。在网络沟通中其实也一样，我们在提出问题的时候一定要注意问题是否恰当，是否合理。

举个例子，下面这类型表达是比较常见的。

Hi, this is Wendy from ABC company. We had sent you a price list by email yesterday, is there any feedback? / any questions?（嘿，我是 ABC 公司的 Wendy。我们昨天通过电子邮件向您发送了一份价目表，请问有任何反馈 / 任何问题吗？）

前面有说过，这种开放式的问题属于"大问题"，对于破冰来说显然是有点难以回答的，毕竟很多客户在收到报价表之后不会有什么特别的问题，如果有的话相信不用等你联系他，他就已经回复你了。

所以，网络聊天跟提问一样，都是要循序渐进地"从小到大"。

5.2 产品介绍

产品介绍是客户参观时一个非常重要的环节，因为哪怕是再好的产品，如果没有得到恰当的展示和介绍，也是无法打动客户的。

为了更好地向客户介绍我们的产品，让客户留下深刻的印象甚至是产生初步的购买意愿，我们需要认真地思考该如何设计产品介绍路线，以及如何在有限的时间内向客户展示我们产品的优势。

5.2.1 产品介绍的常见误区

我们在培训新人的时候经常会发现很有趣的现象，让新人在了解了产品知识但是没有接受过任何销售培训之前，尝试用自己的方式向我销售某一款产品，得出来的结果几乎是一样的：他们都会不约而同地向我介绍产品的各种材质、参数，然后给我报出价格，最后就问我觉得这个产品怎样，需要买一个试试吗？

这就是很明显地对"推销"这个词的理解错误。

他们都认为，推销产品就是要把自己对这个产品所了解的全数告诉客户，至于其中有没有真正吸引客户购买的点，他们并不清楚。

业务员新手想要做好产品介绍，首先得避开一些常见的误区。

1. 过多介绍产品参数

我们学习产品往往都是从看图册、看产品参数开始，并且主管们也会跟我们说，图册中有哪些参数是重要的，哪些是需要背下来的。因此，业务员新手很自然地就认为，既然重要到需要背下来，那向客户介绍的时候肯定要把这些数据介绍一番了。

显然，这样的想法是错误的。

我们对重要的参数需要倒背如流，并不是为了在向客户介绍产品时把参数背出来，而是为了在与客户谈到产品细节时可以快速回答，显得自己更加专业。

而如果在向客户介绍产品时花大量的时间讲述产品基本配置和参数，这无疑让人觉得异常枯燥，同时客户也会认为面前这位业务员非常的不专业。因为这些参数，客户可以在图册或者报价单上很清楚地看到，除非客户问到，并不需要我们特意花时间去做介绍。

因此，在我们介绍产品时，应该更多地思考客户希望听到的信息是什么。

2. 千篇一律地介绍

有一些稍微经过销售培训的业务员会比前一种情况稍好，他们已经从培训中得知产品有什么特性和卖点。

然而问题却出在他们无论面对怎样的客户，都是千篇一律的产品介绍，把自己所知道的产品卖点从头到尾地背一遍。

也许我们认为自己的产品介绍话术已经达到非常完美的境界，无论是什么样的客户只要听到我们这一番话术都会被打动。然而，在实际的销售工作中，特别是外贸这种涉及跨国文化以及受不同采购需求的影响，以"一套话术走天下"的成功概率是非常低的。

我们在前面的章节中有谈到，了解客户需求是销售环节中非常重要的一步。而千篇一律地介绍产品的业务员，无疑就只是一台行走的复读机。他们既不关注客户关心什么，也不关注如何做才能够更好地把产品推销出去，只管自说自话。

真正好的产品介绍，首先是要建立在客户需求的基础上，了解客户的兴趣点或者痛点，然后再量身定做一套产品介绍话术才是真正有效的方案。

3. 诋毁同行产品

有一定行业经验的业务员都会清楚行业内不同竞争对手之间的产品差异。而有些业务员为了突显自己产品的优势，会选择诋毁同行产品的做法。甚至会向客户说自己家的产品是最好的，同时指出别人家的企业或者产品有哪些重大缺陷。

在一个竞争开放的市场里，除非是寡头垄断，基本上不会存在哪个企业的产品会比其他竞争者有过于巨大的优势。

而且在市场如此透明的今天，客户很轻松就可以考察不同的企业，用自己的双眼来判断我们所说的是否真实。而当客户发现我们所说的话是言过其实的话，对我们个人和企业的信任度也会大打折扣，最终我们还得不偿失。

正所谓"存在即合理"。

每家企业都有各自的市场和产品定位，竞争对手产品在我们眼中的某个缺点，可能正是一部分客户眼中的优点。

因此，还是那句话：永远不要诋毁同行。

这里要注意的是，我们说的是不能"诋毁"同行，并没有说不能与同行做对比。二者之间明显的区别是"主观评判"还是"客观事实"。

因此，我们如果真的希望让客户知道我们的产品与同行对比时有什么优势，我们可以通过阐述客观事实的方式来进行对比。

比如我们经常在汽车 4S 店里会看到一个牌子，品牌商会把自己某款热销车型与其他竞争车型之间的参数列举出来。这些数据是客观的，因此不会引起客户的任何不适。而作为卖家，我们在公布时可以有侧重地列出对我们更为有利的数据。

5.2.2 怎么介绍产品更加吸引人

虽然说我们的销售流程涵盖了很多步骤，但是对于客户的采购来说，他要购买的产品和服务才是整个采购的核心。而在市场竞争如此激烈、产品同质化严重的当今，我们只有在产品介绍上多花心思，才能更好地打动客户。

一个成功的产品介绍需要我们在事前做好充足的准备工作，把握好介绍中的每一个细节，可以让客户在有限的时间内充分了解到我们产品的卖点和企业的优势，甚至会为后续的合作奠定良好的基础。

1. 清晰的介绍思路

为了更清楚产品介绍的方向，我们在做产品介绍之前，可以尝试先问自己以下这些问题。

（1）客户喜欢哪种产品介绍风格？

（2）是否需要借助演示文稿来协助产品介绍？

（3）怎样设计产品介绍路线会让客户印象深刻或者眼前一亮？

（4）客户之前是否接触或购买过同类型产品？

（5）客户比较关注哪些方面？产品功能、款式还是价格？

（6）客户目前有什么痛点、痒点、兴奋点？

（7）客户有什么潜在需求还没被满足？

前面我们说过，在做产品介绍时切忌千篇一律。我们应当根据不同客户的性质和情况，调整我们产品介绍的思路。

比如说，面对欧美大型国际采购集团，我们在做产品介绍时需要更为严谨和正规，并且需要提前规划好整个介绍的路线和时间安排。但如果我们面对的是中东的私人买家，则不需要太过在意时间的安排，因为即使我们计划得再好，可能最终都还是会跟着客户的节奏走。

记得我在做家居建材行业的时候，曾经去拜访过一家奥地利的家居五金品牌办事处，他们的产品介绍可以说是让我印象非常深刻。

我们一行人到达他们办事处后，首先是被带领到会议室，通过企业宣传视频以及演示文稿的介绍，了解到这家企业的发展历史、企业文化、市场定位以及产品优势等信息。

随后，我们被带到展厅。与我们一般国内的厂家不同，他们的展厅里几乎没有产品单品的展示。取而代之的，是通过还原家居实际使用场景来展示他们五金配件在正式的使用中能够解决哪些问题，以及为消费者带来哪些方面的便利。

到最后，他们展厅内还有一个真实的厨房，他们会邀请客户在这厨房里烹饪，让客户可以切切实实地感受到他们的产品会带给终端客户怎样的使用体验。

对于大部分生产厂家来说，我们可能会觉得采购商都是行业内人士，我们在做产品介绍时只需要突出我们产品的优势即可。但实际上，如果我们仅仅是向客户强调自己在哪方面的参数更有优势时，很容易会让客户不自觉地对比不同厂家之间产品参数和价格之间的差异。

而如果我们能像刚才例子中奥地利的这家品牌一样，在产品展示中高度运用"体验式营销"，不仅可以让客户从终端消费者的角度体验到产品的功能，更多的是我们从中可以感受到这家企业在产品研发上并不是仅仅追求产品的外观或某些参数。他们在功能的设计上，充分地考虑到消费者在使用过程中有什么痛点，以及怎样的产品才能带来更好的使用体验。

这一系列思考的背后，是他们企业对产品的用心，以及对市场和消费者的尊重。

当然，每个行业的性质以及每家企业的情况都有所不同，我们不可能照搬这样的做法。不过我们却可以借鉴这样的思路，跳出我们固有的产品介绍的思维模式，去发掘更多的可能性，也许会有意想不到的效果。

2. 每个产品准备 5 个以上不同的卖点

当然，我们的产品介绍的形式无论怎样变化，都离不开产品卖点的提炼。

想要在不同的场合，面对不同的客户需求依然能够在产品介绍时快速抓住客户的心，我们需要在日常工作中养成不时对产品进行卖点提炼的习惯。

也许有些朋友会觉得，每个产品准备 5 个以上的卖点实在太难了。但是只要我们掌握了卖点提炼的思路，你会发现其实一个产品我们可以针对不同的方向提炼出非常多的卖点。

简单来说，就是要思考客户为什么要买这个产品，这个产品对他来说有什么作用和好处。在构思时，我们可以对产品的包装、产品功能、外观设计、价格等方面进行思考，并且从中挖掘出我们的 USP（unique selling point，独特销售卖点）。

一般来说，产品卖点的提炼需要结合客户需求、产品自身、竞争对手、市场趋势这四个因素进行考虑。

这里的客户需求包含两个方面：一方面是我们采购商客户的需求，他们是需要更新的款式、更多的功能还是需要更低的价格；另一方面则是我们客户的客户的需求，也就是我们产品的终端消费者的需求，他们购买产品时希望能得到什么好处，或是能解决什么问题。

把客户需求结合我们产品自身特性，我们可以提炼出一批卖点。同时，我们还可以看看自己与竞争对手之间有什么是我们有而竞争对手不具备的优势，这些就是我们的"差异化卖点"。

除此之外，我们还可以研究一下行业的发展趋势，目前有哪些尚未被满足的需求，我们的产品或服务的优势是否可以扩展到这些领域。

3. 善用第三方评价

当我们在介绍自己的产品时，不免会一直强调自己产品的各种优势。然而，这种"自卖自夸"式的产品介绍有时很容易受到客户的质疑。而想要在与同行做对比中突显我们的产品优势，可以借助第三方对我们产品和服务的评价。

比如，向客户介绍某款产品时，A 业务员向客户说："我们这款产品的外观设计是行业内最好的。"而 B 业务员则说："我们这款产品的外观设计得到很多客户的认可，有 90% 的客户都认为我们的设计比同行的要更加适合他们的审美。"

很明显，A 业务员的表达是"主观评判"，每个人的审美和评判标准都不同，个人的主观意见是非常容易受到别人的质疑和对抗的。而相比之下，B 业务员所表达的是一个"客观事实"，客户听了不会有抵触的情绪。而且这种情况下，客户还会容易产生羊群心理，认为既然这么多人都觉得这家产品的设计比别家的要好，如果我不是这样认为的话是不是我的审美有问题了？

所以，我们在介绍产品优势时，不妨多尝试把我们自己的话转变成别人的评价。

5.2.3 试试销售解决方案而非产品

我们在前面谈客户需求时有提到，客户的购买行为源于购买动机，而购买动机又源于需求。

因此，客户购买的其实不是产品，而是背后所需要被满足的需求。产品在这过程中，只是一个媒介。而我们要销售给客户的，也不是产品本身，而是产品给客户所带来的好处或者解决方案。

大家也许听说过这个销售的小故事：

一天，一位老太太到菜市场买水果。来到第一家小贩的水果摊前问道："这李子怎么样？"

小贩立刻回答："我们的李子又大又甜，特别好吃。"

老太太摇摇头没有买，走向另一个小贩摊前问道："你们的李子好吃吗？"

这位小贩回答："我们这里各种各样的李子都有，您要怎样的李子？"

老太太说："我想要酸的。"

小贩说："我这篮李子酸得咬一口就流口水，您要多少？"

老太太说："来一斤吧。"

接着老太太继续在市场里逛，发现一个水果摊里的李子又大又圆，便上前问小贩："你们家李子多少钱一斤？"

小贩问道："您要哪种李子呢？"

老太太说："我想要酸一点的。"

"别人都是喜欢吃甜的，为什么您要买酸的呢？"

"我家媳妇要生孩子了，想吃酸的。"

"老太太，您对您媳妇真好，她想吃酸的，说明她一定能给您添个大胖孙子。您要多少呢？"

"我再来一斤吧。"老太太被小贩说得高兴，便又买了一斤。

小贩边称李子边问："您知道孕妇最需要什么营养吗？"

"不知道。"

"孕妇特别需要补充维生素，您知道哪种水果维生素含量最多吗？"

"不清楚。"

"猕猴桃含有多种维生素，特别适合孕妇。您要给您媳妇天天吃猕猴桃，她一高兴，说不定还能生下一对双胞胎呢！"

"是吗？那就再来一斤猕猴桃吧。"

"您人这么好，谁遇上您这样的婆婆，一定有福气。"小贩说，"我每天都在这里摆摊，水果都是当天从批发市场新鲜运回来的，您媳妇要是吃好了，您再来。"

"行。"老太太高兴地回答。

从这个故事中，我们可以看到三位小贩得出的结果截然不同，充分说明了销售产品和销售解决方案之间的区别，也进一步说明了解客户需求的重要性。

解决方案式的销售，就是要把关注从产品转移到客户身上。了解客户有什么待满足的需求，我们有哪些方式可以为客户提供解决方案，当中又对应哪种产品方案。

5.3 产品报价

无论价格是不是客户最关心的因素,在询价时,客户肯定会非常关注价格。而不同的报价策略可以在商务谈判中带来不同的效果。在这一节中,我们将由浅入深地分享如何制作报价单,报价时需要注意哪些事项,以及在报价时如何运用不同的策略来辅助我们达到谈判目的。

5.3.1 如何制作报价单

报价单是我们面对客户时比较常用以及较受客户关注的文件。一份报价单的制作和排版水平,往往可以从侧面体现出一家公司的专业度。

1. 报价单的组成部分

一般来说,一份完整的报价单包含单头、抬头、产品资料与报价以及备注。

在单头中,我们需要列出买卖双方的基本资料,如公司名、地址、网址、联系方式、联系人名等信息,同时需要有报价接收方的企业信息。

抬头就是报价单的标题、报价单号、日期等信息。

产品资料与报价区域,一般包含产品型号、品名、图片、产品描述、产品规格、材质、关键技术参数、包装信息、产品单价、货币种类等。

备注区域需包含最小订货量(minimum order quantity,MOQ)、生产周期、交易条款、付款方式、报价有效期、包装方式、运输方式等。

2. 报价单排版注意事项

与邮件排版一样,报价单的排版是否清晰利落,是否能充分展示产品报价所需的相关信息,体现出一家企业和这位业务员是否专业、用心。

除非我们销售的是儿童类产品,并且品牌 VI 设计也是色彩缤纷的,否则我们在报价单上还是尽量选用保守的商务字体和颜色。

在排版中,一般我们还是会选用国际上比较常用的 Times New Roman 和 Arial 这两种字体,字体颜色以黑色为主。想要突出个别部分的信息,可以采用蓝色或红色的字体，又或者是黑色字体加粗，但突出的信息在整份报价单中的比例不宜过大。

5.3.2 产品报价常见误区

我们偶尔会听到有些业务员提问："收到询价后发了报价单给客户，客户说看一下回复我们，但是结果往往是得不到回复。请问这种情况下怎么让客户下单呢？"

其中一个误区就是认为客户发出询价，我们回复报价，然后价格合适的话，客户就会下单。如果销售流程这么简单的话，根本就不需要有业务员了。

我们总结了一下，在做产品报价时常见的误区有以下几个。

1. 盲目报价

很多业务员在收到客户询价时急于回复，既没有对询盘做分析，也没有去挖掘和了解客户需求，单纯从询盘的表面上看客户问什么就报什么。这样盲目的报价方式其实是很危险的。

在前面的章节中我们有谈到，收到询盘时我们应当首先对询盘进行分析，了解客户的采购性质与规模，以及从客户所在的国家和地区判断哪种产品和报价策略会有更高的成功率，等等。

再加上很多时候，客户无论是从 B2B 平台还是从我们的官网看到某一个产品，就直接在那个产品的页面下给我们发出询盘。而实际上，客户真正需要的也许并不是那个产品，又或者是他感兴趣的还有其他更多的产品。

客户很多时候都是群发询盘，收到回复时可能只会看我们的报价单。如果我们只按客户询价的产品来报价，很有可能就会让客户认为我们只有这一款产品，从而失去更多的销售机会。

比较正确的做法是，在报价之前，如果可以与客户进行沟通的话，先了解一下客户的采购背景，他具体需要哪些产品以及对应的数量。

但如果无法与客户进行沟通，我们可以有两种做法。

第一种做法是只报客户询价的产品，但同时附上我们想推荐的产品图片，告知客户我们还有其他同类型的产品，如果感兴趣的话可以联系我们报价。

第二种做法是，除了客户询价的产品，我们在报价单中还整理出其他我们想推荐的产品报价，同时告诉客户，报价单中其他产品在贵国的销量也是非常不错，他也可以参考一下。

2. 报价不及时

业务员的回应是否及时，是客户判断一家企业的专业度、服务质量以及对客户重视度的判断依据。

可能有很多朋友说，我收到的询价都是当天内就报价了，不会存在不及时这个问题。但是我们做外贸的，要知道我们跟不同国家之间是有时差的。仅仅是当天回复报价，显然是不够的。

我们应当根据不同国家的时差，合理安排好不同询盘的回复时间，尽量争取每一个询盘都可以在客户发出的当天收到回复。

一般来说，北美洲和南美洲与我们有 12～16 个小时的时差，我们尽量在上班时优先处理这些地区的询价，这样客户就有可能在睡觉前收到我们的回复。而澳洲比我们的时间早 2～3 个小时，而且他们不太习惯下班后继续工作，因此我们应当尽量在下午 2 点前回复澳洲客户的询盘。而中东、欧洲地区跟中国时差是 4～8 个小时，因此我们可以在下午安排回复这部分地区的询盘。

除此之外，与客户的前期沟通更频繁的话，会让客户对我们的印象更加深刻，也更加容易倾向于与我们合作。因此，除了在办公时间内及时回复客户，想做得更好的话，还可以迁就客户国家的时间来工作，这样的话更加容易与客户展开深入交流，拿下订单的可能性自然也会大大增加。

3. 排版不专业

我曾经见过一份报价单，里面同一项目中字体与字号都不统一，有些内容居中，有些内容又居左。而产品图片更是不堪入目，不仅仅是图片拍得差，连插入到报价单中也是忽大忽小、东歪西斜的。更离谱的是，报价单里就只有一些产品参数和价格，根本没有提及包装信息、起订量、贸易条款这些基础的信息。这让我不得不在收到报价之后还逐一询问我需要的信息，非常的麻烦。而在这样的印象之下，大家可想而知，合作的可能性是非常小的。

文件的排版是一件只要我们用心对待就能做好的事情。反之，一家企业如果连发出来的文件排版都是乱七八糟的话，可以联想到这家企业在企业管理以及质量控制上应该不可能做得太好。

4. 邮件回复过于简单

有部分的业务员会认为，既然客户问我要价格，那我就提供报价就可以了。这种认为仅仅靠一份报价单就能拿下客户的想法，显然是错误的。

除非我们的产品非常有竞争力，否则一般客户是不可能单凭一份报价单就会决定购买。

在前面的章节中我们也有提到过，客户在采购时会关注价格，但是价格很多时候并不是客户考虑的第一因素。因此，在报价的同时，我们应当从多方面向客户展示我们企业的综合实力，这样才能够让客户对我们有一个更全面的了解。比如说，我们可以强调企业的规模和历史、产品研发能力、市场覆盖率，以及成功客户案例等企业信息，同时，也可以突出可接受定制、起订量低、交期短等订单生产上的优势。

5.3.3 8种报价策略

很多时候，业务员在收到询盘后会纠结价格应当怎么报才好。价格报得高，怕一下子就把客户吓跑了；可是价格报得低，又担心订单利润低挨骂。

其实在报价的时候也有很多不同的策略，让我们可以更好地应对不同的客户情况。下面就给大家列举在外贸销售中比较常用的8种报价策略。

1. 数量越多折扣越大

数量越多折扣越大是在外贸中比较常用的报价策略。由于外贸中大部分都是大宗采购，客户一次采购的数量越大，产品的各种成本就越低，因此价格也可以更加优惠。

不过在这种报价策略下，业务员往往要在报价前先了解客户的采购数量，而有些客户却不一定愿意配合，导致可能会存在业务员一直跟客户说价格取决于订单数量，而客户却说我的数量取决于你的价格的现象，然后进入一个死循环。

2. 价格高，MOQ低

由于我们在很多时候并不可以在报价前与客户沟通了解其采购数量，在这种情况下，我们只能默认某种数量来给客户报价。

为了保证后续有足够的空间与客户讨价还价，我们一般初始报价时都是尽量"报高不报低"。而这种情况下，我们可以适当地把 MOQ 降低，并且告诉客户这个价格是基于多少的订货量，如果采购的数量更多的话，我们是可以提供相对应的折扣的。

3. 价格低，MOQ 高

随着对市场了解的逐步加深，我们可以总结出一些市场规律，也会清楚哪些地区或者哪种客户类型可能会对价格比较敏感。这种情况下，我们则可以反过来采取报较低价格的策略，让我们在众多报价中以更加有优势的价格脱颖而出。

不过要注意的是，对价格敏感的客户往往也很喜欢讨价还价，所以即使初始报价报得比较低，也要保证后续有足够的降价空间。

而为了让我们的报价留有退路，我们还可以在报价中设置较高的 MOQ，在与客户谈判时可以拿订货量作为一个筹码。

4. 价格低，有效期短

在报低价格给客户时，除了订货量以外，我们还可以利用报价有效期作为谈判的退路。

特别是那些为了压价格而跟我们说很快就会下单的客户，我们可以告诉他，可以给较低的价格，但是这个价格有效期只有 5 天的时间，如果超出这个时间下单，折扣就恢复到之前的水平。

通过这种策略，我们可以比较好地摸清客户的采购计划。如果客户真的是有迫切的采购需求，我们则可以通过放弃一部分利润而更快地把订单拿下。如果客户并不是真的在短期内采购，则可以告知客户等他真正决定要下单的时候再次核算价格，同时在这过程中观察客户向我们采购的意愿是否强烈，再制定后续的报价策略。

5. 一口价报价

我们大部分情况下的报价都是有讨价还价的空间，但是对于自身品牌有足够信心以及产品质量过硬的企业来说，我们完全可以使用一口价的报价方式。

就好像我们逛街买衣服的时候，如果进的是私人的小商铺，我们看中了之后可能会跟店主讨价还价一番。但如果我们进的是连锁的服装品牌店，自然就会接受店内的一口价，看中款式、价格又能接受的就直接购买了。

采购商们其实都清楚，企业在销售时绝对是会为自己保留足够企业健康发展的利润空间。为了满足客户讨价还价的心理需求，企业完全可以先把价格抬高再打折。而在一口价的策略上，企业面对所有客户都是公平的，为了保证自己的价格在市场上有足够的竞争力，企业也必须慎重地考虑价格的设置。而且一口价还更能体现出企业对自身产品的信心，以及让人觉得产品的质量更有保障。

6. 捆绑式报价

捆绑式报价又叫一揽子报价，意思是把两个或两个以上的产品或服务作为一个整体，给予一个特别优惠的价格给客户。而当客户单买其中某一个产品时，价格则会更贵。

在搭配时，我们可以选择热销产品配搭销量一般的产品，也可以选择利润高和利润低的产品来搭配。而当客户面对不同的产品组合时，他们的注意力会从"我是否应该购买"转移到"我应该购买哪一种会更好"。

7. 对比报价

如果我们对行业和市场有足够的了解，而我们的产品在行业内性价比的确是较有优势的情况下，报价时还可以用对比报价的策略，即在报我们产品价格的同时，附上国内外竞争对手同类型产品的价格对比。

这样做的好处是，可以让客户更加直接清晰地知道，以同样的价格在不同的供应商处可以获得怎样的产品和服务，最终得出我们产品的性价比更高的结论。

而且这种做法还可以显得我们对市场的了解以及对自身产品有足够的信心，同时为客户节省了自行寻找不同供应商产品做对比的时间，足以显示出我们的专业以及贴心。

8. 利用赠品

除了给特殊折扣，我们还可以尝试赠送些附加值小的配件或者额外服务。由于这些产品或服务本身就有一定的利润，因此我们赠送时，只需要较低的成本就能让客户获得较高价值的利益,可以说是双方都受益。

特别是当我们报的价格已经是接近底线,可是客户还是不依不饶地要求我们降价时,这样做既能让客户得到一定的好处,也能让我们保证订单的利润空间。

5.4 电话沟通

我们在外贸工作中,除了与客户通过邮件、即时聊天工具或者是面对面交流,在很多时候,我们还需要与客户进行电话沟通。

5.4.1 什么情况该主动电话沟通

与其他方式相比,电话沟通明显更及时高效,但由于难以对沟通内容进行留底和翻查,所以在商务洽谈中无法成为主流的沟通方式,而只能作为辅助的方式出现。

一般来说,在以下几种情况下我们应该主动与客户进行电话沟通。

1. 紧急或复杂的事项沟通

由于电话沟通比其他任何方式都更及时,因此对于紧急的情况往往需要采用电话沟通的方式。

除此之外,当我们遇到一些较为复杂的事项时,如果我们通过即时聊天工具,与客户你一句我一句地慢慢打字,沟通效率会非常低。而且有时候客户也不一定能够及时阅读我们的信息。这种情况下,与客户约定合适的时间进行电话沟通会更加直截了当。

如果在交流中还需要向客户呈现一些文件资料的话,我们还可以选用视频会议的方式。

2. 回复重点询盘后确认对方是否收到

对于一些重要的询盘，我们其实也是可以通过电话的方式来跟进对方是否有收到我们的回复。

这样做，一方面显得我们对这位客户非常重视；另一方面毕竟给客户回邮件的供应商可能会有很多，但是会打电话的绝对是很少，所以我们还可以通过电话让客户留下一个深刻的第一印象。

一般来说，我们可以在发出回复邮件的当天，选择在对方的工作时间里给对方致电。由于我们打这个电话过去的时候客户有可能还没看到我们的邮件，因此电话的内容不需要太复杂，否则会让对方摸不着头脑。

在电话中，我们主要告诉对方我们是谁，在什么时候给他发了邮件，把邮件里的重要内容稍微带一下，让对方收到邮件的话回复一下，并且有问题可以随时联系就可以了。

一般来说，如果我们致电客户的时候他是刚好在电脑前的，很大可能我们会收到客户的回复。

3. 重点潜在客户跟进

很多时候我们都会听到业务员们提出这样的问题：我报价和资料都已经发给客户了，客户提的问题也已经回复了，可是后续每次问客户项目的进展都得不到答复，不知道怎样才能知道客户的真实想法。

的确，客户不回复的原因有很多，但是很多业务员在跟进客户的时候想得太多、做得太少。总是喜欢自己在那里猜，客户洽谈没进展，是不是自己的价格报得不够低，是不是产品不够吸引……

对于这样的困惑，我一般的答复就是：直接问。

由于发邮件或者在即时聊天工具中，哪怕我们直接问客户都有可能不回复或者回避个别的问题。在这种情况下，给客户打电话则是一个非常好的选择。只要客户接我们的电话，我们直接询问客户情况的话，大部分客户都会把真实的情况告诉我们。毕竟除了面对面交流以外，电话沟通比起其他渠道显得更有诚意，而且我们也更容易通过电话里的语音语调来了解对方话语背后的言外之意。

4. 通过 cold call 开发客户

cold call（推销电话），是指第一次给陌生的客户打电话来推销产品或服务。cold call 一直以来无论在国内还是在国外都是非常传统并且常用的客户开发途径，其中一个好处就是简单直接。在外贸工作中，cold call 并没有被广泛应用，其中一个原因是国际长途的费用比较贵，另外一个原因就是大部分外贸业务员对自己的英语水平不够自信，生怕自己无法与国外客户在电话中流畅地交流。

当大家都是采用传统的客户开发方式时，如果我们自身英语水平还可以的话，不妨尝试采用 cold call 来进行客户开发，打电话过后再发一封邮件过去。很有可能我们这与众不同的操作方式会让客户留下非常深刻的印象，而成功交往的可能性也会更大。

5.4.2 电话沟通注意事项

对于大部分外贸新手来说，与国外客户进行电话沟通似乎是一件挺困难的事情。其中一部分原因是对自己的英语听力和口语不够自信，怕自己无法与客户流畅地交流；另一部分原因是电话沟通要求快速及时地回应，不像邮件或即时聊天工具那样可以慢慢构思该如何回复客户。

因此，想要把电话沟通做好，需要注意以下几点。

1. 心态要放轻松

有很多朋友其实英文水平也不算差，但是每次跟客户打电话时都总是云里雾里的，既没搞清楚客户说什么，自己的表达也是乱七八糟的。最终一个电话下来，什么都没沟通到，只是不停地跟客户说我们在邮件上再沟通，让客户非常的郁闷。

其实这很大程度是因为我们的心态没有摆正。

在电话中有时候会因为信号不好而有杂音，听的难度甚至会比面对面交流要大得多，这种情况下应该主动跟客户说："信号不好，我听得不是很清楚，请问您可以讲得慢一些吗？/ My cellphone signal/reception is bad and can not hear you clearly, can you slow down a little please?"

而有时候可能客户用到的一些单词刚好是我们不认识的，我们不确定自己的理解是否正确，也可以用自己的话语把内容再概括一遍，让客户确认是否准确。

2. 提前做好准备

电话沟通与面对面交流不同，我们无法看到对方的容貌和表情。因此如果我们在交流时突然短路，这突如其来的停顿会让对方非常困惑，甚至会对我们的专业度有所质疑。

为了保障交流尽量顺畅，在给客户打电话前，我们可以提前先理好思路，明确这次沟通需要向客户表达些什么内容。

一般来说，在交流初期我们会比较容易紧张，特别容易会因为要思考某些表述而卡在那里。经验不足的朋友还可以提前把自己要讲的开场白和重要内容用文字在纸上写出来，一方面可以保证交流在一种比较顺畅的情况下进行，另一方面则可以防止我们在沟通时漏掉某些重要的信息。

3. 养成锻炼听说能力的习惯

很多外贸业务员的英语都是读写能力强、听说能力弱，这也是他们无法在电话中与客户流畅沟通的主要原因。

然而做外贸的，我们无法避免与客户面对面或者电话交流。因此，在日常生活中，我们应当养成时常锻炼英语听说能力的习惯。

在听力方面，我们要听懂别人的话，除了要掌握足够的词汇量还需要做大量不同口音的听力练习。因为我们实际工作中，很多客户都不是纯正的美音或英音，比如印度、中东的浓厚口音会让我们更难听懂。

而口语方面则很简单，在空余时间多找点机会开口说就好了。要是没有练习口语的对象，也可以找不同的话题，自己跟自己说。

4. 产品知识要过硬

作为销售人员，我们工作的根本是向客户推销产品。想要在电话沟通中塑造出专业的个人形象，除了沟通上的各种准备，还需要我们对产品有充分的了解。

跟其他沟通方式不同，我们在电话沟通时对于客户的大部分疑问都需要立即作出答复。虽然说对于一些比较专业的产品问题，我们可以跟客户说需要跟技术人员确认过再答复。但是如果只是一些基本的产品问题我们都无法回答的话，客户就会觉得我们非常不专业，对我们的信任度会大大下降。因此，在平常工作中，我们需要养成积累产品各方面知识的习惯，才能更好地赢得客户的信任。

5.4.3 电话沟通常用英文句型

1. 开场打招呼

Hi, this is Lily calling from ×××company, is this Jack? 你好，我是×××公司的Lily，请问你是Jack吗？

Hello? Who's that? 喂？你是谁？

Hello? Who's speaking? 喂？请问你是谁？

May I ask who is calling? 请问您是哪位？

I'm sorry to call you so late. 对不起，这么晚打电话来。

I'm sorry to bother you at this hour. 很抱歉在这时打扰你。

I hope I'm not disturbing you. 我希望我没打扰您。

I hope I didn't wake you up. 但愿我没吵醒您。

It's nothing. Who do you wish to talk to? 没关系，你想找谁？

I'm sorry, I'm afraid you've got the wrong number. 抱歉，恐怕你打错电话了。

Thanks for returning my call. 谢谢您给我回电话。

2. 占线/信号不佳

Did you go through? 电话打通了吗？

The line was busy. 电话忙线。

The phone went dead. 电话不通。

Can you hear me? 你听得到吗？

Would you talk a little higher? 可以大声点吗？

Could you speak a little more slowly, please? 你可以说得再慢一点吗？

Can you repeat again, please? 能不能请你再重复一遍？

I'm having a very bad reception. Could you repeat that?

我这边信号不好。你可以再说一次吗？

You are breaking up. 你的信号不好（通话断断续续的）。

3. 寻找某人

I'm trying to catch Jack. 我想找 Jack。

Sure, I'll go get him. 当然，我这就去叫他。

Would you like to hold on? 您等会儿行吗？

There is no one here by that name. 这里没有叫那个名字的人。

May I take a message for you? 我可以替你转告吗？

Would you like to leave a message? 你要留言吗？

Do you know when he will be back? 你知道他什么时候会回来吗？

May I leave her a message then? 那我可以给她留言吗？

What time should I call back? 我应该什么时候再打过来？

I will pass your messages to him. 我会把你的信息转达给他的。

Let me repeat your message to see if I've got it all.

我重复一遍留言，看看是否记全了。

Can you put Daisy back on? I forgot to tell her something.

你能否请 Daisy 再来听电话呢？我忘了跟她说一些事情。

4. 他现在没空

I'm sorry, but he is with someone right now. 不好意思，他现在没空。

He is not in right now. 他现在不在。

He's just stepped out. 他刚好出去了。

You've just missed him. 你刚好错过他了。

He is in a meeting right now. 他现在在开会。

He's out on his lunch break right now. 他出去吃午饭了。

He is not available at the moment. 他现在没空接电话。

He's on another line now. 他正在打电话。

He's off today. 他今天休息。

He's on vacation until next week. 他休假到下个星期。

5. 致电目的

I'm calling to check whether you have received our email or not.

我打电话是为了确认您有没有收到我们的邮件。

I'm calling about what we discussed the other day.

我打电话是为了前几天我们所讨论的事。

May I make an appointment for a video meeting tomorrow?

我可以预约明天开一个视频会议吗？

×××company is the authorized dealer of ×××products, we want to set up a business relationship with you, who should I talk to?

×××公司是×××产品的授权经销商，我们想跟贵司建立业务关系，请问该和哪一位谈这件事？

6. 英语不是很好

Sorry that my English is not that great, and I don't want to miss anything. Would you mind calling back later?

不好意思，我的英文不是非常好，我不想听错什么信息。你介意稍后再打来吗？

If you don't mind, could you please text me on whatsApp? My English is not very good.

如果你不介意的话，能否请你在whatsApp上给我发信息？我的英语不是很好。

7. 结束语

Thanks for calling. 谢谢您打电话。

I'd better go now. 我要挂电话了。

I'd better get off the phone. 我得挂电话了。

Please call again anytime. 请随时来电话。

Nice talking to you. Bye. 很高兴跟您通电话，再见。

5.5 小结

在本章中,我们分享了与客户初次接触时不同环节的注意事项,包括客户接待、产品介绍、产品报价以及电话沟通。

其中重点内容包括以下几方面。

1. 客户接待注意事项

客户接待流程:确认来访信息—确定接待规格—行程安排—接待准备—接送和酒店安排—参观和会谈—宴请用餐—后续跟进。

在判断不同地区客户的商务谈判风格时,我们可以着重从以下几个方面做区分。

(1)友好还是冷漠?

(2)开放还是不宽容?

(3)随和还是固执?

(4)直接沟通还是间接沟通?

(5)平等的还是等级的?

(6)正式还是非正式?

(7)希望单独工作或团队合作。

2. 网络初次沟通如何避免尬聊

(1)选择合适的时间是良好沟通的基础。

(2)沟通时尽量直接表明来意,不要想着等客户回复。

(3)循序渐进地提问,才能让客户打开心扉。

3. 怎么介绍产品更加吸引人

为了更清楚产品介绍的方向,我们在做产品介绍之前,可以尝试先问自己以下这些问题。

(1)客户喜欢哪种产品介绍风格?

(2)是否需要借助演示文稿来协助产品介绍?

（3）怎样设计产品介绍路线会让客户印象深刻或者眼前一亮？

（4）客户之前是否接触或购买过同类型产品？

（5）客户比较关注哪些方面？产品功能、款式还是价格？

（6）客户目前有什么痛点、痒点、兴奋点？

（7）客户有什么潜在需求还没被满足？

在日常工作中，我们需要多对产品进行卖点提炼，以便面对不同的客户需求时可以作出快速的响应。一般来说，产品卖点的提炼需要结合客户需求、产品自身、竞争对手、市场趋势这四个因素进行考虑。

而当我们在介绍产品时，"自卖自夸"式的产品介绍有时很容易会受到客户的质疑。想要在与同行做对比中突显我们的产品优势，还可以借助第三方对我们产品和服务的评价，这样会显得更加客观和有说服力。

除此之外，我们还可以深入研究客户的购买动机和需求，尝试向客户提供整体的销售解决方案，而不仅仅是销售产品本身。

4.8 种报价策略

（1）数量越多折扣越低：客户一次采购的数量越大，产品的各种成本就越低，因此价格也可以更加优惠。

（2）价格高，MOQ 低：为了保留讨价还价的空间，可以先按较低起订量来报价，同时告诉客户如果数量多的话会有相应折扣，来吸引客户的回复。

（3）价格低，MOQ 高：对于对价格敏感的客户，可以先报较低价格，但是要把 MOQ 提高。

（4）价格低，有效期短：为了拿下有可能快速成交的客户，可以把价格报得较低，但同时设置较短的有效期，以迫使客户尽快决定购买。

（5）一口价报价：对于强势的品牌或产品，一口价报价更能突显企业对自身产品的信心以及品质上的保障。

（6）捆绑式报价：把两种以上的产品捆绑销售，让客户的注意力从"是否要买"转移到"买哪种会更划算"上。

（7）对比报价：在提供自身产品报价的同时也整理出其他国内外主要竞争对手的产品价格和参数对比，突出自身的竞争优势。

（8）利用赠品：当价格已经接近底线，可客户还是不依不饶地要求我们降价时，可以选择赠送礼品或免费配件来给客户一些好处。

5.什么情况需要电话沟通

(1)紧急或复杂的事项沟通。

(2)回复重点询盘后确认对方是否收到。

(3)重点潜在客户跟进。

(4)通过 cold call 开发客户。

6.电话沟通注意事项

(1)不要让紧张的心理影响自己,心态要放轻松,听不懂就大方地问。

(2)提前做好准备,把开场白以及电话沟通中主要的事项先写出来,这样沟通起来没那么容易"卡壳"。

(3)养成定期锻炼听说能力的习惯,英语水平提升了,电话沟通自然就不是难事了。

(4)产品知识要过硬,这样才能在电话中及时回复客户的各种问题。

第 6 章

网络客户跟进:
订单是"跟"出来的

很多情况下,客户会向多家供应商同时发出询盘,因此即使他们对我们的产品有疑问或者异议,也不一定会主动向我们提出。这个时候就需要我们及时地做好客户跟进,主动询问客户的想法,才有可能更好地调整我们的销售策略。

在接下来的本章节中,我们将讨论客户跟进相关的以下知识点:

- 客户跟进的重要性;
- 客户跟进的注意事项;
- 不同类型的客户该如何跟进。

6.1 外贸客户跟进注意事项

有数据表明，2%的销售是在第一次接洽后完成的，3%是在第一次跟进后完成，5%是在第二次跟进后完成，10%在第三次跟进后完成，而80%的销售来源于第4～11次的跟进。

因此，我们都说订单是"跟"出来的。

而对一些重要的客户，主管们也常常跟我们说："这个客户很重要，要跟紧一点。"

可是，到底怎样的跟进才算是"跟得紧"呢？跟得过紧的话，又会不会有反效果呢？

想要把客户跟进做好，其实更重要的是思路。

在谈每一位客户时，我们应当清晰地知道这个客户要以怎样的风格去洽谈，洽谈以怎样的方式切入，怎样吸引客户回复，如果客户不回复我们又应当如何跟进，等等。

而当我们有明确的思路时，客户跟进的工作就自然变得很清晰。

6.1.1 一封邮件不能解决所有问题

很多业务员的成交率提不上来，其中一个原因是他们忽略客户跟进的重要性，把过多的希望寄托在自己第一封回复客户的邮件上。而且他们往往会选择在第一封邮件中就把所有能给的信息全数发给客户，认为只要我给的资料够多，客户就可以自行查看，从而减少客户不必要的咨询，提高工作效率。

没错，这样的做法的确是能够减少客户的咨询，因为客户有可能问到的问题我们都已经预料到并且一次性提供相应的资料了。然而这种做法却同时是非常的危险。

正如我们前面分享的数据，只有2%的销售是在第一次接洽后完成的，这种情况需要客户本身非常认可我们的产品才会发生。换句话说，就是客户的购买决定几乎没有受到销售人员的任何影响。

为什么大部分的销售是来源于第 4～11 次的跟进呢？因为客户向多家供应商同时询价时，会快速筛选出几家供应商进行深入交流，而当中就有可能产生第一批的候选供应商名单。但如果我们在第一封邮件中就已经发了大量资料，客户找我们继续咨询的可能性就会非常低，从而有可能被客户给遗忘掉。

因此，比较合适的做法是在第一封邮件中仅提供必要的资料，留一点空间给客户提问。而若客户不提问，我们则可以利用剩下的资料不时做补充跟进。即使那些不是客户需要的信息，多刷刷存在感，增强客户对我们的印象也是对后续洽谈很有帮助的。因为除了让客户觉得我们重视他之外，我们每次的跟进都不是简单的问候，而是为客户带来不同的有价值的信息。

6.1.2 做好客户管理事半功倍

有很多业务员其实知道客户跟进的重要性，但是却经常是主管问到某个客户的近况，才发现自己忘记跟进了。发生这种情况主要是因为业务员没有养成持续跟进客户的习惯，也没有做好客户管理工作，所以有空的时候把客户跟得很紧，但是一忙起来就什么都忘记了。

想要把客户跟进做好，首先得做好客户的管理工作，根据自己的行业和客户特性，建立一个属于自己的客户跟进表。

一般来说，表中至少可以包含客户基本信息（如国家、公司名、联系人姓名、邮箱、联系方式、网址等）、客户等级、客户类型、询盘来源、咨询产品、询盘内容、跟进情况和下一步跟进计划等。

在做客户管理时还需要注意以下事项。

1. 区分客户等级

很多朋友错把客户跟进管理当成是客户档案录入，仅仅把客户询盘的各方面信息录入表格或者管理系统中就当完事了。实际上这样的做法，除了可以保存客户资料以外，对我们日常客户跟进和维护的工作起不到太大的作用。

想要管理好客户档案，首先要在收到询盘中以及在洽谈过程中区分和调整不同的客户等级。一般来说，我们可以按客户质量和跟进紧急程度来区分，比如：高质量又需要紧急跟进的，列为 A 类客户；高质量但不急于跟进的，列为 B 类客户；中等质量但需要紧急跟进的，列为 C 类客户……以此类推。当然，我们还可以结合自己行业的客户情况来区分不同的客户等级，只要让我们每天做客户跟进时可以快速寻找到对应的客户即可。

2.必须养成坚持记录的习惯

有些朋友跟我说，自己已经做了客户管理，但是一到跟进客户的时候总是不知道该以怎样的方式跟进。花了很长的时间去翻阅之前的邮件和聊天记录，然后又花了不少时间去思考才想到该如何跟进，这样一天下来根本就跟进不了几个客户。

如果你也有这种情况，可以去检视一下你的客户管理表格到底有没有把询盘和洽谈内容的记录做好。

我们刚开始做业务的时候，客户数量不多，每个客户谈过什么自己心里一清二楚的，有些人就会认为自己并不太需要做客户跟进管理。然而随着日积月累，客户数量和各种杂七杂八的事情都越来越多，渐渐地就开始不再记得每个客户的询盘和洽谈内容了。由于一开始并没有养成良好的客户管理习惯，如果要把所有的记录都补回来的话工作量太大了，于是客户管理表格成了一种形式，而自己还是每天低效地工作着。

但其实如果从一开始我们就重视客户管理，每天花一点点时间把该记录的都记下来，到我们后续做跟进工作的时候根本不需要翻查各种沟通记录，只需要打开表格就一目了然了。

所以，磨刀不误砍柴工，养成坚持记录的习惯才能把跟进工作管理好。

6.1.3 跟进从上一次的接洽就开始

不要把跟进当成一次接洽的"补救"工作。客户跟进本来就是洽谈中一个必不可少的环节，并且应当从上一次与客户接洽时便已经开始。

有经验的业务员都会在接收到一份客户询盘时快速地进行分析，然后在心里默默地制定出一套对应的销售策略。其中不仅仅包含第一次的邮件该怎么回复，还包含了接下来的第二、三、四封邮件应当怎样发。是的，我们往往会在一开始就把后续如何跟进都考虑进去了，而不是见一步走一步。

也许有些人觉得困惑，我们都无法预知客户的反馈，怎么就可以把后续的邮件方向都构思好呢？那是因为我们在每一封邮件中都埋藏着一条"线索"，并且用它来控制我们与客户沟通的方向。

举个例子，我们收到一位客户询价一款机器设备的询盘。在询盘中，客户问到产品的价格、交货期和运到美国纽约的运费。很明显，这是一封质量还可以的询盘，客户表现出采购的需求。

普通的业务员收到这样的询盘后可能就立马把相关的所有信息都报给客户。但我们可以细想一下，这样回复之后，我们除了问客户有没有收到邮件之外，还能做怎样的跟进？也许只能是一些普通的跟进套路，对这位客户并没有太多的针对性。

然而对于有经验的业务员来说，则可以抓住客户询盘里的某一个点，把它合理地延伸成一个自己想要了解的问题，然后吸引客户回复我们。在这个例子中，客户有问到交货期和运费，但是没有指明运输方式。这种情况下，我们可以在报产品价格给客户的同时，告诉客户："我们产品一般生产周期要多久，运输方面可以选择海运或者空运，时效上面有很大的区别。请问您是否急需这款设备呢？"

一般情况下，如果客户有心购买的话都会回答我们的问题。如果客户说急需，那证明这个采购迫在眉睫。我们可以顺势询问客户希望什么时候收到设备，然后在推荐更好的运输方案的同时，顺带询问一下客户的采购经验等相关的信息。如果客户说不急，只是前期了解，那我们可以给出一个运输方案，但由于运输费用都是有一定的时限的，我们还可以同时询问客户计划采购的时间以及其他项目的相关信息。

所以，有时候别人看上去总是可以很轻松地接到订单，有可能并不是因为别人幸运，而是因为别人在刚开始谈客户的时候就已经比我们想得更多、更远。

6.1.4 跟进频率要分轻重缓急

作为业务员，我们每天需要处理纷繁复杂的事情，有时候可能会忙到连续几天都没有时间去做客户跟进。而这种情况下，我们不可能对所有的询盘都能做到一样的跟进。

因此，我们需要对询盘的跟进频率做好轻重缓急的区分。

一般来说，询盘中表露出强烈的购买意愿或者是近期有采购计划的，我们肯定是哪怕工作再忙也必须要腾出时间来做好短期跟进，不然客户可能就会被同行给抢走了。这种类型的客户我们可以在第二天或者第三天做一次跟进，然后跟进客户的反馈，隔3～5天再做第二次的跟进。

反之，对那些回复不积极的客户，我们的跟进频率则可以稍微提高一点。因为这种客户极有可能还没有迫切的采购需求，而且他们往往会群发一堆询盘然后再慢慢研究。而如果我们跟进得太快，可能客户都还在收集资料的阶段我们就已经发了两次跟进邮件了。这种情况下，哪怕客户回复我们，可能也仅仅是那句冷冰冰的"I will let you know."。

除了判断缓急以外，我们还需要判断轻重，因为并不是所有的客户都需要做跟进。

特别是新手业务员，由于经验不足，对客户质量的分析不太准确，他们往往会花大量的时间在那些乐意详聊但是质量并不高的客户身上，却忽略了高质量但不回复的客户跟进工作。这样本末倒置地工作，结果就是天天瞎忙，但是客户就是不下单。

业务员并不是"陪聊"员，对于非常能聊的客户，我们不妨减少闲聊的时间，直接询问他的采购计划，然后在需要的时候再与客户进行沟通。反过来，我们还需要花更多的精力在那些"不起眼"的客户身上，因为他们有可能是更加具有潜力的客户。

6.1.5 跟进内容要有价值

做好客户跟进表格和计划，可以让我们更高效地工作。然而，真正决定客户是否会回复的往往是我们跟进的具体方式。

曾经有一位业务员跟我抱怨，说他经常报价给客户之后就没下文了，无论自己怎么跟进都收不到客户的回复，感觉非常的懊恼。他跟我说："上司还要求我对谈不下来的客户要刨根问底，弄清楚到底是什么原因不跟我们合作。我也想弄清楚啊，可是客户连打招呼都不回复我，我总不能还天天骚扰人家问原因吧。"

的确，客户跟进在整个销售洽谈环节中其实还处于比较前期的阶段，如果我们这个环节没做好的话，哪怕掌握再多的谈判技巧也是没有用武之地。

其实跟进的目的是要与客户进行深入的交流，简单来说，就是要让客户回复。而反过来思考，客户会因为什么而不回复我们呢？撇开客户没有紧急的采购需求这种不在我们掌控范围之内的因素，客户不回复的原因就是他觉得"没有必要回复"。

那怎样的跟进会让客户觉得"没必要回复"呢？

最常见的就是只是打招呼或者直接询问进展。客户每天面对数不清的邮件，如果在短期内没有采购计划，又或者跟我们合作的意向不是特别强的话，对于这种"例行公事"式的跟进是不感冒的。特别是很多业务员习惯跟进客户就只是在即时聊天工具上给客户发个问候，期望客户看到之后会回复，然后可以跟我们聊起来。但是我们换位思考一下，要是我们被别人推销产品，我们加了业务员的微信，然后业务员隔三岔五地就只是给我们发一句"你今天过得好吗？"我们除了刚好有事要找他之外回复的可能性应该不太大。但要是对方发信息过来说："您看中的那款产品今天有特价，优惠非常大，您要不要了解一下？"估计大部分有购买意向的都会回复了。

因此，我们做跟进要掌握好方式方法，跟进的内容要尽量能为客户带来价值或好处，这样才能吸引客户的回复。

6.2 外贸不同类型客户如何跟进

前面我们说了，客户跟进的内容需要有价值。但是怎样的内容是有价值或者有意义，对于不同类型的客户来说，答案是不一样的。

因此，我们对不同类型的客户要采取不同的跟进方法。

6.2.1 有兴趣购买的客户

对于有兴趣购买的客户来说，跟进相对来说是比较简单的，毕竟客户是已经有需求并且有一定的购买兴趣。这种情况下，往往只要求业务员做到按时按质地提供所需资料给客户，并且在洽谈中不会有明显的差错引起客户的不快。

但如果想要更有把握地拿下客户,我们则可以向客户再提供一些他们意料之外的小惊喜。比如,一些额外的贴心服务,节假日或客户生日时送上美好的祝福,又或者是给客户争取一些小优惠、小礼品等。

提供客户意料之外的增值服务,会让客户感受到我们对他的重视以及在合作上的诚意。在良好的关系基础上,成交就变得理所当然了。

6.2.2 在犹豫的客户

前面我们有谈到,客户产生需求一般需要经过四个步骤:了解—值得—相信—满意。

在犹豫的客户一般是已经了解了我们的产品,但是由于对我们产品的价值或者功能等方面存在怀疑,因此会犹豫是否要购买这个产品或者是否要从我们这里购买。所以,我们在跟进的时候就要着重地解决"值得"和"相信"这两个问题。

1. 建立客户信任

如果客户比较开放,愿意与我们分享他的想法,那我们可以采取比较直接的方式,跟客户从多方面去陈述和证明我们企业以及产品能够给他带来的好处。

但有些客户在沟通中会比较保守,他们可能会仅仅向我们透露他目前还在考虑或者在对比不同的供应商,然后就不愿意与我们做过多的交流。这种情况下,我们可以在跟进时通过从侧面向客户分享一些信息来达到我们的目的,比如分享与其他成交客户的订单、满意的客户反馈或成功的客户案例。

同时,我们如果有代理商、经销商或者是其他与我们关系良好又乐于分享自己的购买经验的客户,不妨尝试让他们来给我们的新客户做一个推荐,这样会更加容易快速获得新客户的信任。

2. 适当降价试探客户意愿

导致客户犹豫的另外一个重要因素,是价格。

如果客户购买意愿不明显,我们可以向客户适当地降价并且设定一个价格有效期,来试探客户是不是真的计划近期采购。如果客户完全无动于衷,那可能目前还没到真正要采购的时候;但如果客户会进一步跟我们讨论价格或者有效期的话，那可能客户近期就有采购计划了。

但是要注意的是，盲目的降价不一定能够起到我们理想中的效果。

因此，我们必须给降价找一个合适的理由，比如限时促销、周年庆等。并且降价前要保证客户对我们的质量已经有足够的信任，同时要向客户强调产品的质量不会因为降价而降低。

3. 利用市场行情

除此之外，我们还可以利用市场行情来催促客户的回复或下单。

比如，我们可以跟客户分享他所在国家或者地区客户的询盘情况、购买情况、热销产品种类推荐：一方面，这些信息可以证明我们对当地市场有一定的了解以及占有率；另一方面，客户犹豫的原因可能是他对采购项目的不确定，不知道该不该采购，采购的话哪种品类会更好。而当我们主动地向客户提供这些信息，无疑就是帮客户解决了一个头痛的问题，客户对我们的信任以及依赖度也会更高。

我曾经就有一位法国客户，询价了一年多一直不下单，但是会偶尔冒出来询一下价。在这过程中，我多次跟进询问他项目的进展，想知道这么久都没定下来是不是有什么问题，然而都得不到客户的具体答复。客户要么是直接忽略我的问题，要么就只是回复我："We are still working on it. Will let you know.（我们还在研究。会让你知道的。）"

结合与客户沟通的内容，我猜想他应该是对项目信心不足才导致这样的拖延。于是我便主动向他分享了我们在法国以及周边国家的销售情况，告诉他近段时间欧洲市场的需求增长很大，而且从部分客户的沟通中了解到他们大多数都对市场非常乐观。

果然，当我分享了这些信息之后，客户终于向我开口解释他的项目计划是怎样的，目前主要担心的是什么问题，然后问我的看法。而在我跟他阐述了我的看法之后的三个月，客户终于下单了。

6.2.3 近期不会购买的客户

对于明确近期不会购买的客户，为避免过度跟进引起客户的反感，最好是先了解客户大概的采购计划。

一般来说，如果客户计划是半年后购买的，我们平常可以每一个半月到两个月跟进一次。而如果客户的采购计划是一年甚至更长时间后的，我们则可以每三个月左右跟进一次。在这个阶段，我们跟进的目的是要让客户记得我们，好让客户在要下单的时候能够第一时间想起我们。

因此，跟进的内容最好是最新的公司动态、新产品信息、行业动态等有价值的信息，又或者是节日祝福、客户国家重大事件问候等能表达出我们的关心的话语。

然后，到客户计划购买时间前的一到两个月，我们可以跟进询问一下客户的采购项目进展，是否还是会按当初计划的时间而进行。需要提前跟进是因为我们不确定客户的采购项目是否会提前或者推后，一方面可以防止项目提前而错失机会，另一方面则可以表现出我们对客户项目的密切关注。

6.2.4 没有反馈的客户

没有反馈的客户可以说是最让业务员们头痛的，因为没回复并不代表客户没有采购意愿。相反，客户可能是找了多家供应商做对比，然后在价格和品质都差不多的情况下就选择进一步地对比供应商的服务。因此，客户不回复的其中一个原因，是想看看各家供应商在同样的情况下会如何跟进，是否重视他。

这种情况下，我们该怎么处理呢？

一般来说，我们可以把跟进分为三个步骤。

1. 确认产品需求

由于不了解客户的情况，所以在这一步我们的主要目的是想办法让客户回复，建立起联系，同时确认我们第一封邮件提供的产品信息是否就是客户想要的。

在第一封邮件发出后如果没有得到客户的回复，我们可以在相隔2~3个工作日的时间跟进询问客户是否有收到并且阅读我们的邮件。但有时候，仅仅这样的跟进，可能会换来客户只是回复我们"有收到"，接着就很难找新的话题继续沟通下去了。

为了避免发生这样的情况，我们可以在询问客户有没有收到的同时补充一些产品或者其他客户有可能感兴趣的信息。这里可以是客户询价产品的补充资料，也可以是向客户推荐询价产品同类型的产品，总而言之，目的是多一个吸引客户回复的理由。附上这些信息之后，还可以顺带说一句，我们还有其他的资料，如果您感兴趣的话可以告知我们。

至于邮件，我们可以这样发：

Hi,

Hope you are doing well.

I'm doing a follow up with my previous email to check whether you got a chance to review it.

We found many customers from your market are asking about ××× product recently, and think you may also be interested in it.

You can find some pictures attached and let us know if you want more details.

We look forward to hearing back from you.

您好，

希望您一切都好。

我正在对我以前的电子邮件进行跟进，以了解您是否有机会查看它。

我们发现贵市场的许多客户最近都在询问×××产品，我想您可能也对它感兴趣。

如果您想了解更多详细信息，请查看附件中的一些图片并告知我们。

我们期待着您的回音。

注意：很多业务员为了显示自己的诚意，会在跟进邮件中写一些类似希望我们的产品能够符合贵司的采购需求、期望我们的产品能为贵司带来更多的市场机会等套话。其实大可不必。国外客户大都不习惯客套，而且他们都很忙，跟进邮件应该尽量做到一目了然。

2. 价格试探

通过前一轮的跟进，我们可以初步了解客户的态度。如果客户回复了，我们可以顺着他感兴趣的产品继续聊下去。但如果客户还是没有答复，那有可能是采购项目并不迫切，或者是客户自己也在等上级或者终端客户确认，又或者是我们的价格缺乏竞争力。

这一步，我们的目的是要了解客户的项目计划以及了解客户是否因为我们的价格偏高而不回复。在跟进中，我们可以再一次询问客户有没有阅读我们的邮件，然后同时提出我们的价格是可商量的。一般情况下，客户都希望以更低的价格买更好的产品，无论他对价格是否接受，只要觉得我们产品符合他的采购需求，很大可能会回复询问具体的折扣范围。

除了紧急的采购需求，这一轮的跟进可以安排在上一次跟进后的 5～7 天进行。

以下是跟进的模板供大家参考：

Hi,
Hope you're having a great week!
Have you had a chance to look over the form I sent you last week?
Do you have any questions about it?
Let me know if you need more time or have questions.
Btw, our price is negotiable and let us know if you want to discuss.
Thanks.

您好，
希望您拥有美好的一周！
您有机会看过我上周发给您的表格吗？
您对此有什么问题吗？
如果您需要更多时间或有问题，请告诉我。
顺便说一句，我们的价格是可以协商的，如果您想讨论的话，请告诉我们。
谢谢。

注意：有些朋友喜欢向客户强调自己之前已经多次跟进但是没得到客户的答复，认为这样是显示自己的重视。这的确是一个不错的跟进方法，可是如果表达没有把握好的话，会有可能变成是在责怪对方没有及早回复。因此使用该方法的时候一定要注意语言的表达。

3. 长期持续跟进

一般来说，如果前两次的跟进都没有得到客户回复的话，极有可能是我们的产品不是客户想要的，又或者是客户没有迫切的采购需求。这种情况下，如果我们还是紧密地跟进的话会让客户产生厌烦的感受。

因此，在接下来的跟进中应当把频率逐步拉长。比如，第三次跟进与上一次相隔一个月左右，第四次相隔两个月左右，后期则每两到三个月跟进一次。

而在跟进的方式方面，则可以参考我们前面分享"近期不会购买的客户"的内容。

6.3 互联网沟通跟进怎么做

随着互联网以及移动互联网的发展，外贸商务洽谈中，除了部分客户需要通过面对面交流来筛选供应商以外，其他的沟通几乎都可以利用互联网进行，特别是跟进环节。

因此，作为外贸业务员，除了要懂得如何与客户面对面交谈，也要懂得如何通过互联网来做客户跟进。

6.3.1 怎么写跟进邮件

前面我们已经分享过不少关于客户跟进时的注意事项，其中大部分都可以应用在邮件跟进中。

不过可能有部分朋友会提出，道理我们都懂了，可是到自己写邮件的时候就是不知道该怎么下手。而且感觉自己发跟进邮件的时候用来用去就是那些传统的句型，自己都看腻了，更不用说客户了。

下面，我们将根据几种常见的客户跟进场景，分享一些比较地道的邮件跟进句型，大家可以根据实际情况调整一下使用。

1. 寒暄

Greetings! 问候 / 祝福

Hope you're doing well. 希望您一切都好。

Hope you're having a great week! 希望您拥有美好的一周！

I was hoping to hear back from you. 我希望能收到您的回音。

I hope you and your family are well. 我希望您和您家人都很好。

2. 询问对方有没有收到我们的邮件

Did you get a chance to review my previous email? 您有机会查看我前一封邮件吗？

I am just doing a follow up with my previous email to check whether you got a chance to review it. 我只是在跟进我之前的邮件，看看你是否有机会查看一下。

May I follow up on my last email whether went to your inbox successfully? 我可以跟进我的上一封电子邮件是否成功进入您的收件箱吗？

I am just circling back to see if you had a chance to go through the email below? 我只是想看看你是否有机会浏览下面的电子邮件？

3. 询问反馈

Is there anything you would like to know more in detail? 有什么你想更详细地了解的吗？

Let me know if you are interested in our products so that we can move ahead. 如果您对我们的产品感兴趣，请告诉我，以便我们继续推进。

Regarding the email which you've received from me last month, do you have any updates? 关于您上个月收到的我的电子邮件，您有什么更新吗？

Kindly let me know your current requirements, so that I can get back to you accordingly. 请让我知道您目前的需求，以便我能相应地回复您。

Please let me know your thoughts on it. In turn I'll get back with more details for your review. 请告诉我您的想法。我会回复您更多的细节以供参考。

4. 询问是否还该继续跟进

Should I circle back at another time? 我是否应该改天再联系？

Let me know if you've found another supplier and no longer need my services. 如果您已找到其他供应商，不再需要我的服务，请告诉我。

Otherwise, if you don't want me to bother you again, just let me know in a short reply. 除此之外，如果您不想让我再打扰您，请以一个简短的答复让我知道。

6.3.2 即时聊天的跟进怎样做更有效

我们都知道利用即时聊天工具跟进客户的主要目的，是要与客户保持联系。但实际操作中，为什么很多朋友的跟进完全得不到客户的回复呢？其中一个很常见的问题，就是我们进行的是"无效跟进"。

怎样的跟进属于"无效跟进"呢？

最常见的，是直接给客户发一句"Hello"或者"How are you"，然后期望客户回复后可以顺便地聊起来。然而，如果客户跟我们合作的意向并不是特别强的话，这种单纯问候的信息很有可能不会得到任何答复。

跟进的过程同时也是让客户更深入了解我们的过程，想要与客户"保持联系"，仅仅通过偶尔的简单问候显然是不够专业的。

那在即时聊天中跟进应该怎么做呢？

1. 关注与客户相关的动态

当看到与客户国家有关的新闻，又或者是看到客户在某个平台上发出文章或动态时，可以在聊天工具上联系客户，并且简单地分享一下我们的看法。

2. 利用共同爱好寻找话题

与客户交谈又或者是通过客户的动态信息，我们可能会了解到客户一些生活上的信息。如果我们发现自己跟客户有共同爱好的话，就应该好好把握这个机会了。通过互相分享各自的经验和见解，可以非常有效地拉近双方的距离。

3. 偶尔分享一些产品或市场信息

当然，我们的工作是销售，所以向客户推荐产品信息是理所当然的事情。当我们与客户有一定的感情基础后，我们可以偶尔向客户发送一些新的产品图片或者视频，增加客户对我们产品的了解。不过要注意，要确保我们所发的产品信息是客户所感兴趣的。

除了产品信息以外，我们也可以向客户分享一下我们了解到的市场信息，比如客户市场的热销产品、其他买家的市场反馈、原材料变动或其他行业信息，等等。

6.3.3 如何利用社交媒体做跟进

除了即时聊天工具，各种社交媒体也是移动互联网发展的产物。对于外贸人来说，社交媒体不仅仅是客户开发的场所，也是我们跟进客户的一个有效途径。

这里可能有些人会以为，利用社交媒体跟进客户，就是在各种社交媒体上添加客户，然后通过站内私信的方式来跟进客户。但是这种操作一般只是用于我们多次经过不同渠道联系客户都无法获得回复的时候，不得已才会采取的。

社交媒体在客户跟进上的作用，更多的是通过各种侧面的信息对我们的跟进工作产生帮助。

1. 关注客户的动态

首先，社交媒体一个非常重要的作用，是方便我们了解客户企业或者个人的最新动态。从中，我们可以了解到客户企业最近有什么新活动，现在主推的产品是什么，甚至可能会了解到客户的一些个人生活方面的信息。

对于客户发布的动态，简单的做法是可以多多点赞。一方面对于客户来说，我们可以混个眼熟；另一方面，说不定客户的其他同行在看这些动态的时候看到我们的点赞，也有可能会主动联系我们询价。

除了点赞之外，更加有效的当然就是评论了，如果我们能够发表一些有价值或者让人眼前一亮的评论的话，绝对会让我们在客户的心目中大大地加分。

2. 持续发布各类型动态信息

前面一点说的是关于与客户互动，主动出击的。而另外一种操作，则是被动营销，通过我们自己个人以及企业官方账号发出的不同类型的动态信息，向客户证明我们是一家有实力、专业并且值得合作的企业。

这里要注意的是，我们发布动态的作用不仅仅是要让客户"记得我们"，而是要通过不同维度、不同内容的动态来呈现我们想要展现的企业和个人形象。

因此在发布内容方面不宜千篇一律,更加不能过于简单。比如说,常见的各种产品图片加个人联系方式的"hard sales 式推广",是我们不太建议的。

由于我们发布的每一个动态信息都代表着我们企业和个人的形象,因此条件允许的话尽量发布一些有价值、有意思并且有质量的动态。

6.4 小结

80% 的销售来源于第 4 ~ 11 次的跟进,大多数情况下,我们不可能通过一封邮件或者一个报价表就能把订单拿下来,而是靠"跟"出来的。

在本章中,我们分享了关于客户跟进方面的知识,其中重点内容包括以下几方面。

1. 客户跟进的注意事项

(1) 跟进从上一次的接洽就开始:客户跟进是一个一环扣一环的工作,因此我们在每一次的接洽中就应当计划好下一次该如何跟进,而不是到空闲的时候才去想怎么跟进客户。

(2) 跟进频率要分轻重缓急:业务员的精力都有限,不可能对所有客户都跟得一样细致,只能把大部分的精力放在高质量和高潜质的客户跟进上。

(3) 跟进内容要有价值:频繁地询问进度只会让客户觉得我们功利性很强而产生厌烦的情绪,因此跟进的内容必须要有意义或者有价值。

2. 不同类型客户的跟进方法

(1) 有兴趣购买的客户:提供客户意料之外的增值服务,让客户感受到我们对他的重视以及在合作上的诚意。

(2) 在犹豫的客户:对于犹豫的客户要解决"值得"和"相信"两个问题。因此在跟进中要注意建立客户信任,适当试探客户的想法,以及利用市场行情来催促客户回复。

(3) 近期不会购买的客户:在了解客户采购计划的情况下,跟进频率可以不用太频繁,偶尔问候一下客户,询问项目进展,并且发送一些有价值的信息,与客户保持联系即可。

(4)没有反馈的客户:对于这类型客户一般是通过三个步骤来跟进:确认产品需求—价格试探—长期跟进。

3.即时聊天的跟进怎样做更有效

(1)关注与客户相关的动态。

(2)利用共同爱好寻找话题。

(3)偶尔分享一些产品或市场信息。

4.如何利用社交媒体做跟进

(1)关注客户的动态:点赞和评论互动可以增强与客户之间的联系。

(2)持续发布各类型动态信息:发布有价值、有质量的动态,从侧面证明企业的实力。

第 7 章

谈判磋商：
合作前的双方较量

当客户对我们产生合作的意向，销售流程便进入下一步：商务谈判磋商。简单来说，这是与客户讨价还价的过程，买卖双方将从价格、合作条款等多方面进行谈判，最终达成协议。

谈判磋商是整个销售流程中最困难的阶段，因为谈判涉及的内容众多，谈判的策略可以有各种灵活的变化。而为了让大家可以更快速地掌握国际商务谈判的技巧，在接下来的本章节中，我们将重点分享以下内容：

- ➤ 如何区分和应对客户异议；
- ➤ 谈判磋商的步骤；
- ➤ 如何识别客户购买信号；
- ➤ 如何应对"已有长期合作供应商"的异议；
- ➤ 如何应对"价格太贵"的反馈；
- ➤ 如何与客户讨价还价。

7.1 成交从异议开始

客户异议是指在销售过程中，客户对销售人员或产品的不认同、质疑或者否定观点。

很多新手业务员特别害怕听到客户提出各种异议，认为这意味着客户不认可我们的产品，成交概率会非常渺茫，但实际上并不是这样的。

俗话说，"嫌货才是买货人"。

要知道，客户的时间都是很宝贵的，如果真的没有购买意愿，一般客户会直接不回复，或者告诉我们"不需要"，让我们不用再纠缠。而愿意花时间跟我们说产品的不满，实际上是有一定的购买意向，只是的确有部分的需求没有得到满足，又或者是期望通过表达不满来压低价格。

7.1.1 如何区分客户异议

大部分的销售过程都不会是一帆风顺，我们总会遇到各种各样的客户异议。想要更好地应对异议，首先我们得知道该如何区分，然后才能更有针对性地制定出解决对策。

1. 真实异议和虚假异议

并不是所有的客户异议都是真实的，因此我们不能单纯从表面上去理解，而是应当结合客户的情况去倾听客户异议背后的真实需求是什么。

从异议的真实性来区分，有真实异议和虚假异议两种。

真实异议是指客户不愿意购买的真实原因，比如产品功能不符合他们的需求，目前没有购买计划等。当客户提出真实异议时，一般是意味着业务人员对产品卖点的陈述并没能打动客户，又或者客户真的对产品不感兴趣。

在这种情况下，业务员应当迅速调整自己的销售策略，对客户提出的异议进行解释。如果解释过后客户还是不接受，则可以尝试推销别的产品或者放弃这个客户。而同时，我们在日常工作中也要多加强产品知识的学习，研究自家的产品能够为不同的客户群体带来什么利益，并且持续积累总结市场经验，让自己可以既快又准地洞悉到不同客户的采购心理。

虚假异议与真实异议不同，是指客户因为某种原因而不想把自己真实的想法透露出来，于是借用其他的理由来做掩饰。提出虚假异议的背后，有可能是客户不想告诉业务员不能购买的真实原因，也有可能是客户对我们的产品是存在需求的，但是希望借助异议来达到考验业务员的专业水平和服务态度的目的，又或者是借此达到更有利的谈判目的。

2. 虚假异议的四种理由

想要拨开云雾，制定出更加合理有效的销售策略，我们需要了解客户提出虚假异议背后的原因。一般来说，客户提出虚假异议时，主要有以下四种理由。

1）价格理由

"你们的产品还可以，但是价格太贵了。"

"你们产品的价格超出了我们的采购预算。"

"我们找到其他供应商的产品跟你的差不多，但是价格比你便宜多。"

以上这些句子相信大家都觉得很熟悉，在跟进客户时我们经常就会收到这样的反馈。需要注意的是，不要听到客户说贵就第一时间去跟客户谈论价格的问题，而是应当先去判断这个异议到底是真实还是虚假的。大部分的客户都会在采购时抱怨价格太高，因为所有人都希望可以用更低的价格买到更好的产品。

注：在本章的后面我们会对如何应对"价格太贵"这个客户异议做深入的分享。

2）拖延理由

拖延理由下，客户一般会告诉我们暂时还没有采购需求，又或者是需要内部商量后才能决定。

拖延的原因有可能是的确还没到项目采购的时机；也有可能是客户对我们产品的信心不足，因此需要更多的时间去考虑；还有可能是客户不想与我们合作，但不愿意明说。比如，采购项目终止但是客户不愿意承认，希望通过拖延的办法来让业务员主动放弃跟进；又或者是客户没有合作意向，而又不希望业务员对自己穷追不舍地跟进，因此直接说近期没有采购需求。

3）信心理由

信心理由是指客户对业务人员、企业或者产品缺乏信心。有数据表明，客户之所以不愿意购买，70%是因为信心不足。

由于业务员是企业面对客户的窗口，因此无论是外在的衣着打扮和言行举止，还是内在的专业知识和个人素养，都应当要尽可能地去提升。而且在向客户介绍产品时，态度应当诚恳、实事求是，切忌夸夸其谈。

注：在前面的章节中我们已经分享过如何建立客户信任，这里就不做展开了。

4）隐藏理由

隐藏理由是指客户给出的不是一个真实的异议，而是为了达成某个目的的一个借口。比如说，客户其实是希望我们能降价，但是却不明说，反而指出我们的产品设计不行、功能不够齐全等方面的异议，让供应商觉得自己的产品真的无法达到客户的期望，继而选择降价来促成合作。

又或者客户向我们提出他已经有固定的供应商了，其中可能客户并不是要拒绝与我们合作，而是希望我们能够证明我们的产品和服务与他现有供应商之间的差别，从而可以坚定他对合作的决心。

7.1.2　如何应对客户异议

正如我们前面所说，客户异议的原因和目的多种多样，而其中有相当高的比例是虚假异议。因为如果真的没有采购需求的话，绝大多数的客户是不会再花时间跟我们沟通的。

因此，在销售过程中出现客户异议是非常正常的事情，也意味着客户有购买的意愿，只是目前某方面的需求或者期望还没被满足。业务员在面对客户异议时，首先要端正好心态，以平常心去看待每一个客户异议，才能理性地制定出对应的销售策略。

虽然说处理客户异议需要根据不同的情况来制定具体的策略，但是在处理的思路上，我们则有一套放之四海而皆准的方法："LSCPA"异议处理技巧。

1. L-listen（细心倾听）

当客户提出异议时，有些业务员的第一反应是"解释"，这其实是一个很不好的习惯。虽然我们不认可客户的观点，但是当我们没有认真倾听完客户的全部诉求就开始解释或者反驳时，我们的注意力已经不再放在了解客户的观点上，而是想方设法地要证明自己的观点是正确的。这种情况下，我们与客户各执所见，最终形成对抗的局面，而合作的可能绝对是会大大降低。

反过来，我们应当做的是接纳客户的不同观点，并且认真地聆听客户的需求。当我们对客户的抱怨表现出尊重和感兴趣，并且我们愿意与他一起研究和寻找更好的解决方案，毕竟抱怨的背后其实是未被满足的需求。在这个过程中，我们可以通过提出"您是否能更详细地说明为什么会有这样的想法呢？"或者"如果我没有理解错的话，您刚才说的意思是指×××吗？"来引导客户分享更多的信息。

我们会发现，当我们乐意去倾听和理解客户的抱怨时，对方的防备也会逐渐降低，这就为我们下一步的工作建立起良好的基础。

2. S-share（分享感受）

当然，我们在倾听了客户的想法后，也不能立刻提出我们的观点或解决方法。因为这样的做法只会让对方觉得，我们之所以愿意聆听这么长的时间只是为了更好地推翻对方的观点。

所以，在聆听过后，我们需要先去肯定客户的想法，让客户觉得我们并不是与他对立，而是与他站在同一方。比如，我们可以说：

我能理解您的意思……

您有这样的顾虑是非常正常的……

是的，换了是我，我也会这么想……

其实您并不是第一个这么认为的客户，我们之前也遇到同样的情况……

3. C-clarify（澄清异议）

不过当我们对客户的想法表示肯定以后，客户可能还是会怀疑我们是真的出自内心的认可，还是只是套用销售话术。这个时候，我们则需要通过提问来向客户进一步澄清异议，并且确认客户异议背后的真实诉求。

比如，当客户说："我觉得你们的产品设计不够好。"业务人员就可以说："您说得对。其实我们也希望可以提升一下我们的产品设计，毕竟我们以往主要是销售至北美市场，那边的客户都比较偏爱这种风格，但是现在看来我们的设计师不太符合欧洲客户的审美了。在您看来，我们产品的设计应当怎样改善才会更好呢？"

在这个表述中，一方面我们肯定了客户的观点；另一方面也对我们产品设计上的缺陷做了一点解释，指出设计不够好可能只是因为刚好不符合客户地区的审美而已。同时，我们也虚心地向客户请教他认为怎样的设计是更加好的，让客户觉得我们非常重视他的想法。

在这种情况下，如果客户给出了具体的想法，那证明这个异议是真实的，我们可以根据产品的具体情况作出回应。但如果客户并没有给出明确的答案，则有可能这个异议是虚假的，我们需要再旁敲侧击地去了解客户的真实想法。

在这过程中，我们还需要认真地观察客户的肢体语言以及神态，从中去判断客户的陈述是否真实。

4. P-present（提出方案）

当确认好真实的异议后，我们便可以根据情况制订出具体的解决方案。

比如说，有些客户的虚假异议只是随口说说而已，我们可以直接忽略然后转向其他话题；对于客户的疑虑，我们可以通过举证客户实例的方式来打消；对于客户明确指出我们的产品与其他供应商对比缺乏优势，则可以通过让步的方式来解决，比如适当降价、赠送礼品、提供额外服务等；而对于客户对我们企业或者产品有误解而产生的异议，我们则可以直接反驳，否则会让客户对误解深信不疑，从而加大成交的难度。

承接刚才的例子，当客户向我们分享了他对产品设计的想法以后，我们可以给客户提出具体的方案："您在设计上的建议非常好，对于想要开发欧洲市场的我们来说的确是非常有参考意义。但是毕竟重新开发一款产品需要投入大量的开发成本，而且从设计、打样、测试到量产一般至少需要半年的时间。我们可以等，但是市场不能等。所以我们建议，您可以先考虑从我们的产品中挑选一些相对比较符合贵国审美的产品进行试销。一方面我们可以在市场上占有先机，另一方面我们可以从销售的过程中不断收集更多的市场反馈，这样也对我们日后开发新产品能提供更多有帮助的建议。"

5. A-ask（请求行动）

向客户提出解决方案并不是处理异议的最后一步，因为仅仅提案并不能获得任何实质性的进展。更何况这只是我们一方的提案，对方不一定能够接受。因此在最后的环节中，我们需要确认客户是否能接受我们的方案，并且尽可能地请求客户作出一些行动，好让我们可以顺利地推进下一步的工作。

比如在上面的例子中，我们向客户提供了解决方案，接着就可以问："您觉得这样做可以吗？"来获得客户的许可。又或者可以问："您对我们的提议有其他的想法吗？"来确认这个方案是否能让客户满足。

当然，除了询问对方是否接受我们的方案，还可以主动提出进入下一步。比如接着上一步的案例我们可以这样说："既然今天您都已经看了那么多产品了，要不我们今天就把试单的产品定一下吧，有什么问题我们也可以当面解决，不需要后面再慢慢通过邮件来沟通，您看这款产品合适不？"

7.1.3 善用"门把手成交法"

然而在很多时候，我们遇到的客户异议并不可能像规划好的步骤那样发展。其中一部分客户由于与我们合作意向不强烈，并不会与我们积极地沟通，我们提出各种问题时他们也可能只是随便说几句应付了事。但是对于这类型的客户，我们也不能轻易放弃，毕竟很有可能只是因为他没有充分了解到我们的产品和价值才会有这样的局面。

但是对于这种态度不积极的客户，我们怎样才能"撬开"他的嘴巴，让他告诉我们真实的想法呢？

这里给大家分享一个"门把手成交法"。

"门把手成交法"又叫"反败为胜法"，一般主要应用在拜访客户的面对面销售中。虽然我们外贸销售大部分都不存在这样的销售情境，但是我们也可以套用其中的原理。

当客户表现出没有采购意愿并且不愿意解释原因时，销售人员不应当穷追不舍地去询问理由或者作出各种解释，因为这样做只会让客户觉得厌烦。相反，我们应当选择尊重客户的想法，尽快地结束这次的会谈。而当我们走到门口，抓住门把手准备要离开之际，我们可以转身回来询问客户："在临走前，能不能麻烦您帮个小忙？我想我刚才介绍产品的时候做得不是很好，但是我希望可以改进一下，好让我下一次面对客户的时候可以表现得更好。您能说一下不想跟我们合作的原因是什么吗？"

这个时候由于我们已经与客户结束了销售会谈，因此客户的戒备也会降低。一般情况下，如果客户并不讨厌这位业务员，都会愿意分享一下自己的想法好让我们能够有所提升。而我们则可以顺着客户提出的观点再进行异议处理。

比如客户可能会说："其实你的介绍没有问题，不跟你们合作主要是我们目前已经有稳定的供应商。"

这时候，业务员可以说："很抱歉，是我没有了解清楚贵司的采购情况，您已经有稳定的供应商的话的确是不太需要考虑新的厂家。不过我们公司最近新研发了一款产品，它在性能上比目前市面上的其他产品要高，但是由于我们采用了新型技术，它的成本反而还更低。您有没有兴趣花两分钟的时间，让我来向您再解释一下这款产品？"

只要能够准确地找到切入口并且引起客户的兴趣，对方一般都会愿意花多一点点时间去听我们的阐述。而如果我们能把握好后续的沟通节奏，很有可能可以把它转变成一次深入的沟通，甚至还有可能直接达成初步的合作意向。

然而，在外贸销售中我们很少会有这样面对面拜访客户的机会。但是我们同样可以借鉴这样的原理，无论是在邮件还是即时聊天工具的沟通中，当对方明显表示没有采购意愿时，我们也可以直接提出终止洽谈。但是，同时以希望对方能提点建议好让我们能够改善日后的工作为理由，尝试让对方说出真实的想法。

7.2 外贸谈判磋商

在与客户洽谈中，客户异议除了表达真实的不满以外，还有可能是为了在谈判磋商时获得更多的筹码。因此，我们需要分辨清楚客户异议的真伪以及背后的诉求，及时调整谈判磋商的方案。

而由于大部分的客户异议都需要我们通过谈判磋商来与客户达成一致，我们除了要掌握解决客户异议的思路以外，还需要了解谈判磋商的技巧，把二者融合一起运用才能起到更好的效果。

7.2.1 外贸谈判磋商的5个阶段

在外贸实际工作中，我们有可能会面对非常正规的大客户，需要经历正式的谈判过程。然而，更多的洽谈有可能是在相对来说不太正规的情况下进行的。

但无论是正规还是非正规，谈判的流程大致是一样的。只是对于非正规的谈判来说，当中的个别步骤可以稍微简化。

1. 谈判计划阶段

在与客户展开谈判之前，我们首先要制订好谈判计划。一般来说，谈判计划中，包含这次谈判的目的、谈判的策略以及谈判议程。

具体来说，谈判目的就是谈判的主题和目标，整个谈判活动都是围绕着目的来展开的。但由于谈判过程不可控，因此我们往往在制订目标时会分成三个等级：一级目标是最高级的目标，二级目标是基本满意的目标，而三级目标则是勉强可以接受的目标。当我们清楚这三个等级分别对应的目标是什么，在谈判的时候才可以更好地拿捏进退的分寸。

谈判策略是决定谈判目的是否能达成的重要因素。它是建立在了解市场情况、双方实力、合作意向等方面的基础上，为了达成各自谈判目的，所需要采取的途径和方法。同样地，为了让我们的谈判更有灵活性，我们可以结合不同等级的谈判目标而制定出不同的谈判策略。

很多时候我们跟客户谈了一天却没达成什么成果，是因为我们的洽谈太过随意，想到什么就谈什么。一个好的谈判，需要我们结合谈判目的和策略，提前做好谈判议程的计划。简单来说，就是提前规划好谈判时需要谈及什么项目内容、先后顺序以及每个项目占用的时间等。一般来说，谈判顺序可以先易后难、先难后易，又或者是难易混合地进行，选择哪一种主要看谈判的性质和目的。

2. 谈判准备阶段

俗话说"磨刀不误砍柴工"，想要更好地把握谈判的进程，除了做好谈判计划以外，还需要做充足的准备。

结合谈判计划中的策略以及谈判议程，我们需要提前做好信息收集、谈判方案、组织以及心理等方面的准备。

为了可以制订更准确的谈判方案，准备的第一步是要做信息收集和汇总。

正所谓知己知彼百战不殆，在谈判前，我们得先了解清楚客户的底细，比如客户的企业规模、经营性质、资金能力、行业经验、采购规模、销售方式与渠道等企业综合实力方面的信息，以及客户国家的市场现状、政策法规、商务谈判风格、价格接受程度等市场情况信息。除了要做好客户方面的信息收集和汇总工作以外，我们还需要提前准备好与谈判相关的产品资料、技术参数等文件资料。

而在谈判方案中，我们则需要根据制定好的谈判策略确定具体的落地方案。比如，不同的谈判事项由谁负责谈判，是业务员还是经理；谈判时采用怎样的风格，是强硬还是平和，是快速还是缓慢；谈判中怎样报价，如果需要让步的话又该怎样让步；在合作条款上有哪些需要坚持，哪些可以妥协；如果方案遭到客户拒绝时，有哪些替代方案，等等。

在谈判开始前，我们还需要提前做好组织上的准备，包括谈判场地的确认和布置、谈判人员通知和分工安排等。

作为谈判参加人员，我们也必须提前做好心理上的准备。其实一场谈判下来，大部分是双方的博弈，而某种程度来说其实是双方心理素质的较量，毕竟谈判桌上有可能发生各种状况。比如，我们会遇到对方很强硬或者不友善，又或者对方采用"马拉松"式的拖延战略，甚至有可能在谈判中途才发现我方当初收集的信息失真导致谈判陷于被动局面。如果我们没有提前做好心理准备，在谈判过程中急于推进进程又或者是过于看重得失的话，都会让负面情绪影响我们判断的准确性。

3. 谈判开局

谈判阶段开始的第一步是开局。而一般在谈判开始时，我们要先分发谈判资料和议程，并且就谈判议程征求对方的意见及确认，以确保谈判内容不会有遗漏或者存在分歧。

同时，根据不同的谈判策略，我们也可以采取不同的开局方式。比较常用的策略有以下四种。

1）一致式开局

顾名思义，一致式开局是在谈判开始时尽量陈述或讨论一些容易达成一致的话题，先与对方达成一些共识，让谈判可以在比较友好的氛围下进行。这种情况下一般来说，先谈细节性问题再谈原则性问题，也就是先谈对双方利益影响不大的内容，再进入原则性问题的谈判。

2）开门见山式开局

这种方式比较适合双方已经有合作经验或者是已经互相了解的情况。直接开门见山进入谈判主题可以开诚布公地陈述自己的观点和立场，让谈判可以在坦诚高效的氛围下进行，大大缩短谈判所需的时间。

3）强攻式开局

这种策略是指在谈判开局时抢先发言，并且陈述语气坚定，让自己在谈判初期即处于强势的位置。但是要注意的是，这一切是在平等的基础上进行的，不能让对方觉得我们有丝毫的不尊重。因此，我们可以通过在开场时进行大量的客观数据或案例演示，以渲染出我方的实力和优势，削弱对方的谈判地位。

4）高冷式开局

高冷式开局就是在开始时先简单陈述我方的立场和观点，然后便停下来等待对方发言，并且在过程中进行大量的提问，让对方多说，以了解更多对方的立场和市场信息。这种开局方式一般用于自己在市场信息收集或者合作条款上等处于弱势，但是又不希望对方察觉的情况。当从对方的陈述中收集到足够信息时，再逐一攻破，实现突围。

4. 报价与让步

买卖双方的讨价还价是外贸谈判磋商的主要部分，内容主要是交易价格、质量与数量、付款方式、交货期等交易条件的磋商。

卖方根据买方的询盘进行"报价"，并且进行"价格解释"。当买方对价格不满意时则会对价格进行评论，并且提出"讨价"要求卖方改善价格。当卖方再次报价仍然不被接受时，买方则可以直接向卖家"还价"，而买家则再次进行报价。这对价格反复磋商的过程就是讨价还价，如图7.1所示。

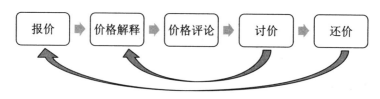

图 7.1　讨价还价的过程

一般来说，"讨价"又称"再询盘"，分为全面讨价和分项讨价。

全面讨价主要用于内容较复杂的报价，并且一般发生在初始讨价阶段。由于买方对市场价格了解不足想摸清卖家的底细，又或者大部分的报价均不符合买方期望，因此买方会笼统地对所有价格进行讨价。

而分项讨价则一般是经历了全面讨价的价格改善后，买方针对个别不满意的项目再次进行讨价。不过，有些采购商对市场价格情况非常熟悉，因此很有可能在第一轮的讨价就直接采用分项讨价的方式，以量大的产品作为突破口把价格压低，再反过来向其他项目进行讨价。

大部分情况下讨价还价都需要经历几个回合，因此即使卖方根据买方的讨价进行价格改善，往往都不会被全盘接受。这时，买方则要向卖方进行"还价"。

正如我们前面所说，所有的人都希望可以以更低的价格买更好的东西。因此，在大部分讨价还价中，无论我们的报价对方是否能接受，对方都会还一个更低的价格，而且有时候价格低得让我们难受，其目的就是让我们降低对价格的期望。

而针对买方的还价，无论下降空间如何，我们作为卖方也不能随便妥协。因为过快的妥协并不会让对方觉得我们实在，而是会认为我们价格还有很大的空间，后悔当初没有要更低的价格。

注意：讨价还价中的降价策略，将在本章后面再进行详细分享。

5.谈判结束

当经历一段时间的谈判磋商后，双方在立场和利益上的差异逐步缩小，并且在越来越多的事项上达成共识。当谈判进入收尾阶段，谈判最低目标、促进交易信号或者是接受意图信号往往会出现。

而在进入最终的交易会谈之前，我们需要重新回顾一下前面的洽谈，明确有哪些问题还没有得到解决，并且确定对最终交易条件的让步幅度，制定出对应的谈判策略。

作为卖方，想要尽快促成合作，可以采取以下策略。

1）最后通牒

可以拿原材料成本波动等原因，告知对方目前的报价或谈判条件的有效期只能到某一天，促使其限期作出决定。

2）最后让步

为了表现出合作的诚意，在最后的阶段双方都会作出一些让步，以推进合作。但一般来说，让步都只是小幅度的，因为过大的让步幅度会让对方认为我们还有空间，这并不是最终的让步。

3）场外交易

这个策略适用于个别分歧无法达成而谈判气氛又比较紧张的情况下，通过转变谈判场地的环境来改变气氛，让双方可以重新以更轻松友好的氛围来继续进行谈判。

7.2.2 外贸谈判僵局的处理

当然，大多数的商务谈判都不会在非常顺利的情况下进行，甚至有时候会由于双方分歧过大，而出现谈判僵局。

1. 谈判僵局产生的原因

想要了解如何化解谈判僵局，我们首先要了解产生僵局的原因。比较常见的原因，是沟通障碍或者双方立场冲突。

在谈判过程中，双方如果未能顺畅地沟通而导致产生误解，又或者是其中一方由于文化认知差异等各种原因固执己见的话，很有可能就会导致谈判进入僵局。而同样地，在谈判中如果经历几轮沟通后依然发现各自的利益立场与对方有极大的差距，并且彼此都不愿意退让时，也会产生一样的局面。

除此之外，面对僵局，往往是合作意向较强却相对弱势的一方会选择妥协。因此，谈判僵局还有可能是因为谈判一方特意制造的，目的是突显己方立场的强硬而迫使对方进行让步。

2. 处理谈判僵局的策略

我们已经知道在谈判过程当中，双方有可能因为各种原因而陷入僵持的局面，这种情况时有发生。因此在面对僵局时，我们首先要保持冷静，以理性的态度去思考产生僵局背后的原因是什么，以及采取怎样的策略才可以更好地推进双方的合作。

一般来说，在国际贸易谈判中常用的僵局处理策略有以下几种。

1）寻找替代方案

大部分僵局的产生是因为双方就某一个具体的问题各执己见，谁也不愿意让步。在这个时候，我们不妨跳出固定的思维模式去思考：这僵局背后双方各自的诉求是什么？除了目前的方案，是否还有别的办法可以同样满足双方的利益？

当我们放下自己的立场，而去寻找潜在的共同利益时，也许会发现其实还有很多符合双方利益的方案。比如我方不想在价格上妥协时，完全没有必要一直咬着价格不放，取而代之，我们可以给对方提供更好的付款方式或者是其他市场支持作为替代方案。

2）转移话题

当对于某一个观点僵持不下时，双方都有可能会为了证明自己的观点是正确的而不愿意妥协，因此继续盯着同一个话题誓不罢休只会让气氛越来越差。

当意识到在该项目的谈判已经进入僵局时，我们可以尝试先停下来，把话题转移到其他比较轻松的方向。如果我们希望谈判是高效进行的，可以直接向对方提出："既然这个项目暂时大家无法达成共识，那我们就先讨论别的项目，说不定到时大家对现在这个问题又会有新的想法。"而如果谈判的气氛过于凝重，我们也可以选择把话题暂时转移到与谈判无关的事情上。

3）更换谈判人员

前面我们有提到，有些时候谈判僵局的产生是由于双方沟通不顺畅而导致，其中也有可能是谈判人员的个人沟通方式不能被对方所接受。如果我们觉察到我方某位谈判人员提出的观点屡屡被对方否定的话，则可以选择更换其他人，以另一种风格进行谈判。

而同样地，我们也要考虑是否我方谈判人员的资历不够，无法让对方信服才会导致谈判僵持。如果是的话，则需要让职位更高、更资深的人员来参与谈判。

4）暂停谈判

如果谈判中双方的分歧过大，并且以上的策略都不适用的话，可以直接采取暂停谈判的方式。这种策略的好处是，一方面可以让双方在暂停的时间内自行平复情绪，更理性地去面对接下来的谈判；另一方面则可以通过这段时间进行内部讨论，重新整理思路，商议出更好的对策。

这种策略也特别适用于买方过分压价的谈判中。

大家都知道，印度采购商是出了名的喜欢压价格。我曾经带过一位印度客户到一家工厂，而偏偏那家工厂刚好没有做外贸的经验，不清楚印度客户的砍价套路，一听到客户报的数量就把最低价格报出去了。然而印度客户哪有可能那么容易接受一口价，无论厂家怎么解释，客户都不相信那就是底价，还一直以各种理由压价。

厂家不肯再降价，客户也不愿意妥协，在那里足足僵持了将近两个小时。到最后，厂家的老板没耐性了，直接甩下一句："不管你信不信，报给你的价格的确是底价了，我还有别的事情要忙，你们自己考虑一下吧。"然后就直接离开，只是留下一个跟单员继续接待。

出乎我意料的是，那位老板的策略居然奏效，客户考虑了一下就让跟单员通知那位老板回来把订单给下了。

7.2.3 如何识别客户购买信号

有部分的谈判之所以无法成交，是因为业务员只顾照着自己设计好的流程，喋喋不休地向客户陈述自己的观点，而忽略了过程中客户所发出的各种细微信号，包括购买信号。

购买信号是指客户在推销过程中表现出来的各种成交意向。如果业务员在洽谈时能够准确捕捉到客户发出的购买信号，则可以直接尝试引导成交。

那如何识别客户的购买信号呢？

我们会经常听到这样的理论：识别客户购买信号其实就是读心术，要从客户的语言、肢体动作等方面判断客户对这个合作是认可还是抵触。

的确，我们不能否定解读客户的言外之意以及肢体语言背后是包含了与采购相关的信息。但是，这不能成为判断的唯一依据，特别是在国际贸易中，不同国家的风俗习惯差异很大。就好像对于印度人来说，摇头是代表肯定，点头才是代表否定。

这样说来，难道我们就无法判断对方的购买意图吗？并不是的。

一般来说，如果在洽谈中出现以下几种情况，则很有可能是客户在发出购买信号。

1. 表现出高度认可

如果在洽谈中，客户从不同的方面表达出对我们的产品或服务的高度认可，则证明合作的意愿是非常高的。

比如以下情况：

洽谈时透露有朋友推荐我们的产品；

客户在产品介绍的环节中表现出对产品的各方面都非常满意；

洽谈中的沟通非常顺畅，并且对销售人员的业务能力表示非常认可。

2. 不断追问产品细节问题

一般来说，客户在采购产品时首先要确认这个产品在性能和价格上是否符合自己的采购要求，符合的话才会有后续的深入洽谈。

而如果在洽谈中，客户不断地向我们追问产品的某些细节问题，则很大可能是客户已经初步认可了我们的产品，只需要进一步确认细节来确认合作。

举个例子，如果客户一直询问各种产品安装的问题则代表客户的购买意向较高。比如：安装时间要多久？需要多少人员安装？安装是否有说明书或视频指导？需要什么资质的人员才能进行安装？厂家是否能派人安装？可以的话，收费标准是怎样的？

3. 询问合作细节

除了追问产品细节，如果客户在洽谈中主动询问关于合作方面的细节问题的话，则证明客户的采购意向又更增加一层了。

我曾经有一位欧洲的客户，通过电子邮件沟通了一段时间后便来中国拜访我们。在参观了公司和看了产品样板以后，他便开始问我如果下单的话他多久能够收到货。由于客户本身没有太多进口经验，因此我把生产时间、海运以及到达他国家后清关和派送的时间都分别报给了他。当他得知从下单到收货需要两三个月后立马变得很紧张，说他的项目很急，需要确保两个月后必须要到货，然后就一直问我有什么办法可以更快收货。

这种情况下，对于客户来说首要考虑的问题是交期，而不是价格。但由于考虑到他还需要一点时间确认订单，因此当时我就跟他说："如果您可以在5天内确认好订单，并且汇出定金，那我就帮您安排插单，把生产时间缩短半个月，这样基本上能够保证您两个月后可以收到货。为了节省时间，我们现在就来讨论一下产品的问题，看看您这次该订购哪些产品吧。"

就这样，客户的思路在慌忙之中全程被我带着走，两天之内价格都来不及谈就把订单给下了。

4. 主动提供订单相关资料

除了询问各种问题，客户的购买信息还表现在洽谈中主动向供应商提供各种与订单相关的文件资料。

比如，在洽谈中，客户可能经常会询问是否可以 OEM（original equipment manufacturer，代工生产）定制 logo。但如果客户主动向我们展示他的 logo，并且与我们商量制作的细节，又或者是主动告诉我们多久之后会向我们提供他的 logo。这些行为的背后无疑是非常高的合作意愿，甚至可以说客户基本上就已经确定跟我们合作了。

5. 咨询付款方式

同样的道理，如果客户在洽谈了一段时间之后便询问我们付款方式，也是证明客户已经到了思考如何支付货款的步骤了。

当然，客户咨询付款方式并不完全代表客户真的已经做好采购的准备，但是至少能够证明客户关注的点已经是跟合作的最终环节相关的。而作为业务员，我们需要有敏锐的触角，把握好各个可以促进成交的机会。因此，当客户发出购买信号时，我们可以尝试直接促成合作。毕竟尝试一下对我们来说也不吃亏，要是客户还不愿意成交，我们还可以继续返回前面的销售流程进行异议处理。

7.3 常见异议处理方式

虽然客户异议背后的原因多种多样，但是在我们日常工作中，最常见的莫过于"我已经有固定供应商"以及"价格太贵"。

接下来，我们将展开讨论该如何应对这两种客户异议。

7.3.1 "已经有长期合作供应商"

这种客户异议主要出现在业务员主动开发客户的情况下，而当客户向我们表示他已经有长期合作的供应商，这背后代表着至少三种可能性。

（1）客户对与现有供应商的合作很满意，没有改变的意愿。

（2）客户虽然与现有供应商的合作并不是太满意，但是对我们的产品和服务有所保留，担心更换供应商会有风险。

（3）客户内心并不拒绝与我们的合作，只是想从拒绝中看看我们的业务水平以及对合作的诚意。

1. 了解客户与现有供应商的合作关系

从上面三种可能性中可以看出，要更好地解决这个客户异议，关键点在于客户与现有供应商的合作关系。因此，我们最好是可以先了解客户跟供应商的合作情况、关系如何，以及他对现状是否真的百分百满意。

但如果直接问这几个问题，客户肯定会觉得我们很唐突。所以这里我们可以运用前面章节中分享过的发问技巧来进行提问，然后再从客户的字里行间判断他跟供应商的合作关系。

举个例子：

客户："我已经有合作过的供应商，暂时不考虑了。"

业务员："理解，要是我有一个长期稳定的合作供应商的话我也不会想着换。您跟现在这个供应商合作了多久呢？"（先向对方表示理解，再提问）

客户："有五年了。"

业务员："哇，能合作这么久挺不容易的，这证明您跟他们的合作还是挺愉快的。"

客户："是的，他们的产品质量很稳定，而且各方面的配合也都很不错。"

从上面这个例子可以看出，客户对目前供应商是比较的满意。这种情况下客户往往还没有做好更换供应商的准备，所以我们不能轻易地去否定他的供应商，也不能太急于推销我们自己，因为太过激进的话很有可能会引起客户的反感。反过来，我们在前期阶段的重点是与客户先建立起关系，给客户留下一个良好的印象。

哪怕是再好的合作伙伴都不可能百分百地满足客户的所有需求，在合作过程中也肯定会出现过问题。而当客户已经认可我们，对我们解除了戒备心，我们就可以想办法去了解客户对现有供应商有什么不满的地方。

业务员："其实我很好奇，在您这样专业的采购人员心目中，一个优秀的供应商应该要具备哪些条件呢？"

客户："作为优秀的供应商，产品肯定是第一位的，产品质量是否稳定，价格是否有优势，交期是否及时，以及新产品的研发是否能跟得上市场的步伐。

除此之外，一个供应商在业务上是否专业以及沟通上是否顺畅也是很重要的考虑因素。"

业务员："您说得太对了，这些都是我们需要努力的方向！那要是让您给现有的供应商打分的话，您会给多少分呢？"

客户："80分吧。"

业务员："哦？我还以为您会给出更高的分数呢？好奇地问一下，那得不到的20分是什么原因呢？"

客户："他们各方面都挺好，就是偶尔无法准时交货，对我的生意造成很大的影响。"

注意： 这里只是为了更直观所以把洽谈的过程缩减了，中途建立信任的过程有可能是当天，也有可能需要几个月的反复接触。在外贸工作中开发一个客户有时候需要很漫长的过程，期望仅仅靠一两次沟通就能把客户拿下来，这是不现实的。

2. 在产品或服务上寻找突破口

当然，对于已经有长期稳定的供应商，并且与我们合作意向不强烈的客户来说，他们不一定会愿意向我们透露与现有供应商的合作状况。在这种情况下，我们只能通过自己对市场和竞争对手的了解，来推断客户有可能与哪家供应商合作。比如，我们可以从客户网站或图册的产品图片细节中判断，也可以根据与客户交谈时的蛛丝马迹来判断，比如供应商地理位置等。

在了解我们的竞争对手是谁后，即使客户不愿意透露与其合作的细节，我们也可以根据自己的经验向客户"扬长避短"地突出介绍自己优势的产品或服务，特别是如果我们在某些方面与同行具有明显的差异性。

而哪怕我们无法判断竞争对手是谁，只要我们在某些方面拥有自己独特的竞争优势，便可以直接向客户进行自荐。

举个例子：

客户："我已经有合作过的供应商，暂时不考虑了。"

业务员："理解，要是我有一个长期稳定的合作供应商的话我也不会想着换。不过我们公司一直以来在新产品研发上都处于行业的领先地位，我们每个季度都会推出新产品，而且无论是在功能还是性价比上都是非常有优势的。对于大部分客户来说，持续的新产品能够更好地帮助他们打开新市场以及巩固老客户，您有没有兴趣也了解一下呢？"

注意：这种策略是主动向客户推荐我们的优势，因此在表达时必须要自信，而且尽可能用简短的话语来概括几个最容易吸引到客户的卖点。比如在例子中，我们向客户强调我们每个季度都有新产品，功能和性价比有优势，而且能够在客户开发和维护上给他带来好处，这些都是作为一名经销商类型的客户非常关注的点。但如果同样的话术，面对的是小宗采购用于项目用途的客户来说，则是一点吸引力都没有。

3. 借助成功案例吸引好奇心

然而，并不是所有的企业在产品或服务上都能有自己独特的优势。在这种情况下，我们可以采取另外一种策略：借助过往成功的客户合作案例，来吸引客户的好奇心。

人都是有羊群心理的，而且对于客户来说，他们也会密切关注市场上其他同行或竞争对手的动静。如果我们在他们国家或者更加发达的国家有大企业的合作经验，则会是一个非常好的切入口。而如果我们这些合作客户还可以给我们写推荐信，又或者愿意分享他们的联系方式给新客户咨询意见的话，那就是再好不过了。

不过在分享案例时也不能盲目分享，要看我们行业客户的性质，他们与市场上的同行是否具有明显的竞争关系，而我们的产品外观是否与别的供应商有差异。因为对于大经销商的客户来说，一般会希望自己的产品在市场中是有独特性的，所以选择产品的时候有可能会避开与主要竞争对手一样的款式。而如果我们还向客户推销说我们跟他的竞争对手有合作，则无疑是把自己送上绝路。这种情况下，我们则可以分享发达国家或者其他周边国家的案例，又或者是比客户规模要大很多的成功合作案例。

4. 争取成为客户的"备胎"

作为商人都明白"鸡蛋不能放在同一个篮子里"这个道理，所以只要客户认可我们的产品和服务，是不会拒绝多一个备选的供应商的。

因此，对于已经有长期合作供应商的客户，业务员很容易都会冒出一句："虽然您已经有稳定的供应商，但也可以对比一下嘛，多一家供应商作为备选也不会有什么坏处。"

是的，多一家备选的供应商并不会有什么坏处。

但是，市场上有那么多供应商，我们凭什么才能成为客户的"备胎"？

要打动客户，首先我们得专业。而真正的专业并不是靠搬弄一些所谓的"销售话术"，而是善于发掘客户未被满足的需求并且提供可行的方案。

拿刚才举例的那句话来说，业务员关注的点只是要让客户对比一下考虑增加一家备选的供应商，当中并没有让客户觉得这与他的切身利益相关，也没有给他带来任何的好处。但反过来，如果我们这样说："虽然您已经有稳定的供应商，但是说不定您后面订单量增加的话一家供应商可能会供货不够及时。其实我们产品的质量是行业中出了名的稳定，价格方面也可以给您申请最优惠的折扣，您也可以对比一下，毕竟多一家供应商作为备选也不会有什么坏处嘛。"

在调整过的话术中，我们向客户提出一家供应商可能存在供货不及时的风险，有可能会戳中客户的痛点。同时还强调了自身产品质量稳定性，以及在价格优惠上的支持，对于客户来说这些都是他比较关心的利益点。相比之下，这样的表达显然是更容易让客户接受。

注意：上面的例子只是让大家明白两种思路的差异。由于不同行业的情况差异非常大，实际工作中我们应当根据行业和客户的具体情况来寻找合适的痛点和利益点，切忌照搬。

7.3.2 如何应对"价格太贵"异议

虽然说我们的工作是销售，但是每个人在生活中都肯定有当过买家的经验。我们不妨想想，在买东西的时候，如果知道这个店家是可以砍价的，是不是也会像我们平常的客户一样无论听到报价是多少都会回一句"太贵了"？

甚至有些人其实明明并不缺钱，但是就是非常享受砍价那个过程，哪怕卖家让步不多，但在砍价成功的那一刻，他们心里还是会觉得非常满足，于是对砍价是乐此不疲。

在外贸销售中，我们与客户基本上都是大宗买卖，不同的采购数量生产各方面的成本都不一样，价格基本上不可能是一口价的。可想而知，讨价还价是一件再正常不过的事情。

1. 如何判断"价格太贵"的异议真假

在采购当中，价格并不一定是客户采购的最终决定因素，但绝对是大部分客户都非常关心的要素。除非客户对我们的产品和价格都非常满意，又或者是客户有充足的采购预算，否则大部分的客户都会在采购时抱怨价格太高，因为所有人都希望可以用更低的价格买到更好的产品。

如果我们一听到客户说贵就立马降价，一方面会放弃掉一部分客观的利润，另一方面也可能会让客户觉得我们的产品有很大的降价空间。

因此，面对这样的情况，我们首先要识别客户所说的价格贵是真的还是假的。也就是说，我们需要知道价格是否真的是影响他们采购的决定性因素，还是他们只是想压低采购成本。

1）按市场规律判断

想要从侧面判断客户说的"价格太贵"的真假，首先需要对国际市场和客户背景有一定的了解。

一般来说，不同国家的客户都有各自的采购风格。有些国家的客户对价格要求很低，也非常喜欢压价格，比如印度、埃及等国家；有些国家的客户更加注重产品的质量，对价格的接受度较高，比如北美、北欧、西欧部分国家。当然，这只是比较普遍的规律，凡事都有特例，我们也有遇到过不怎么砍价的印度客户，以及压价压得非常厉害的北欧客户。

而不同的企业规模以及经营模式上的差异，也会导致客户对价格的敏感度有所不同。不过由于不同行业产品性质以及客户群体差异较大，可能不太存在普遍的共性，我们只可以从自己成交的客户或者是从同行朋友分享的经验中总结出一些规律。

2）从洽谈细节判断

想要判断客户是否真的对价格敏感，还可以从洽谈时的蛛丝马迹来判断。

一般来说，如果客户真的觉得我们产品的价格完全超出他的采购预算的话，很大可能他是不会主动回复或者与我们深入交谈的，因为他已经认为不可能跟我们合作，也没有必要花费时间在我们身上。所以，如果客户一直都不怎么回复，并且是在我们跟进了多次后才透露觉得我们价格太贵，很有可能就是真的。

反过来，如果客户在洽谈初期就主动向我们说价格太贵，那很有可能我们的产品符合他的需求，但是的确价格偏高。而有些客户在洽谈时，会先咨询产品的各种问题然后再沟通价格,这种客户往往比较重视产品质量而非价格。还有一种客户,已经把订单的细节都谈得差不多了才突然说我们价格太高。这种情况一般是客户到快要下单了才想起自己原来忘记了压价格,赶紧把这环节补上。因此,他们对价格的要求其实并不是太在意,只是想能压一点是一点而已。

总的来说,当我们更加清楚客户的价格异议的真伪,便能够更好地制定出对应的策略。

2. 价格异议应对方法

正如前面所说的,"价格太贵"是大部分客户的口头禅,并且其中有很大一部分是假的异议。因此,在面对价格异议时,作为业务员不应当立马降价,而可以采取以下方法来处理。

1) 价值塑造法

我们经常说,当客户跟我们提出价格太高时,我们应该与客户讨论产品价值,而非价格。

客户之所以会觉得贵,很大一部分原因是他对我们的产品了解不够深入,觉得我们的产品不值那个价钱。比如,我们可以这样说:"是的,我们的产品价格在市场上的确是属于偏高,因为我们的产品设计和生产工艺跟其他厂家都有很大的不同。同样的产品,我们的生产成本比别家的都要高,但是同时我们产品的使用寿命也是更长的。您可以想象一下,我们的产品比别人贵,但是还卖得比别人好,这是什么原因呢?因为大部分的客户都认为为了获得质量更稳定的产品,这一点点额外的费用是值得的。"

在这话术中,首先我们承认自己的价格是比别人高,一方面是表现出对自己的产品的自信,另一方面也是让客户知道,我们的产品真的值这个价格。然后通过我们产品与其他同行对比的独特卖点来凸显我们的价值,并且利用市场占有率来客观证明我们的产品获得了非常多客户的认可。

2) 成本拆分法

当遇到压价压得很厉害,无论怎么解释都不愿意相信我们不能做到目标价格的客户,我们可以采取成本拆分法。

特别是一些懂行的专业客户,由于他们有多年的行业经验,已经很清楚行业的价格情况,所以他们往往会直接给出一个很低的目标价,并且对这价格非常坚持。

对专业的买家我们就要采用专业的方法。

针对最终报价，我们可以把主要部件合理地向客户做成本拆分，通过这个拆分让客户知道我们在这个报价下利润空间其实已经很低了，所以不能再做让步。做生意的都知道，谁都不愿意做亏本买卖，因此只要我们给出的价格的确是非常有竞争力，而成本拆分也是合理的话，客户一般也不会再继续纠缠下去了。

注：某些国际大采购集团为了最大限度地控制采购成本，同时也要保证供应商有足够的利润而维持品质的稳定和长期合作关系，他们可能会在合作前就要求供应商提供产品的生产成本明细，然后允许供应商的价格在合理的利润范围内。

3）低价风险法

当然，很多时候客户说我们价格贵是因为他们在市场上遇到报价更低的供应商，并且有可能直接告诉我们同样的产品在市场上找到价格比我们低多少个百分点的供应商。

对于这种情况，如果是客户自己主动向我们提出的话，很大可能是客户对市场上看起来产品差不多但是价格差异很大的情况感到困惑，希望我们可以给到他一个合理的解释，毕竟一分价钱一分货这道理谁都懂。

一般来说，我们除了使用价格塑造法以外，还可以使用低价风险法。

比如，我们可以这样说："是的，市场上的确有不少供应商的价格比我们低很多。但是您都知道，一分价钱一分货，现在市场竞争这么激烈，价格都非常透明，我们是不可能有这么高的利润的。那反过来，您可以想一下，为什么那些供应商可以提供如此低的价格？据我们所知，其中一部分供应商并不是为了与客户长期合作，因此他们有可能会使用各种方法来降低成本，比如采用再生材料、用很便宜的表面处理工艺。这样生产出来的产品刚开始看上去是没什么问题，但是使用寿命非常短。甚至有些客户跟我们说买了一批便宜的货结果到收货的时候发现全部都是烂的，根本不能用，等于所有的钱都扔大海里去了。如果您真的坚持要买便宜点的货，我们建议您在购买前以及出货前都找专业的检验机构来给您做验货，来保证产品质量过关。"

在这个话术中，我们首先通过客观的市场竞争情况来让客户知道，其他供应商在价格低那么多的情况下，提供的产品质量是不可能与我们一样的。而同时也利用客户实例告诉客户，为了节省一些采购成本的结果有可能是血本无归。不过，并不一定所有价格低的产品都真的是一无是处，毕竟存在即合理，因此我们也不可能直接建议客户不要购买。因此在最后，我们建议客户找专业的检验机构来验货，一方面表现出我们对客户的关心，另一方面也表明我们并不是非要客户下单给我们的自信。

4）忽略法

在前面我们有说到，客户说价格太贵有可能只是一个口头禅。特别是结合与客户的交流内容，如果我们能够判断这并不是真实的异议的话，其实并不一定要花时间与客户深究价格。

比如，客户还没有深入了解我们的产品，单凭我们的初始报价就说我们价格贵。这种情况下我们可以跟客户说："您还没有深入了解我们这款产品的功能和特性，要不我们先给您介绍一下，要是这款产品真的适合您我们再来讨论价格的问题。"

又或者客户提出价格贵，但是同时告诉我们短期还没有采购计划，我们则可以直接跟进客户说："既然您短期内还没有采购计划，材料的成本是浮动的，而我们可能偶尔也会有一些促销活动，要不等您确认了要采购的时候我们再来讨论价格吧。"

5）产品替代法

当然，客户也有可能是因为预算有限又或者是当地市场情况所限，因此会对他的目标价非常坚持。

在这种情况下，如果我们的产品价格确实无法达到这样的降幅，我们则可以采取产品替代法，给客户推荐一款性能接近但是价格较低的产品。又或者是直接告诉客户，按目前的品质是无法达到他的目标价，不过我们可以通过更换材料种类或者加工工艺来降低成本，从而达到客户的目标价格。

同时，我们也可以利用这个方法来判断客户提供的目标价是否有水分。因为如果客户真的非要达到他的目标价的话，往往会顺着我们的思路去跟我们探讨是否要更换其他产品还是降低产品品质。而如果客户还是坚持要同一个产品，而且要我们想办法给更低的价格的话，很大可能客户还是认可我们这款产品，只是想尽可能在价格上能磨一点是一点而已。

6）价格让步法

虽然我们知道有些客户说价格贵，并不是因为他们的预算不够，而只是为了把价格尽可能地压低点。但是对于客户的降价要求，我们也不能一味地拒绝，因为哪怕我们理由再充分，在价格上过于强硬的话会让对方觉得我们没有合作的诚意。在实际中，的确也有不少的客户就是因为业务员在谈判中态度不友好，而转向选择别的供应商。

因此，比较恰当的做法是既让客户清楚我们的产品价值，同时也适当地降一点价格。一方面让客户知道我们的产品质量各方面是真的值这个价格；另一方面让客户觉得我们是特意为他申请了特殊的折扣，显示出我们对他的重视以及在合作上的诚意。

7.3.3 即使让步也要讲策略

有人说过："75%的利润是从谈判桌上赚回来的，只有25%的利润是靠一线员工辛辛苦苦干回来的。"这句话背后的意思是，业务人员在谈判桌上的表现会导致订单利润的差异非常大。而在谈判中能为企业争取多少利润，也是优秀业务员与普通业务员之间的差距。

在谈判中，我们往往在准备阶段就已经知道谈判产品的底价是多少。但面对买家的讨价还价，我们在让步时应当要制定好相应的策略，并且注意以下事项。

1. 不能一开始就让步

曾经有一对老夫妇，路过一家家具店时看到一个欧式落地钟。老奶奶看到非常喜欢，说："这个钟刚好跟我们新家的风格非常搭，如果我们客厅摆上它的话绝对会很好看。"

可是走过去一看，这个钟标价1 000美元，实在是太贵了。

老爷爷见老奶奶非常喜欢，就跟她说："这样吧，我们试试跟店员砍价，看他们最低多少钱能卖。如果他们肯600美元卖，那我们就要了。"

于是他们叫上店员，为了压低价格便抱怨说："这个钟看起来很旧了，也积了不少灰尘，应该在你们这里放了很长时间了吧。而且看旁边还有些刮痕，要不这样，你们便宜点，600美元卖给我们好了。"

本以为店员会说一大堆话来反驳，可没想到他只是看了一眼就说："600美元可以的。"

接着便开单，收款，安排送货上门，一切都非常顺利。

然而老爷爷和老奶奶回家后却半点都高兴不起来。老奶奶一直嘀咕着，说："那个店员居然一下子就答应我们600美元，看来我们还是被标价骗了，当初应该跟他说300美元才对！这下亏大了。"老爷爷也说："是啊。这么爽快就卖给我们，是不是这个钟有什么问题？真担心它过两天就会坏掉。"

两位老人家越想越觉得不对劲，整晚翻来覆去就是睡不着，第二天老奶奶还因为血压飙升而进了医院。

从这个故事可以看出，无论我们在价格上有多少的让步空间，对于客户的第一次还价我们是绝对不能轻易答应。因为客户会觉得我们的产品价格肯定不止这个价格，还有更大的让步空间，也会后悔当初没有要更低的价格，所以即使是成交了，也并不会给对方带来半点的愉悦和满足感。

2. 适当为让步提出条件

无论我们的价格有多少让步空间，作为业务员，我们都需要让客户觉得我们非常重视他，而且是竭尽了全力为他争取最大的优惠，这样才更容易赢得客户对我们的信任。

因此，为了显示出我们的让步是一个非常艰难的决定，在给出优惠的同时我们可以给客户提出相应的条件要求。

比如，我们在降价的同时，可以告诉客户：

（1）想要获得更低的价格需要满足更高的起订量；

（2）低价格的产品优惠仅限一定数量，而且先到先得；

（3）获得低价格需要答应对我方更有利的付款条件；

（4）优惠价格是因为某些特殊原因（例如周年庆、月度业绩冲刺、材料降价等）才能给出的，客户必须在限期内付定金才能享受这样的优惠。

总而言之，在给出优惠的时候要让客户知道我们的产品本身是不能给到这个价格的，是因为非常希望可以与客户达成合作才愿意破例一次。而且这个优惠也是有条件的，客户必须接受才能够实现。

这样的做法，同时从心理上给了客户一个暗示：这价格已经是业务员千辛万苦争取来的最低价格了，已经是底线，不能够再低了。

3. 利用赠品

当然，即使知道供应商的价格已经是接近底线，但是往往还是有一部分耗得起时间的客户会继续以各种理由要求业务员想办法给到更低的价格。

然而，在已经强烈表达我们之前给出的价格已经是底价的情况下，我们作为卖家也不可能自打嘴巴继续给客户更多的折扣。因为这样做，无疑是自己推翻了自己在前面谈判中关于价格的各种陈述，并且会让客户觉得我们在价格上其实还是有很大的空间。

这种情况下，我们可以利用赠品作为双方让步妥协的最后台阶。

其中一个办法，我们可以选择赠送一些价格较低的产品或者配件给客户。这样一来，客户获得同等价值的货物，但是由于我们的产品有一定的利润空间，我们并不需要真正支付等额的成本。

除此之外，我们也可以选择赠送与产品无关的礼物给客户，比如一些客户喜欢的电子产品、中国特色的工艺品、茶烟酒之类的礼品等。送这样的礼品，一方面可以让客户知道我们在产品上真的是没有任何的空间可以再做让步，另一方面又可以表现出我们对这次合作非常有诚意。

4. 不同降价幅度的策略

在价格谈判过程中，什么时候让步，分几次让步，每次让步的幅度是多少，里面都大有学问。经验丰富的业务员可以在小幅让步的同时让客户觉得心满意足，并且愉快地接受。但相反，如果谈判过程没有把控好，哪怕是做再大的让步也有可能让对方不满意。

常用的降价策略有以下几种。

1）一次到位型

这种策略是在第一次的让步中便已经给到最大的让步，接下来无论客户以怎样的理由都不会再降价。

相对而言，这种策略是属于最危险的策略。因为即使我们在一开始就给出最低价格，为双方节省了大量的谈判时间，但大部分的买家都会认为价格谈判一般需要几个回合才会结束，这样的做法难免会让对方觉得难以接受。

不过对于了解市场行情的客户来说，这样高效直接的让价策略反而会让对方觉得我们够诚意。同时，这种策略也比较适合双方关系较友好，又或者是已经有一定合作经验的客户。

2）让步递减型

价格让步递减是在实际谈判中最常用到的策略，适用于大部分的价格谈判。在这种策略下，卖方在客户每次讨价还价时都作出让步，但是每一次让步的幅度会逐渐减少。

这种做法的好处是,每一次作出让步会让客户觉得我们对合作非常有诚意,配合度很高。同时,在每次让步上逐步缩减幅度,可以显得卖方立场逐渐强硬,让客户知道我们的利润空间越来越小,不能再做更多的让步。

3）让步递增型

这种让步策略与上一种完全相反,在刚开始的时候只做小幅度的让步,但随着谈判的进行,让步的幅度越来越大。

由于很多时候客户并不会在洽谈的前期向供应商透露太多的信息,因此业务员在这种情况下往往也只会做小幅度的让步来试探。但随着谈判的推进,客户为了获得更好的报价会逐渐地向我们展示其实力,并且在谈判中表现得越来越强势。

在这种情况下,卖方则有可能为了成交,在价格让步上逐步递增,直到真正到达价格底线。

4）坚定冒险型

坚定冒险型的让步策略跟一次到位型刚好相反,一般运用在卖方谈判地位较为强势的情况下。卖方在谈判中会一直坚持原价,直到在最终阶段才作出一次性的让步。

对于产品或者价格本身在市场上非常有竞争力,又或者倾向一口价报价的供应商来说,这种让步策略会比较合适。在价格立场上的强硬会显得卖方对自身产品和服务非常有信心,而在最终环节给出一次性的让步也能体现出对合作有一定的诚意。

不过运用这种策略时也要注意,卖方在谈判中表现得比较强势,因此如果尺度没有把握好的话很容易会导致谈判的破裂。

5）虚假让步型

这种策略表现为在谈判过程中让步幅度高低不定,在刚开始的时候给出较大的让步,但随后却以各种理由反悔,把价格再次提高。

这种策略的好处是,在谈判前期提供较大的让步会更容易引起客户的兴趣。但是必须要注意反悔的理由要合理,并且尽量在前期就向客户透露价格有可能会变动的信息,否则容易让客户觉得我们不诚信从而导致谈判失败。

这种策略一般适用于双方关系较为陌生,又或者是产品价格浮动较大的谈判场合。

如表7.1所示,大家可以更清晰地知道不同策略之间的区别。

表 7.1 不同让步策略

让步策略	第一次让步	第二次让步	第三次让步	第四次让步
一次到位型	100	0	0	0
让步递减型	40	30	20	10
让步递增型	10	20	30	40
坚定冒险型	0	0	0	100
虚假让步型	80	20	−10	+10

总的来说，没有哪一种是绝对好的策略，我们只能根据与客户谈判的具体情况来选择更加适合的方式。

7.4 小结

谈判磋商在销售流程中处于尾声的阶段，也是难度最高的阶段。进展顺利的话可以直接与客户进入最终的成交环节，但处理不当的话则关系有可能破裂，甚至无法重来。

而由于谈判磋商当中情况千变万化，分别涉及的内容和技巧众多，本章挑选了一些在外贸实际工作中比较有代表性的进行分享。

1. 如何区分和应对客户异议

并不是所有的客户异议都是真实的，因此我们不能单纯从表面上去理解，而应当结合客户的情况去判断客户的异议到底是真实的还是虚假的，而背后的真实需求又是什么。

在应对客户异议时，我们一般可以运用"LSCPA"异议处理技巧。

（1）L-listen（细心倾听）：当客户提出异议时不要急于解释或者反驳，而是接纳客户的不同观点，并且用心地倾听。建立起一个良好的沟通环境后，客户的防线会逐渐降低，也就为我们下一步的工作建立起良好的基础。

（2）S-share（分享感受）：在聆听过后，我们需要先去肯定客户的想法，让客户觉得我们并不是与他对立，而是与他站在同一方。

（3）C-clarify（澄清异议）：这一步中，我们需要通过提问来向客户进一步澄清异议，并且通过这来确认客户异议背后的真实诉求。

（4）P-present（提出方案）：确认好真实的异议后，我们便可以根据情况制订出具体的解决方案。

（5）A-ask（请求行动）：在最后的环节中，我们需要确认客户是否能接受我们的方案，并且尽可能地请求客户作出一些行动，好让我们可以顺利地推进下一步的工作。

2. 谈判磋商的5个阶段

（1）谈判计划阶段：在谈判计划中，包含这次谈判的目的、策略以及谈判议程。

（2）谈判准备阶段：结合谈判计划中的策略以及谈判议程，我们需要提前做好信息收集、谈判方案、组织以及心理等方面的准备。

（3）谈判开局：根据不同的谈判策略，我们也可以采取不同的开局方式。比较常用的策略有：一致式开局、开门见山式开局、强攻式开局和高冷式开局。

（4）报价与让步：买卖双方讨价还价的阶段，内容主要是交易价格、质量与数量、付款方式、交货期等交易条件的磋商。

（5）谈判结束：在进入最终的交易会谈之前，我们需要重新回顾一下前面的洽谈，明确有哪些问题还没有得到解决，并且确定对最终交易条件的让步幅度，制定出对应的谈判策略。

3. 如何识别客户的购买信号

（1）表现出高度认可。

（2）不断追问产品细节问题。

（3）询问合作细节。

（4）主动提供订单相关资料。

（5）咨询付款方式。

4. 怎么应对"已有长期合作供应商"

（1）了解与现有供应商的合作关系：了解客户的合作现状可以有利于我们

制定出更加有效的销售策略。

（2）在产品或服务上寻找突破口：客户最终购买的是产品和服务，不妨尝试突出我们与同行对比中的独特卖点来吸引客户的关注。

（3）借助成功案例吸引好奇心：利用羊群心理效应，向客户分享一些相关客户的成功案例也是一个打开合作的方式。

（4）争取成为客户的"备胎"：要打动客户，首先我们得专业。但真正的专业并不是靠搬弄一些所谓的"销售话术"，而是善于发掘客户未被满足的需求并且提供可行的方案。

5. 如何应对"价格太贵"异议

所有人都希望以更低的价格买到更好的产品，对于价格异议，一般我们可以采取以下策略。

（1）价值塑造法：当客户跟我们提出价格太高时，我们应该与客户讨论产品价值，而非价格。

（2）成本拆分法：把主要部件合理地向客户做成本拆分，通过这个拆分让客户知道我们在这个报价下利润空间其实已经很低了，所以不能再做让步。

（3）低价风险法：向客户强调一分价钱一分货，并且向客户阐述购买价格低的产品背后会有什么风险。

（4）忽略法：如果能识别客户的价格异议是假的话，可以直接忽略这个异议，转而跟客户谈论其他问题。

（5）产品替代法：如果我们的产品价格确实无法达到这样的降幅，我们则可以采取产品替代法，给客户推荐一款性能接近但是价格较低的产品。

（6）价格让步法：对于真实的价格异议，如果我们的产品价格是有一定利润空间的话，最好还是给出合理的让步，以显示出合作的诚意。

6. 价格让步注意事项

1）不能一开始就让步

无论我们在价格上有多少的让步空间，对于客户的第一次还价我们是绝对不能轻易答应。因为这样客户会觉得我们的产品价格肯定不止这个价格，还有更大的让步空间，也会后悔当初没有要更低的价格。所以即使是成交了，也并不会给对方带来半点的愉悦和满足感。

2）适当为让步提出条件

在给出优惠的同时要让客户知道我们的产品本身是不能给到这个价格的，是因为非常希望可以与客户达成合作才愿意破例一次。而且这个优惠也是有条件的，客户必须要接受才能够实现。这样的做法，同时从心理上给了客户一个暗示：这价格已经是业务员千辛万苦争取回来的最低价格了，已经是底线，不能够再低了。

3）利用赠品

在已经强烈表达我们之前给出的价格已经是底价的情况下，我们作为卖家也不可能自打嘴巴继续给客户更多的折扣。这种情况下，我们可以利用赠品作为双方让步妥协的最后台阶。

4）不同降价幅度的策略

在价格谈判过程中，什么时候让步，分几次让步，每次让步的幅度是多少，里面都大有学问。常用的降价策略有：一次到位型、让步递减型、让步递增型、坚定冒险型、虚假让步型。

第 8 章

促成与成交：
踢好临门一脚

当我们在谈判磋商中解决了客户异议与意见分歧后，当然是不能坐等客户下单什么都不做，而是直接进入销售环节的尾声阶段：促成与成交。

在接下来的本章节中，我们将重点分享以下内容：

- ➤ 客户迟迟不下单时如何逼单；
- ➤ 如何制作形式发票与合同；
- ➤ 常用付款方式及注意事项；
- ➤ 常用贸易术语的注意事项；
- ➤ 如何有效催款。

8.1
4个外贸逼单技巧

我们时常会遇到这样的情况：跟客户沟通了很久，客户提出的各种问题都解决了，看上去对我们的产品也挺满意，跟我们关系也挺不错，但是就是不下单。

有很多业务员提问说，这种情况下不知道客户在想什么，也不知道客户什么时候才会下单，该怎么办呢？

对于这类型问题，我往往就直接回答他们：想要知道为什么，直接问就好了。

8.1.1 敢于向客户要单

是的，很多时候无法成交，就是我们作为业务员想得太多，而做得不够。

既然各方面的问题都解决了，跟客户的关系也很好，那为什么就不能直接问客户是什么原因迟迟不下单呢？这本来就是理所当然的事情，也是业务员的本职工作，因此客户并不会因为我们的提问而觉得不适或唐突，反而会认为我们非常重视与他的合作。

比如，客户有可能会跟我们说因为手头的资金不够，所以需要等一段时间再下单。那在这样的情况下，我们是不是可以考虑给客户一个特殊的优惠，然后把定金的比例降低点，先把客户的订单拿在手上，等客户资金充足的时候补够定金再进行生产。

又或者客户会跟我们说，目前还是在供应商对比的阶段，需要过段时间才能够确认最终合作的供应商。这种情况下，我们甚至可以直接询问客户对比的供应商有哪些，然后再向客户展现我们与竞争对手之间的差别与优势。

总的来说，作为业务员应当学会主动出击，绝不能守株待兔。只有我们敢于开口问，才可以更直接地知道客户目前的问题出在哪里，也更加方便我们制定出相应的策略。

8.1.2 默认成交法

除此之外，当客户表现得对各方面都很满意并且发出购买信号时，我们可以直接采取"默认成交法"进行促成。

"默认成交法"的意思是，我们不需要等客户开口就假定客户已经决定了购买，并且直接推进到成交步骤。

举个例子，在客户已经选好产品和数量，而且各种异议都已经解决时，我们可以直接发一份附有银行账号的形式发票给客户，并且询问客户什么时候可以安排定金。而实际上这个时候客户可能还正在犹豫该选我们还是其他供应商，又或者是想要更多的时间去做充分的考虑。但当业务员主动提出成交，而客户本身对与我们合作也并没有太大的抗拒时，很有可能就会顺着业务员的思路，直接回复说什么时候可以安排定金。然后我们就可以顺水推舟地把成交给锁定了。

使用默认成交法时，除了直接发形式发票给客户，我们还可以询问客户一些与下单有关的细节问题来确认客户的合作态度。比如：我们可以直接让客户提供产品包装信息，让客户提供运输货代的联系方式以确认运输细节等。

总而言之，使用这个方法的宗旨是业务员需要对合作有充分的信心，并且主动地把洽谈推向成交。而若客户还是有其他异议尚未解决的话，也会因为我们的推进而主动提出，这样也更加有利于我们尽快制订出解决方案。

8.1.3 二择一法

"二择一法"也是销售中很常用的促成方法。其原理是在"默认成交"的基础上，在促成时给出两个与成交相关的选择项给客户，从而主动把客户的思维向成交方向引导。

前面我们有分享过，所有人都希望以更低的价格去购买更好的产品。当客户有充足的时间考虑时，他有可能会为了争取更有利的合作条件而特意提出各种的异议。但当业务员觉察到客户发出购买信号时，则可以忽略客户的异议而直接进行促成。

这种做法的好处是，表面上看我们是把选择权给了客户，但实际上我们是让客户在一定的范围内进行选择，只要客户选择了，就基本代表客户是默认了与我们的成交。而客户的思维往往也会因为跟着我们的问题走，去思考哪一个选项对他更有利，而没有机会去思考如何继续讨价还价。

举个例子，我们收到客户购买信号时，可以直接向客户提出以下的问题：

"您这次订单的付款是用人民币还是美元呢？"

"这次试单您是先订一个小柜还是直接订一个大柜呢？"

"这次订单的运输是您自行安排还是需要我们这边安排呢？"

"这次订单的包装是中性包装还是您提供包装设计给我们呢？"

"请问您是这个月还是下个月安排定金呢？"

当客户在我们提问中作出选择，我们便可以顺水推舟地继续往前推进。比如对于第一个问题，当客户回答我们"付美元"，我们则可以接着说："好的，那我们在形式发票上会提供我们的美元收款账号。请问您是本周还是下周安排定金呢？"

8.1.4 利用限时让步

在谈判磋商的过程中，我们会跟客户在各种利益条件上不停地讨价还价，也少不免会作出各种让步。在上一章中我们有提到，我们可以在让步的同时提出一些条件，好让对方知道这次已经是到底线了。而其中一个最常用的条件就是限时的让步，因为这同时可以帮助我们促成订单。

比如说，在降价的同时，我们向客户提出这次之所以能够再次降价是因为最近原材料成本有所下降，但是这个优惠仅限于本周内下单。如果要以这个价格成交，我们必须要在本周内收到客户的定金。

除了价格让步以外，其他合作条件的让步也一样可以用于订单促成。

如果客户对交期要求比较高，我们则可以跟客户说："现在是订单高峰期，这个月的生产基本都已经排满了，而且还有更多的客户在陆续下单。如果您是希望可以尽快出货的话需要在本周内支付定金，这样我们才可以优先安排您的订单生产。"

除此之外，我们也可以利用企业周年庆、参展限时优惠、老客户回馈月等各种理由来编一个客户感兴趣的优惠政策给到对方，从而促使客户尽快地下单。

这种做法的另外一个好处是，如果客户最近没有购买计划的，可能会被我们对合作的诚意所打动，从而告诉我们真实的采购计划。

8.2 外贸合同的签订

《联合国国际货物销售合同公约》规定:"销售合同无须以书面订立或书面证明,在形式方面也不受任何其他条件的限制。销售合同可以用包括人证在内的任何方法证明。"

虽然说合同可以分为书面、口头和其他形式,不过在实际的外贸工作中,即使买家不要求签订合同,我们一般都还是习惯在成交后制定书面合同让买家确认,以减少贸易纠纷的发生。

正规的书面合同分为两种,内容比较详细的叫合同,内容比较简单的称为确认书。

8.2.1 销售合同的制定

由卖方草拟提出的合同称为"销售合同"(sales contract,S/C),由买方草拟的则称为"购货合同"(purchase contract,P/C)。大部分情况下,书面合同都由卖方进行制定。

1. 销售合同的内容

概括而言,销售合同分为三个部分。第一部分是合同的首部,包括合同名称、编号、签约地点、签约日期、签约双方的名称和地址等。第二部分是合同的主体条款,其内容主要是合同标的物的数量、价格、质量要求以及买卖双方的权利和义务等约定。第三部分是合同的尾部,包含了合同的所用的文字和效力、正本的份数、相关附件以及双方签章等。

以下是一份销售合同的模板:

销售合同书
Sales Contract

合同编号：

Contract No.:

签约地点（Signing Place）：Guangzhou, China

甲方（卖方）：　　　　　　　　　　　乙方（买方）：

Party A (Seller): Guangzhou ABC Co., LTD.　PartyB (Buyer):

地址 /Address:　　　　　　　　　　　地址 /Address:

电话 /TEL:　　　　　　　　　　　　　电话 /TEL:

甲、乙双方经协商一致，就甲方向乙方销售本合同项下产品的相关事宜签订本协议，以资双方共同遵照执行。

In consideration of mutual covenants and agreements herein contained, Party A and Party B hereby agree as follows.

1）销售产品明细

Products Details

Item No. /Name 产品型号/名称	Picture 图片	Description 描述	Quantity 数量	Unit Price 单价（USD）	Amount 总金额（USD）	Remark 备注
TOTAL 总计						
SAY TOTAL US DOLLAR　　　　　　　　　　ONLY 合计美元　　　　　元整						

（1）装运标记：

Shipping mark:

（2）装运口岸：

Port of loading:

（3）目的口岸：

Port of destination:

2）包装方式

Package

3）交易条款

Trade term: FOB Shenzhen

4）交货期：定金到账后 30 天

Delivery time: 30 days after deposit received

5）付款方式：T/T，30% 定金，余款出货前结清

Payment term: T/T, 30% as deposit, balance before delivery

6）品质 / 数量异议与索赔

Quality/Quantity discrepancy and claim

若发生质量 / 数量异议，买方的索赔必须在货物抵达目的港 45 天 /15 天内提出，过期不予受理。对所装货物的任何异议属于保险公司、轮船公司、其他有关运输机构所负责者，卖方不负任何责任。

In case of quality/quantity discrepancy, claim should be files by the Buyer within 45 days/15days after the arrival of the goods at the destination port. Otherwise no claim will be accepted.It is understood that the seller shall not be liable for any discrepancy of the commodity shipped due to causes for which the insurance company, other transportation organization are liable.

7）不可抗力

Force Majeure

因水灾、火灾、地震、干旱、战争或协议一方无法预见、控制、避免和克服的其他事件不能或暂时不能全部或部分履行本协议，该方不负责任。但是，受不可抗力事件影响的一方须尽快将发生的事件通知另一方。

Either party shall not be held responsible for failure or delay to perform all or any part of this agreement due to flood, fire, earthquake, draught, war or any other events which could not be predicted, controlled, avoided or overcome by the relative party. However, the party of its occurrence in writing to another party as soon as possible.

8）本合同适用中华人民共和国法律并依其解释，排除冲突法的适用

This contract shall be governed by the laws of People's Republic of China, excluding its conflicts of laws principles.

9）仲裁

Arbitration

一切因履行本协议发生的争端应通过友好协商解决。如协商不成，均应提

交至甲方所在地的人民法院进行仲裁。仲裁裁决终局的，对双方均有约束力。

All disputes arising from the performance of this agreement shall be settled through friendly negotiation. Should no settlement be reached through negotiation, the case shall be submitted to court where is Party A is located. The arbitral award is final and binding upon both parties.

本协议以中英文书就，如中英文内容存在不一致，以中文为准。

This agreement is made in both Chinese and English. In the event of any discrepancy between the two versions, the Chinese version shall prevail.

10）本合同正本一式两份，双方各执一份，具有相同的法律效力

This contract is in two originals, each party holds one, the two have the same legal effect.

本合同未尽事宜，经甲乙双方协商另行签订补充协议规定，补充协议与本协议具有同等的法律效力。

This contract is not completely matters concerned, both parties shall sign supplementary agreement through negotiations, and the supplementary agreement is the same legal effect.

甲方（签字盖章）：	乙方（签字盖章）：
Party A (Signature & STAMP):	Party B (Signature & STAMP):
日期 /Date:	日期 /Date:

2. 签订合同的注意事项

合同作为保障买卖双方权益的重要文件，作为卖方，为了最大限度地保障我们的权利，应当尽量争取由我方进行合同文本的起草。而若买方要求使用其起草的采购合同，对合同条款需要谨慎审核，否则很有可能造成纠纷和经济损失。

而在确定合同条款时，需要注意以下事项。

1）合同标的物的描述及品质标准

在合同中应明确列出销售标的物的品名、规格、核心参数等，对货物品质标准也需要有明确的说明。如果是凭样板成交的要对样板做好封存，妥善保管以作为验收依据。

2）收汇风险

在签订合同时，客户有可能会提出各种对其更加有利的付款方式。比如，

买方会要求采用凭提单副本支付余款、D/P、D/A 等方式，也有可能要求一部分余款等验货后确认产品质量符合标准再做支付。

这些付款条件存在一定的收汇风险，因此卖家应当尽量争取采用较为安全的收汇方式，即使不得不答应客户以上述付款方式成交也应当采取一些措施，比如对买家做信用评估或投保出口信用险等。

3）产品质量和数量异议索赔

由于国际贸易中货物运输环节众多，当中不少环节有可能会对产品质量和数量产生影响。作为卖方应当根据行业产品的特性，在合同中明确规定买方对质量和数量异议提出索赔的时效。一般来说，我们可以在合同上提出索赔时需要买方提供当地声誉良好的商检机构或商会出具的商品检查报告以证明质量与合同标准不符。而索赔时效则可以制定为"货到目的港之日起 ×× 天"。

4）违约赔付上限

在大部分的合同中，都会约定当产品发生质量问题时卖方需承担一切法律后果，包括人身伤害、财产经济损失、诉讼费用、律师费用等。在遇到这样的条款时，卖方应当尽力与买方沟通更改或删除此条款。若买方不同意，则至少需要对赔付金额设置上限，否则有可能会因此面对巨额赔款。

5）合同争议的解决

在国际贸易中，由于司法诉讼费用高、耗时长并且执行难度较大，因此国际上普遍采用仲裁的方式解决国际货物买卖过程中出现的异议。

国际经济贸易仲裁是指由买卖双方当事人在争议发生之前或在争议之后，达成书面协议，自愿将他们之间友好协商不能解决的争议交给双方同意的第三者进行裁决。裁决对双方当事人都有约束力，双方必须执行。

仲裁地点决定着仲裁时所适用的程序法，因此在合同中应尽量争取约定在我国进行仲裁。若买方不同意，则可约定在被告所在国进行仲裁，又或者是双方认同的仲裁机构所在国进行仲裁。同时，在争议条款中应争取选定"中国国际经济贸易仲裁委员会"作为仲裁机构。

8.2.2 形式发票的制定

在外贸的实际工作中，大部分的情况下都是使用形式发票 PI（proforma invoice）作为销售确认书。

然而，形式发票并不是我们平常生活中见到的在消费后商家所开出的增值税发票之类的票据。"proforma"是拉丁文，它的意思是"纯为形式的"，因此顾名思义，形式发票就是卖方给买方提供的一种"模拟"发票。这种发票是在双方买卖并未发生之前，为了供买方估计进口成本，假定交易已经成立所签发的一种发票。

1. 形式发票的内容

与合同相比，形式发票在内容上更加注重交易产品的货物描述、数量、单价、运输方式、支付条款、交货期方面的信息；而合同则相对来说更加完善，除了上述内容以外还有品质标准、索赔条款、仲裁条款等。

以下是形式发票的模板：

ABC Manufacturing CO., LTD.

ADD.: Guangzhou, China

TEL: 86-××-×××××××

FAX: 86-××-×××××××

WEBSITE: www.×××.com

E-MAIL:×××@×××.com

Buyer:　　　　　　　　　　　Date:

Add:　　　　　　　　　　　　Invoice No.:

Email:　　　　　　　　　　　Issuer:

Tel:

No.	Item No.	Picture	Description	Specification （mm）	FOB Unit Price （USD）	Quantity （PCS）	Amount （USD）
1							
2							
				Total:			

SAY TOTAL US DOLLAR ONE THOUSAND AND FIVE HUNDRED ONLY

Remark:

1. Trade term: FOB Shenzhen

2. Payment: T.T., 30% deposit, 70% balance before loading

3. Lead time: 30 days after deposit received

4. Price Validity: 30 days

5. Packaging: sea-worthy or as required

Bank information:

Beneficiary name:

Beneficiary account number:

Beneficiary address:

Beneficiary bank:

Beneficiary bank address:

Beneficiary bank swift code:

Beneficiary country:

Bank code:

Branch code:

2. 形式发票是否具有法律效力

我在一些网络资料中曾经看到，有些人在解释形式发票时会认为形式发票只是一种邀约，并不是正规的合同，对买卖双方没有约束。因此，有不少人会认为形式发票不具有法律效力。

但显然，这样的判断是错误的。

形式发票其实是一种简易的合同，只要买卖双方签字确认，就具有法律效力，对合同双方都同时有约束力。

而哪怕双方在文件上没有签字，假若买方通过邮件或其他法律认可的书面方式对文件进行确认，又或者在收到形式发票之后按其提供的信息支付货款，均可认为对方已接受形式发票中的条款。此时，形式发票便已具有法律效力。

8.3 常用外贸付款方式以及注意事项

在与客户签订外贸销售合同时，付款方式有可能会比价格更加重要，因为这关系着买卖双方的货物和资金安全。

在本节中，我们将列举几个实际工作中比较常用的付款条件，以及相关的注意事项。

8.3.1 电汇T/T

1. 什么是电汇

电汇（telegraphic transfer，T/T）是指汇款人在银行通过电子汇款的方式把货款汇至收款人银行账户中，是国际贸易中最常用的付款方式之一。

一般来说，电汇需要3～5个工作日的时间即可到账，随着网络的发展，目前很多国家的汇款都可以做到当天甚至是即时到账。不过电汇的银行手续费相对较高，一般为25～50美元，有时甚至会更高，因此适用于金额较大的款项支付。

在实际贸易工作中，电汇付款一般分为"前T/T"和"后T/T"。

"前T/T"是指买方需要在出货前支付所有货款，对于卖方来说是最安全的贸易方式。一般来说卖方会要求买方先支付一定比例的定金，在收到定金后开始生产，待生产完成后再通知买方支付余款，在余款到账后再安排出货。

而"后T/T"则是指卖方发货后再支付余款的情况。这种付款方式有可能是要求凭提单副本支付余款或者是等客户收到货物后再安排余款，相对"前T/T"而言风险较高。特别是收货后再支付余款的情况下，一旦客户在收货后提出质量争议并要求索赔的话卖方将有可能面临高额损失。因此，"后T/T"一般适用于信用度高的客户并且金额不大的交易。

2. 电汇支付风险

电汇由于操作方便，是外贸工作中常用的付款方式，但同时背后也有不少的风险。

在外贸交易中，有非常多的公司会采用"凭提单副本支付余款"的付款方式。这种情况下，卖方提供提单副本给买方，证明货物已经运出，待买方支付余款后再寄送提单。

正常情况下，收货人需要收到正本提单或电放提单才能够提货。但需要警惕的是，某些国家或地区会出现"无单放货"的情况。有些中南美和非洲国家对进口货物实行的是单方面放货政策，也就是说，由该国海关决定是否可以放货给收货人，而非船公司。在这种情况下，只要货物到达港口并卸货，承运人即失去对货物的控制权，货物将强制交由当地海关或港务局放行给提单记录的收货人。

具体而言，目前巴西、尼加拉瓜、萨尔瓦多、哥斯达黎加、多米尼加、危地马拉、洪都拉斯、委内瑞拉等中南美洲国家，以及安哥拉、刚果等非洲国家，都可以无单放货。而出口到土耳其、印度、阿尔及利亚的货物，在到港前，在目的港进口商进行舱单申报后货物所有权将自动转移到收货人手中。

在与以上国家客户合作时，应当尽量选用款到发货的付款方式。

而哪怕是与其他国家的客户合作，也应当尽量选用 CIF 贸易条款，由我方安排租船订舱，防止货运代理与买方串通进行无单发货。

此外，对于完全陌生的市场也应当尽量避免采取"后 T/T"的付款方式。

虽然在大多数国家，收货人在没有获得正本提单时不能私自提货，但码头要求货物在到港之后需要在一定时间内安排清关和提货，否则会按天数来计算仓储费用和操作费用。在这种情况下，收货人有可能以各种理由说自己有资金困难，希望卖方重新以非常低的价格进行成交。而由于卖方对于陌生市场没有足够的客户资源，无法在短期内找到其他买家接手的情况下，只能答应原买家的要求，导致较大的经济损失。

8.3.2 信用证L/C

信用证 L/C（letter of credit，L/C）是指银行根据申请人的要求和指示或自己主动，在符合信用证的条件下，凭规定单据向受益人或其指定方进行付款的书面文件。信用证是一种由银行开立的有条件承诺付款的书面文件，被认为是国际贸易中最安全的付款方式，主要是因为它属于银行信用，相对于买家信用来说是更为保险的。信用证简化流程如图 8.1 所示。

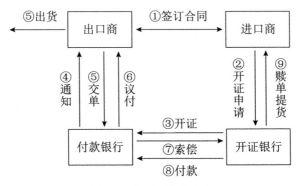

图 8.1　信用证简化流程

不过由于信用证方式是"纯单据业务",只要受益人提交的单据与信用证条款规定"表面上"相符,银行即履行付款责任。在这过程中,银行不管实际货物的数量和品质是否真的符合合同的约定,因此信用证只能保证卖方按单据要求发货,买方在采购中依然是有一定的风险。

而对于卖方来说,关于信用证方面的欺诈也时有发生,以下是常见的风险。

1. 时间类不符点

在审核信用证时,信用证装运日期以及信用证有效期是需要十分谨慎对待的。在考虑这两方面的时间时,不能仅仅考虑正常的生产时间,而应当把当中有可能存在影响交期的风险都考虑入内。

比如,订单有可能因为买方不确认某些事项而导致生产迟迟无法进行;在 FOB 条款下,买方以各种理由推迟租船订舱导致出货推迟;货物在码头被海关抽检而导致无法赶上预期的航班;码头或船公司因特殊情况导致航班推迟,货物无法按预期时间上船,等等。

有鉴于此,在与客户确定信用证条款时,应当预留充足的时间。而万一发现有可能无法赶上装运日期或在有效期前交单,应当在出货前与买方沟通申请延期,同时落实改单费用由谁来承担。另一种方法是,双方协商把过期信用证作废,改为用 T/T 的付款方式。

除此之外,各种单据的签发时间不符合逻辑和国际惯例也有可能会导致被拒付。比如说,产地证书签发日晚于提单日期,这会被怀疑未经检验先装船,装船后再检验。

一般来说，提单日期是确定各种单据日期的关键。各单据日期关系如下：

（1）发票日期应在各单据日期之首；

（2）箱单签发日期应等于或迟于发票日期，但必须在提单日之前；

（3）保单的签发日应早于或等于提单日期（一般早于提单2天）；

（4）产地证日期不迟于提单日；

（5）商检证日期不迟于提单日；

（6）提单日不能超过L/C规定的装运期，也不得早于L/C的最早装运期；

（7）船公司证明：等于或早于提单日；

（8）受益人证明：等于或晚于提单日；

（9）装船通知：等于或晚于提单日后三天内。

2. 信用证软条款

信用证软条款又被称为"陷阱条款"，是指申请人在信用证中设置隐蔽性的条款，这些条款会导致受益人收汇安全受到威胁，但却为申请人带来交易主动权或骗取货物的利益。

在这种情况下，开证人可以任意、单方面使单据与信用证不符，即使受益人提交了与信用证规定相符的单据，也无法获得货款。常见的软条款有以下几种。

（1）信用证限制运输船只、船龄或航线等条款。

（2）需经过开证申请人（买方）通知船公司、船名、装船日期、目的港、验货人等，受益人才能装船，使卖方装船完全由买方控制。

（3）货物备妥待运时须经开证人检验。开证人出具的货物检验书上签字应由开证行证实或和开证行存档的签样相符。

（4）信用证暂不生效：本证暂不生效，待进口许可证签发后或待货样经开证人确认后通知生效。

（5）信用证有效期及到期地点均在开证行所在国，使卖方延误寄单，单据寄到开证行时已过议付有效期。

（6）规定受益人不易提交的单据，如要求使用CMR（《国际公路货物运输合同公约》）运输单据（我国没有参加《国际公路货物运输合同公约》，所以我国的承运人无法开出"CMR"运输单据）。

3. 信用证与合同内容不符

信用证应当与买卖合同严格一致，但实际上有些进口商因为各种的原因，在开证时不依照合同的内容，而导致卖方在执行合同时有一定的困难，甚至有可能因此蒙受损失。比较常见的是进口商在开证时增加或者修改一些额外附件条款，导致出口商交单时被拒绝付款。

以下是一个相关的真实案例：

湖南某公司与越南公司签订销售合同，合同约定买方负责租船，贸易术语FOB。买方随后开出了受益人为湖南某公司的不可撤销信用证，信用证中有关运输文件的要求是：marine bill of lading（海运提单）。湖南某公司随即发货，并向议付行提交了包括提单在内的全套单据。几天后，开证行发出拒付通知，原因是租船提单不可接受。湖南某公司随即要求船公司留住货物，但得知买方已凭借银行保函要求船公司无单放货，货物已被提走。（本案例来自中国国际贸易促进委员会）

因此，我们在审核信用证时，应当谨慎查看信用证条款是否与合同条款一致。

4. 银行违规操作风险

一般来说，在信用证中会约定以最新版本的 UCP（跟单信用证统一惯例，Uniform Customs and Practice for Documentary Credits，UCP）作为适用规则。但是在某些国家或地区，一些信誉度不高的银行会出现不按 UCP 规则操作的情况，这种情况的发生，特别在孟加拉国尤为频繁。

比如说，孟加拉国由于国家对外汇的管控，进出口对外支付一般都需要采用信用证的方式。但孟加拉国商业银行的信誉普遍较差，许多银行都存在违规操作的情况。在实际业务中，时常出现在没有不符点的即期信用证交单情况下，拖延付款时间，或在客户没有办理付款手续的情况下放单，客户提货或看货后向出口商提出质量索赔，出口商被迫降价，导致经济损失。

所以，在与客户首次操作信用证之前，应当先向我方合作银行了解清楚开证行的信誉度，如果我方银行认为可以接受的话一般问题不大。同时，我们也建议买方尽量选择规模较大、信誉较好的银行，特别是全球性信誉较好的大银行。

8.3.3 托收D/P和D/A

在欧美和一些发达地区，对于进口商来说信用证的操作手续繁杂、费用较高，并且需要在一定时间内占用买方的资金或者信用额度，因此很多买家不愿意使用信用证，转而使用托收的付款方式。

托收（collection）是指在进出口贸易中，出口方开具以进口方为付款人的汇票，委托出口方银行通过其在进口方的分行或代理行向进口方收取货款的一种结算方式。

托收属于商业信用，银行在办理托收业务时，既没有检查货运单据正确与否或是否完整的义务，也没有承担付款人必须付款的责任。而托收虽然是通过银行办理，但银行只是作为出口人的受托人行事，并没有承担付款的责任，进口人不付款与银行无关。

由于托收属于商业信用，风险相对较高。

托收包括D/P（付款交单，documents against payment，D/P）与D/A（承兑交单，documents against acceptance，D/A）。

1. 付款交单

付款交单是指出口人的交单是以进口人的付款为条件，即出口人发货后，取得装运单据，继而委托银行办理托收，并在托收委托书中指示银行只有在进口人付清货款后，才能把商业单据交给进口人。

按付款时间的不同，付款交单又可分为即期付款交单（documents against payment at sight，D/P at sight）和远期付款交单（documents against payment after sight，D/P after sight）。而无论是即期付款交单还是远期付款交单，进口商都必须在付清贷款之后才能取得单据，进行提取或转售货物。

2. 承兑交单

承兑交单是指出口方在装运货物后开具远期汇票，连同商业（货运）单据一起通过代收行向进口方提示，代收行在进口方对远期汇票加以承兑后即可将代表货物所有权的有关商业货运单据交给进口商，至汇票付款到期日，进口商才履行付款责任。

由于只需要进口商对汇票加以承诺便能获得货运单据，因此承兑交单的风险比付款交单还要高很多。

3. 托收的风险与注意事项

托收基于商业信用，是否能成功收汇取决于买方的信用，因此交易风险相对较大。对卖方而言，常见的风险有以下几种。

（1）买方拒绝付款赎单，卖方需要临时处理货物，导致一定的经济损失。

（2）某些非洲国家的海关对于进口退货或转卖需征得进口商同意方能进行。因此，买方有可能既不赎单也不同意退货或转卖，若货物长期滞港将导致高额仓储费用，以此迫使卖方接受降价处理商品。

（3）部分国家存在无单放货的风险，买方不需要赎单即可提取货物。

（4）买方有可能虚构一家当地银行作为代收行，又或者是提供虚假的代收行地址，使得卖方在寄单时把单证寄到虚假地址，从而骗取货物。

（5）买方与代收行勾结，在未支付货款的情况下即可取得货运单据并提取货物。

而为了防范托收中的收汇风险，并且尽量降低发生损失的可能性，卖方在操作时，需注意以下事项。

（1）尽量仅接受来自信用体系完善的发达国家客户的托收付款。

（2）对买方进行必要的资信调查，若买方资信欠佳，则采用对卖方而言风险更低的付款方式。

（3）尽量采用CFR、CIF、DAP、DDP等由卖方负责租船订舱的贸易术语，以便在买方拒绝付款赎单时更容易对货物进行处理。

（4）应选择信用良好、操作规范的银行作为代收行，并且通过托收行核实代收行信息的真实性和准确性。

（5）提高定金比例，并且在合同中约定该定金在买方拒付款或拖延付款时作为违约金用。

（6）对风险把控不高的情况下，尽量考虑投保"卖方利益险"。

8.3.4 赊销O/A

赊销（open account，O/A）是信用销售的俗称，指经买卖双方约定，货物运出之后卖方（出口商）将单据直接寄至买方（进口商），买方可凭单据提货，等约定付款期限到期再向卖方进行付款。

对于卖方而言，与信用证、托收等付款方式相比，赊销属于无银行信用担保，完全以买方的商业信用为基础，在各种付款方式中风险最大。

1. 赊销出现的原因

在进口商方面，为了有更充裕的资金进行市场扩张，往往会向出口商提出赊销的要求，从而把资金压力及风险转移到出口商身上。但既然赊销风险这么大，为什么还会有这么多出口商愿意选择赊销的付款方式呢？

这是由于在市场供大于求的情况下，厂家之间竞争日趋激烈，产品同质化严重，价格恶性竞争频发，而部分出口商为了更容易地获取订单，只能在付款方式上进行让步。因此，赊销是市场竞争的必然结果。

同时，在市场低迷、出口条件不太乐观的情况下，有些生产商为了保持企业的正常运作，便倾向于采用赊销的付款方式以获取更多订单。

2. 赊销风险及注意事项

一般来说，企业往往只会与合作过的客户采用赊销的付款方式，因为双方在长期合作中已经有充分的了解，并且有足够的信任基础。然而即使是这样，在瞬息万变的市场中，客户突然因为某些原因而导致资金链断裂，从而发生拖款、拒付甚至是破产的情况。

因此在赊销的付款方式下，卖方应当尽量想办法规避或降低收款风险。

1）投保出口信用保险

首先，需要充分了解买方所在国家的信用情况，不考虑与风险评级较低国家的买家采用赊销付款方式。同时，建议对交易购买出口信用保险，并且在谈判中尽量争取让客户支付一部分的定金或预付款，以降低有可能因拒付而发生的损失。

目前我国做出口信用保险的主要是中国出口信用保险公司（简称中国信保）。

而在投保的赊销订单中，万一出现无法收汇的情况，保险公司依据订单的相关单据进行理赔。因此，在出货以后卖方不能向买方提供低货值的商业发票，否则发生纠纷时保险公司将按低值发票进行赔付。

2）合同中货物所有权的保留

所有权保留条款，是指买卖合同中双方约定的货物虽已交付买方，但须支付所有欠款后标的物所有权方发生转移。所有权保留制度起源于古罗马，在欧洲、美国、中国等多个国家或地区的法律法规中均有所体现。

在赊销的交易中，对于信誉良好的国家和买家，卖方有时候可能为了节省成本会选择不购买出口信用保险。在这种情况下，若买方违约或是破产，买卖合同中如果有所有权条款则其可以较大程度地保障卖方的利益。

关于这方面有一宗案例：

2009年，德国某纺织品生产企业向法院提交了破产申请，其债权人位于中国，采用赊销方式进行贸易的有7家，其中1家贸易合同中约定了所有权保留条款。2010年底，该企业最终的清算方案中，6家未约定所有权保留条款的企业，仅能获偿原债权的3%，即损失97%；而约定所有权保留条款的中国企业，由于货物所有权还属于卖方，可转卖该标的物，最终在德国破产清算管理人的协助下以原合同价款转卖了标的物，扣除相关费用最终获偿90%。（本案例来自中国国际贸易促进委员会）

由此可见，在合同中约定所有权保留条款至关重要。

3）因品质纠纷而导致无法收汇

我曾经有一位做鞋子出口的朋友，在俄罗斯有一个非常大的客户，每年订货金额高达数百万美元。客户在当地市场实力雄厚，鉴于双方是长期合作，并且关系非常密切，为了更好地支持对方，我朋友接受了客户赊销的要求。双方很顺利地继续合作了一年多，直到突然一天，我朋友收到客户的一封邮件，说最近一个批次进口的靴子全部拉链都有质量问题，拉开之后难以拉回。客户认为这是致命性的质量问题，因此拒绝支付该批次的全部货款。

由于双方是长期合作的关系，并且早期只是用T/T的付款方式，在交易中并没有订立完善的买卖合同，更没有任何关于质量标准和赔付标准的约定。而由于双方对品质问题的解决无法达成一致意见，买方迟迟不愿意支付货款，最终我朋友的公司因为资金链断裂而不得不选择倒闭。

其实在实际交易中，类似的事件时有发生。哪怕出口商的货物没有明显的质量问题，买方也有可能在收货之后以各种理由来说明产品质量有问题，从而要求降价或赔偿。因此，在采用赊销时，卖方应当注意在合同中做好对品质标准和赔付方式的约定，明确出现质量纠纷时应在货物到港日起××天内，由经卖方同意的公证机构出具的检验报告作为理赔依据。

8.4 常用贸易术语使用的注意事项

由于不同国家的法律法规不同，对贸易术语的解释也各有不同。为了统一国际贸易上使用的术语，减少贸易纠纷，国际商会结合各方面意见制定出《国际贸易术语解释通则》（*International Rules for the Interpretation of Trade Terms*，Incoterms）。

在 Incoterms 2020 中，有 4 组，共 11 个贸易术语。

E 组：EXW（ex-works）工厂交货。

F 组：FCA（free carrier）货交承运人、FAS（free alongside ship）船边交货、FOB（free on board）船上交货。

C 组：CFR（cost and freight）成本加运费，CIF（cost, freight and insurance）成本、保险费加运费，CPT（carriage paid to）运费付至，CIP（carriage, insurance paid to）运费和保险费付至。

D 组：DAP（delivered at place）目的地交货、DPU（delivered at place unloaded）卸货地交货、DDP（delivered duty paid）完税后交货。

虽然贸易术语一共有 11 个，但是在实际外贸工作中，最常用的还是 EXW、FOB、CFR、CIF、DAP 以及 DDP 这几种。

为了方便大家记忆和运用，以下将会针对几种最常用的贸易术语加以解释，并且提出在实际应用中需要注意的事项。

注意：很多国外买家不会像我们一样系统性地学习 Incoterms 中的贸易术语，因此大部分买家只知道几个常用的术语，甚至有部分新手买家会不清楚贸易术语是什么。因此在与不熟悉国际贸易操作的客户签订合同时，作为卖方也应当就使用的贸易术语向客户作出解释。

同时 Incoterms 只是一个通则，目的是方便划分买卖双方的责任和风险转移界限。在实际交易中，如果需要特殊操作的在接近的贸易术语中加以补充即可。

8.4.1 EXW并不是什么都不用管

EXW 即工厂交货，术语后加指定地点，一般是卖方的工厂、仓库等所在地，货物交由买方处置时即完成交货，风险也同时转移，是卖方责任最少的贸易条款。

但即使在 EXW 术语中卖方除了在指定地点交货以外，还有其他的事项是需要操作和注意的。

1.EXW 术语下出货流程

虽然说 EXW 术语是工厂交货，货物交由买方处置时卖方责任已完成。但是实际操作中，在 EXW 术语下卖方还是需要配合货运、报关、清关等方面的操作。

首先，卖方需要向货运代理发出订舱委托书（booking），货运代理才会安排运输事宜。在出货后，卖方需要按照实际出货的货物情况，提供提单补料以及制作报关资料以供买方货代报关。随后，卖方还需要负责确认提单草稿件，并且制作及提供买方清关所需的所有文件，如商业发票（commercial invoice）、装箱单（packing list）以及进口国家要求的各种认证或清关文件。

2. 很多客户把 EXW 当 FCA 用

FCA 即货交承运人这个贸易术语在实际贸易中的使用率是挺高的，因为很多客户都会在 EXW 的前提下要求卖方把货物运输到客户指定的仓库或者是其他供应商处进行拼柜。

然而，在实际的国际贸易中，大部分的国外买家都不认识 FCA 这个术语。因此，他们会在 EXW 的术语下要求卖方进行送货。而在实际工作中，我也遇到过有些买家甚至是贸易公司会认为 EXW 术语本身就包含送货到买家仓库。

在这种情况下，我们可以继续与客户使用 EXW 术语并且约定送货地点。而如果卖方不愿意安排送货，为了避免不必要的纠纷，我们也可以在 EXW 条款下补充说明"工厂交货价，不含运费（ex-works price, not including delivery）"。

8.4.2 整柜和散货的FOB操作大有区别

FOB 即船上交货，术语后加装运港。FOB 以前俗称"离岸价"，是最古老以及常用的贸易术语之一。在使用 FOB 术语时，卖方负责把货物运输到码头，并且负责报关和装船，货物上船后，责任与风险转移至买方。

1.FOB 出口操作流程

虽然说都是卖方负责拖车报关，不过在实际操作中，FOB 术语下，整柜和散货出口的操作流程有较大的区别。

在整柜出口中，卖方向买方指定货代发出订舱委托书，拿到订舱单（shipping order，SO）后给卖方货代安排拖车，装柜完成后按照实际出货的数据提供提单补料并且出具报关资料，再由卖方货代在截关日前进行报关。而以上这些操作的时间，都必须要控制在 SO 要求的截止时间之内。

图 8.2 是一份订舱单的截图。

图 8.2　订舱单

按图 8.2 的订舱单，正常情况下，卖方需要在 4 月 19 日至 21 日间装柜，在 4 月 22 日提交提单补料，然后在截关日 4 月 24 日中午前完成报关。

而散货出口的操作则不一样了，流程相对会简单很多。

在散货出口中，同样是卖方向买方指定货代发出订舱委托书，拿到进仓单后安排把货物运输至码头或监管仓，随后核对进仓核实单，并且按实际出货情况提供报关资料给买方货代进行报关即可。

2. 整柜和散货 FOB 的区别

首先，操作报关的主体不同。整柜 FOB 时，由卖方货代负责拖车报关。但在走散货时，卖方仅负责运输货物到码头仓库，报关由买方指定货代进行，卖方负责提供报关资料以及支付报关费用。

此外，两种方式的出口流程略有不同。

走整柜 FOB 时，卖方货代要在订舱单的截关时间前进行报关，报关放行后码头即安排货柜上船。但在散货出口时，则是在货物进仓之后安排报关，报关放行了再跟其他货物进行拼柜，然后再安排上船。因此走散货时，不需要关注截关时间，只需要保证在截仓前把货物运到码头仓库即可。

而同时，散货的货物上船的时间也会受拼柜的进度影响。在实际工作中，我也曾经试过出一些比较冷门的航线，货物在码头等拼柜等了将近一个月才能上船。

3.FOB 费用和报价

一般来说，FOB 费用包含拖车、报关和本地费用。其中变动较大的是本地费用。

在整柜 FOB 时，本地费用往往包含码头费（terminal handling charge，THC）、本地收货费用（origen recevie charges，ORC）、文件费（DOC）、操作费（handling fee）、封条费（seal fee）等。但如果是散货的话，本地费用还包括拼箱费（container freight station，CFS）以及一些码头和仓库杂费。

这里要注意，不同码头的杂费是不一样的。而且货代报 FOB 价格的时候一般也只会说"码头杂费实报实销"，因此在询价的时候我们可能根本就不知道这些杂费有多少。以广州为例，黄埔港个别码头的杂费就要比南沙的高很多。所以，在走不熟悉的码头时，尽量先问一下货代码头杂费一般情况下会是多少，以便在报价的时候留有足够的空间。

在做 FOB 报价时，主要有两种方法。

一种方法是估算一个货柜或者一票货大概的货值，然后把 FOB 的费用摊分到每个产品单价上。这种方法适用于产品单价低、数量多，并且每单货值较为稳定的情况。

另一种方法就是直接告诉客户，走一个货柜或者一票货的FOB费用是多少钱。这种方法往往在产品体积比较大，并且一票货的货值波动较大的情况下使用。

8.4.3 CIF报价要注意目的港费用

CIF即成本、保险费加运费，术语后加目的港。CIF以前俗称"到岸价"，也是外贸工作中最常用的贸易术语之一。

在CIF术语下，卖方负责租船订舱，把货物运输至目的港船上，支付保险费以及货物从装运港运输到目的港的运费。与FOB一样，货物上船后，责任与风险转移至买方。在实际操作中，CIF其实就是FOB术语的基础上，卖方再负责租船订舱和购买保险。

需要注意的是，由于是由卖方来负责货物到目的港前运输环节费用，而国际货运的费用波动较大，特别是整柜海运和空运的运费，基本上是每周一个价格。因此，我们在报价给客户时，应当充分考虑运费的浮动空间。

除此之外，在CIF术语中有一个问题是非常容易被忽略的，就是目的港费用。

一般来说，整柜的海运费以及目的港费用都相对比较固定，但散货则不一样。

由于散货在目的港的操作较多，而且每个国家每个港口的规定不一，收费也没有统一的标准。有些货代为了争取订单，往往会推出一些所谓的"0海运费"或者是"特价舱"来吸引卖方订舱。但实际上这些运输费用都是以各种收款名目加收在目的港费用中，导致CIF的价格非常具有吸引力，等客户收货时却是收到巨额的费用单。

有些业务员认为，我们做CIF的只需要负责货物到目的港前的事情就可以了，至于目的港费用和清关，那是客户的事情。如果这样想的话，就大错特错了。

目的港费用过高的情况下，客户往往会认为卖方串通货代公司来欺骗他，甚至有些客户可能因为目的港费用太高而拒绝提货。发生这些情况，无疑会为双方日后的合作带来非常大的影响，而拒收货物也有可能给卖方带来高额费用。

我以前就曾经遇到过有一位新手业务员，在出口俄罗斯时由于经验不足，忘记了落实目的港费用。结果货物走正常海运出口，到港后客户发现目的港和清关的费用非常高，足够他以其他渠道重新在中国再进一批货，因此客户选择了弃货。

最终，由于船公司无法联系上收货人，便向发货人追讨目的港费用、期间发生的仓储费以及货物的销毁费。

正常来说，遇到买家弃货是可以委托船公司对货物进行拍卖，然后用拍卖的费用来抵偿目的港的相关费用。但实际上，拍卖需要走流程，具体什么时间可以拍卖出去，并且以怎样的价格成交是一个未知数，而仓储费则是按天收取的，很有可能拍卖的费用根本不能抵消目的港的费用。

因此，为了避免不必要的纠纷，在安排海运前要注意与货代确认目的港费用。但由于目的港的费用是浮动的，即使货代提前报费用给我们，最终的账单也有可能会有变动。所以，如果我们需要向客户报目的港费用的话，应该预留一定的空间，并且告诉客户这个费用只供参考，具体费用以实际为准。

8.4.4 DAP、DPU和DDP的区别

在 Incoterms 2010 和 Incoterms 2020 中，D 组的贸易术语有了较多的新变化，因此以下将这三个术语进行对比。

1. DAP

DAP 是 D 组里面比较常用的贸易术语，指卖方在指定的目的地交货，做好卸货准备无须卸货即完成交货。此术语下，卖方需承担货物运输至指定目的地的一切费用和风险。

DAP 是 Incoterms 2010 新增术语，替代了 Incoterms 2000 中 DAF（delivered at frontier）边境交货、DES（delivered ex ship）目的港船上交货和 DDU（delivered duty unpaid）未完税交货术语。也就是说，DAP 的交货地点既可以是在两国边境的指定地点，也可以是目的港的船上，还可以是在进口国内陆的某一地点。

在 DAP 术语下，买方负责办理清关手续以及支付相应费用。

2. DPU

DPU 是指卖方在指定目的地或目的港集散站卸货后将货物交给买方处置即

完成交货，卖方承担将货物运至指定目的地或目的港集散站的一切风险和费用，除进口费用外。

DPU 是 Incoterms 2020 新增术语，主要是替代 Incoterms 2010 中的 DAT（delivered at terminal）运输终端交货，而修改的主要原因是为了强调卸货地可以是任何地方，而不一定是"运输终点站"。

在 DPU 术语下，同样是由买方负责办理清关手续以及支付相应费用，并且由买方自行办理转运手续。

实际运用中，DPU 与 DAP 的主要区别在于，DPU 一般是指在指定地点卸货并交由买方处理即完成交货，买方需要在目的地安排转运货物到最终的目的地。而 DAP 则由卖方负责把货物直接运送到最终目的地，也就是我们平常说的"门到门"服务。

3. DDP

DDP 是指卖方在指定的目的地，办理完进口清关手续，将在交货运输工具上尚未卸下的货物交与买方，完成交货。它是所有贸易术语中，卖方承担最大责任与最多费用的术语。

在 DDP 术语下，卖方必须承担将货物运至指定的目的地的一切风险和费用，包括在需要办理海关手续时在目的地应交纳的任何"税费"（包括办理海关手续的责任和风险，以及交纳手续费、税款和其他费用）。

简单来说，DDP 就是在 DAP 的基础上，由卖方负责办理清关手续以及支付相关费用。

在实际操作中，使用 DDP 术语时要注意确认清楚关税等相关的费用，以及确认是否真的有能力办理清关手续，否则应该改用 DAP 术语。并且在洽谈时，也应该与买方确认增值税等进口相关费用的支付（在很多国家，进口的增值税是可以通过后续操作进行退税的），如果是由买方支付，则应当备注"完税后交货，增值税未付（插入指定目的地）"，以明确双方责任。

同时，在 DAP 和 DDP 贸易术语之下，卖方需要承担整个运输过程的责任，因此卖方也需要注意通过投保来规避货物运输的风险。

8.5 小结

虽然说进入促成与成交环节，代表整个销售谈判已经到达尾声，但是我们也并不能有任何一丝松懈。除了要使用恰当的方法进行订单促成以外，我们还需要在交易中采用合适的贸易术语以及付款方式，以最大限度地保障我方的利益。

1. 四个逼单要点

很多时候业务员会遇到这样的困境：在回答完客户的所有问题，客户也表现得对产品相当满意，但是在这种情况下就是不知道该怎么继续推进。其实一旦客户发出购买信号，不用在乎信号的真假，我们便可以直接进行成交促成，俗称"逼单"。

（1）敢于向客户要单：客户迟迟不下单的可能性有很多，但这并不代表我们就要守株待兔，主动出击才是最高效的。

（2）默认成交法：我们不需要等客户开口就假定客户已经决定了购买，并且直接推进到成交。

（3）二择一法：在促成时给出两个与成交相关的选择项给客户，从而主动把客户的思维向成交方向引导。

（4）利用限时让步：在限定时期内向客户提供价格优惠或其他利益，以便更好地锁定订单或者得知客户真实的购买计划。

2. 不同付款方式的风险防范

1）电汇 T/T

对部分可无单放货国家的客户，尽量采取款到发货的付款方式。

2）信用证 L/C

（1）谨慎审核信用证要求时间，避免出现时间不符点。

（2）审核信用证中是否有"软条款"。

（3）审核信用证是否有与合同条款不符点。

（4）提前让我方银行审核开证行信誉度。

3）托收支付风险

（1）尽量仅接受来自信用体系完善的发达国家客户的托收付款。

（2）对买方进行资信调查，若买方资信欠佳，则采用风险更低的付款方式。

（3）尽量采用由卖方负责租船订舱的贸易术语，以便在买方拒绝付款赎单时更容易对货物进行处理。

（4）应选择信用良好、操作规范的银行作为代收行，并且通过托收行核实代收行信息的真实性和准确性。

（5）提高定金比例，并且在合同中约定该定金在买方拒付款或拖延付款时作为违约金用。

（6）对风险把控不高的情况下，尽量考虑投保"卖方利益险"。

4）赊销支付风险

（1）投保出口信用保险。

（2）在合同中约定所有权保留条款。

（3）合同中做好对品质标准和赔付方式的约定。

3. 常用贸易术语的注意事项

（1）EXW 贸易术语下卖方并不是真的只负责工厂交货，还需要配合买家货运代理安排运输事宜，并且提供报关和清关文件。

（2）在 FOB 贸易术语下，整柜和散货出口的操作与费用标准差异较大，操作及报价时应提前了解清楚。

（3）有些货代为了获得订单，在报 CIF 价格给出口商时会把运费报低，然后把对应的费用留在目的港再收。这种情况在散货运输中尤为常见，因此在报 CIF 价格时，要注意确认目的港费用，以免造成目的港费用过高客户拒收的情况。

第 9 章

客户服务：
客户满意才能长久合作

很多业务员认为，只要订单成交了，销售环节就结束了，但其实并不是的。市场竞争激烈，赢得客户一次的订单仅仅是一个开始，想要把客户培养成忠诚客户，需要提供让客户满意的售前、售中和售后服务。

在接下来的本章节中，我们将重点分享以下内容：
- 客户服务的重要性；
- 如何提供更好的客户服务；
- 如何培养客户忠诚度；
- 利用客户转介绍以获得更多销售机会。

9.1 成交才是销售的真正开始

很多业务员认为，开发一个新客户很难。但同样地，对于客户来说，想找到一个可以长期合作的供应商也是很难，而且充满风险。因为在这过程中，有些企业可能不遵守自己承诺的交期、品质等，导致客户无法如期收货或者收到的货物与样板相差甚远，从而造成一定的经济损失。

因此，如果能遇到一家无论是产品还是服务都让人满意的供应商，客户往往是不愿意随便更换的。但如今，市场竞争激烈，产品同质化严重，想让客户满意，除了做好产品以外，还需要看业务员的服务是否到位。

9.1.1 成交并不是销售的结束

有些业务员认为，他们的工作仅仅是负责把产品卖出去，一旦客户下单，他们的工作就已经完成。所以，他们一般在成交后便会把订单转交给跟单助理，然后自己则把精力再次放在新客户的开发上。

但实际上，这样的做法并不恰当。成交并不是销售的结束，而是销售的真正开始。

为什么这么说？

因为成交并不代表客户对我们完全信任，而只是一个开始。

客户会在成交之后，从产品和服务各方面去验证我们是否真的值得信任和长期合作。如果一切都符合客户的期望，才可能有下一次的成交。

对于大部分的外贸企业来说，我们的目标并不是与客户做一次性的买卖，而是希望客户会重复购买。因此，作为业务员除了要有开发客户的能力，还需要有服务和维护客户的意识。

而且大家都知道，开发新客户无论在时间上还是在金钱成本上，都比维护老客户要高很多，因此对于企业来说，维护老客户显得比开发新客户更重要。

而一旦老客户成为企业的忠诚客户，则他们不仅仅会为企业带来持续稳定的订单，而且可以向企业提出很多宝贵的市场建议，让企业产品和服务的设计更加符合市场的需求。

9.1.2 避免盲目乐观

有些业务员会认为，自己跟客户的关系挺好，客户在沟通中也一直都表现得很积极，如果客户对我们的产品和服务有什么不满的话一定会主动提出。

的确，很多客户在双方关系良好的情况下，对业务员没什么保留，有什么想法都会直接说，因为这样才更有利于双方的长远合作。然而，作为业务员，需要认真区分客户真的是跟我们关系非常好，还是只是习惯性的热情和礼貌。

曾经有一位业务员向我提问，说他有一位合作了很多年的大客户，关系一直都挺好的。但是突然有一天，他们收到供应商的信息，说有另外一家厂家向他们询问该客户定制的一款产品，而且似乎客户已经准备要下单了。

那位业务员跟我说，他觉得非常惊讶，感觉被客户背叛了，现在不知道该怎么办。

然后我问他："你觉得客户是什么原因要一声不响地从别的厂家那里订货？"

他说："可能是别的厂家给他更便宜的价格吧。"

我问："那客户最近有没有跟你们提出降价的要求？"

他回答："最近没有，不过去年提过一次，我们这边拒绝了，但他当时也没说什么。"

我继续问："那你说你们跟客户的关系很好，能够具体说一下好到什么程度吗？你们有为客户做了些什么特别的吗？"

他说："其实也没什么特别，每个客户都差不多，就是感觉跟客户合作很多年了，而且平时沟通都挺好的，他也没抱怨过什么。"

我说："那实际上你们认为的关系良好，只是因为客户没有向你们抱怨。但是没抱怨跟满意，这两者之间好像有一定的距离吧？"

他沉默了。

其实这种情况在实际中经常出现，而且哪怕我们知道客户偷偷地向别的供应商下单，业务员往往都会认为是因为别的供应商用更低的价格来抢单，才会导致客户流失。

总而言之，就是跟自己无关。

的确，客户流失有时候是因为我们的产品无法满足客户需求，又或者是因为客户想多找一家供应商做备用，并不一定跟业务员有关。

但作为业务员，我们能做的是尽自己的能力把每一个环节都做好。当我们真的把客户放在心上，想客户所想，忧客户所忧，客户感受到我们的用心时，对产品和服务有什么想法才会毫无保留地向我们提出。

而只要我们在产品和服务上都是无时无刻不尽力做到最好的话，我们并不会害怕客户找其他供应商下单。如果他试过跟别的供应商合作之后，发现我们才是更好的，自然还会继续跟我们合作。但反过来，如果客户一去不复返的话，就证明我们的产品和服务都还有进步的空间。这时候我们应当及时对工作的不足进行检讨，想办法提升和改善，将来客户也还是有可能再次跟我们合作的。

9.2 外贸客户服务六步骤

从不少大品牌的成功故事我们可以知道，消费者购买的不仅仅是产品本身，他们往往愿意支付更多的费用去获得更好的服务体验。而在国际商务合作中，其实也一样。

企业实力、产品、价格、服务这四方面一直是决定客户购买的主要因素。作为业务员，前面三项基本上都不在我们的控制范围，我们能做的就是尽自己的能力提供更好的服务。让自己拥有与其他竞争对手比拼下的差异化优势，这才是我们的价值所在。

要把售后服务做好，首先基本的售后工作要做到位。

9.2.1 定期主动更新订单情况

对于供应商来说，收到客户的定金意味着订单确认，一直悬空的心也就终于能够放下来。但对于客户来说，定金付出之后才是他们担心的开始。

在与供应商的第一次合作中，客户都会非常担心自己是否会遇上骗子公司，担心供应商是不是可以如期交货，收到货物之后会不会货不对板，或者甚至是否会收到一个空的货柜。这些问题，哪怕是用再保险的付款方式交易都不能解决客户的担忧。

而在这个时候，作为业务员，我们可以定期主动地向客户更新订单情况。比如说，在生产过程中拍一些照片给客户，让他知道自己的订单进展到什么程度；货物快要备好时提前通知客户，让他做好付尾款的准备；出货后当天发送装柜的图片或视频给客户；如果是 CIF 等我方负责安排海运的贸易术语，得知具体的 ETD（estimated time of departure，预计离开时间）和 ETA（estimated time of arrival，预计到达时间）时应当及时通知客户，让他可以提前做好时间的规划；在接近 ETA 的时候，主动向货代询问具体货物到港的时间，再次提醒客户并且关注货物到港和提货的进展情况，直到客户成功收到货物。

以上这些工作其实都是很简单的，只需要我们在收到订单后每一个环节都主动向客户更新状况即可。可是有些朋友可能会疑惑，客户自己拿着提单号都能在船公司网站上查到航班情况，货物到港前客户自己也会收到船公司发出的到港通知，我们何必多此一举重复工作呢？

对于客户服务来说，更重要的是标准化、流程化，特别是对于那些可做可不做的事情。因为如果缺乏规范，员工会根据自己的个人喜好来选择性地执行，从而导致服务质量参差不齐。在这过程中，并不是客户需要什么我们才提供什么，而是我们觉得好的服务包含什么就该做什么。就好比我们在高档餐厅用餐，服务员会定期地更换客户的餐盘，哪怕当时餐盘上没有一块骨头。在客户眼中，这并不会显得多此一举，反而是专业和服务到位。

而且有时候，好的客户服务就是要"多此一举"，才能让客户感受到被重视。

9.2.2　出货前提供品控资料

除了让客户清楚订单每个环节的进展情况，货物的品质情况也是客户非常关注的。然而并不是所有的客户都会委派代理前来验货，而且有时候即使是有代理，他们可能并不了解我们的产品，所以验货不一定专业。

那怎么才能让客户清楚货物品质情况呢？除了提供生产完成的产品图片或视频以外，我们可以在出货前主动向客户提供订单的产品检验品质报告以及相关的品控资料，比如来料检验报告、首件检验报告、巡检检验报告等。

当然，有些客户会认为企业自己提供的品质报告没有公信力。这种情况下，我们可以聘请专业的第三方检测机构，在出货前到工厂或仓库进行货物测试。又或者是把出货批次中一定比例的产品送至第三方检测机构进行检查，获得合格的测试报告后再安排出货。

9.2.3 到货后跟进货物情况

在客户收到货物之后，我们还需要主动向客户了解货物的情况，特别是货物是否有在运输过程中受到损坏。

而且有时候新客户在收到货物之后有可能因为对产品缺乏了解，在使用过程中会遇到一些困难。但是他们不一定会主动联系供应商咨询，反而是自己想办法研究，而在这过程中可能需要花费他们大量的时间和精力，从而影响产品使用的体验感。但当我们在到货之后主动联系客户了解情况，他们则往往会直接向我们询问使用方法，这样比起客户自己慢慢摸索在效率和体验感上都会好很多。

除此之外，我们还需要了解一下客户在产品使用或销售上的情况。收集一下客户和市场对产品的评价和建议，对我们日后产品改良和新产品开发起着至关重要的作用。同时，还可以让客户知道我们是非常重视他的意见，以及我们对产品品质改善的重视。

对于终端客户，我们一般主要了解以下方面：
（1）收货时货物包装完整程度，是否有破损；
（2）拆开包装后货物是否有破损或伤痕；
（3）产品品质如何，是否符合客户期望；
（4）是否了解产品使用的所有功能；
（5）产品各项功能是否都能正常使用；
（6）对产品是否有改善建议。

对于经销商类型的客户，我们还可以了解以下方面：
（1）产品销售情况如何；
（2）客户的竞争对手销售情况如何；
（3）市场反馈如何，对产品是否有改善建议；
（4）在市场推广上，是否有需要配合的事项。

9.2.4 定期做老客户回访

客户服务是一项持续性的工作。当处理完到货之后的跟进服务之后，我们的客户服务并没有结束，而是进入长期工作计划中。

我们可以根据自己行业的特性，定期对所有老客户进行回访。回访的主要目的，是希望通过与客户的沟通，了解到客户在产品使用和销售方面情况如何，当地市场情况怎样，以及在产品和市场上是否有需要业务员配合的地方。

客户回访在形式上一般可以分为两种：一种是由业务员进行沟通联系，以邮件问候或者在即时聊天工具上沟通的方式了解情况；另一种方式则是周期性地让客户填写《客户满意度调查表》。这两种方式可以穿插使用，企业可以每年规定固定的时间进行统一的客户满意度调查，而业务员则可以根据客户的情况做好长期跟进的计划。

很多时候，客户在回访时会向我们分享各种有价值的市场信息，而当中有可能会对企业后续的市场开发或者产品研发有着宝贵的参考意义。因此，业务人员在做客户回访时，应当记录好客户的反馈信息。同时，如果客户提出改善建议的话，要及时向上级或者相关部门提出，制订出相应的改善措施，并且在改善过后及时告知客户。

9.2.5 妥善处理客户投诉

客户服务工作中，比较棘手的是客户投诉的处理。很多公司由于缺乏完善的客户投诉处理流程，业务员也缺少相关的意识，当客户投诉的事项得不到恰当处理时，很容易就会引起客户的不满，严重的甚至会导致客户流失。

一般来说，一个相对完整的客户投诉处理流程起码需要具备图9.1中的环节。

特别要注意的是，在处理客户投诉时，及时迅速的反馈是非常重要的。有时候客户提出的问题的确会比较棘手，需要花点时间才能确定解决方案。但作为业务员，无论多久能得到解决方案，都至少应当在收到投诉的24小时内回复客户，告知客户预期什么时候会有解决方案，并且尽力安抚客户情绪。而当有解决方案时，也应当在第一时间通知客户，并且跟进具体的实行情况以及客户对方案是否满意的反馈。同时，对于如何在日后工作中避免出现同样的问题，业务员需要督促相关部门制订出"预防纠正措施"，并且把相关的情况告知客户。

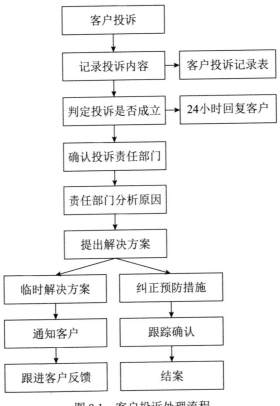

图 9.1 客户投诉处理流程

9.2.6 持续培养客户忠诚度

客户忠诚度又称客户黏度，是指客户对某一特定产品或服务产生好感，形成了"依附性"偏好，进而重复购买的一种趋向。客户忠诚度与客户满意度之间的区别是，满意度是对于过往交易中满足客户原先期望的程度，而忠诚度则是客户对品牌的黏性以及再购买的意愿度。换句话说，客户满意度只是一种态度，而客户忠诚度则是一种行为。

有数据统计表明，当企业挽留客户的比例增加 5% 时，获利可提升 25% 到 100%。而忠诚度高的老客户不仅仅会为企业提供非常及时的市场信息，还有可能会为企业背书，向业务员介绍其他的新客户。因此，持续地提高现有客户的忠诚度对于企业的长远稳定发展起着至关重要的作用。

决定客户忠诚度的因素包含品牌理念、产品质量、价格、服务等方面。因此，我们无论是在订单洽谈阶段还是在后期的售后服务和维护阶段，都需要注重这四方面。作为业务员，要时常向客户宣导自身企业的品牌理念，收集更多的市场反馈以帮助企业进行产品质量的提升，为客户提供合理的价格以及优质的服务。

9.3 小结

成交并不是销售环节的结束，而是一次合作的崭新开始。想要与客户形成长久稳定的合作关系，除了产品品质要过硬以外，还需要提供持续优质的客户服务。

而要让客户满意，至少要做到以下几个方面。

（1）定期主动更新订单情况：在接到订单后，每一个环节都主动向客户汇报情况，让客户感到备受重视。

（2）出货前提供品控资料：出货前向客户提供企业内部或第三方出具的产品检验报告，打消客户在品质方面的疑虑。

（3）到货后跟进货物情况：客户收到货物后主动询问货物情况，了解客户对产品的使用是否有疑问，同时收集客户对产品的评价。

（4）定期做老客户回访：企业应当每年定期向老客户进行回访，以了解产品在市场中使用或销售的具体情况，以及是否有需要改善提升的地方。

（5）妥善处理客户投诉：客户投诉处理应当有完善的流程，业务员在跟进问题处理时要做到及时迅速回复，并且在提出解决方案后跟进客户的反馈。

（6）重视培养客户忠诚度：忠诚度高的老客户不仅仅会为企业提供非常及时的市场信息，还有可能会为企业背书，对企业的长远发展起着至关重要的作用。

第 10 章

成为 top sales：
优秀外贸业务员的四个必备素质

　　来到这里，我们已经把整个销售流程的所有环节都分享完了，相信大家对外贸销售工作该如何开展也有了更深入的了解。

　　然而，掌握销售流程以及其中需要注意的事项，只是作为外贸销售人员所必须要具备的基础知识和能力。想要成为优秀的外贸业务员，并不能纸上谈兵。我们无论在市场还是销售技巧上，都需要长时间的经验积累，在这过程中不断尝试与总结，从而形成一套属于自己的销售风格。

　　而正由于外贸业务员的工作需要长时间的积累，除了要有相关的知识和技巧以外，我们还需要有良好的心态和素质才能够成为优秀的业务员。

10.1
"活下来"才能成为top sales

前面有提过,做外贸就是"第一年播种,第二年耕耘,第三年收获"。

虽然这表达并不严谨,因为不是所有的外贸行业都是这样,但这当中也道出了一定的共性。

那为什么相比其他工作,外贸业务员的成长周期要长这么多?当中有几个原因。

首先,大部分的国际贸易都是大宗的商品采购,国外买家都是每年一次或者半年一次的周期性采购,有些甚至有可能是两年才采购一次。在这种情况下,我们哪怕是得到了新的客户资源,也并不一定能幸运地刚好遇到客户的采购周期。而且国外买家大都已经有合作过的稳定供应商,想要让客户下单,需要经历一个建立信任的过程。

其次,外贸涉及把产品销往不同的国家和地区,而不同市场之间在产品款式、质量要求、价格敏感度等方面都有非常大的差异。这些情况往往需要业务员经历一段较长时间的实战,在过程中不断地探索和了解,才能够真正掌握不同市场的情况以及制定出相应的销售策略。

最后,销售是一门复杂的学问,当中涉及语言表达、心理学、销售策略、谈判磋商等方面的技巧。而往往大部分的外贸企业都无法在这些方面提供系统性的培训,因此也需要业务员自己在实战中不断地总结与提升。

正是因为这样的原因,相比其他工作,很多外贸业务员在前期的收入都会偏低。然而,外贸业务就是一份先苦后甜的工作。随着客户以及个人经验的积累,业务员在后面的工作会越来越轻松,收入也会像抛物线般地增长。

可惜的是,有很多人无法撑过黎明前的黑暗,在可以"收获"之前选择离开外贸行业,而把自己之前的"播种"和"耕耘"都拱手让给了选择留下的业务员。

所以说,想要成为优秀的外贸业务员,首先得要坚持,让自己"活下来"。

10.2 抗压能力强才能走得长远

除此之外，很多业务员之所以无法坚持在外贸的道路上走下去，其中一个重要原因是无法承受这份工作所带来的压力。

有不少的朋友选择外贸这个行业，是因为自己的专业对口，又或者是单纯觉得做外贸可以跟外国人交流，是一份很有意思的工作。由于对外贸工作的真正情况缺乏了解，他们在入行之后会发现现实与自己的理想差距很大。

正如前面所说，外贸业务员需要长时间的积累，因此前期的工作会比较困难，收入也会比较低。在这种情况下，很多人哪怕能够接受低收入，也不一定能够抵受得住这当中的压力。

一方面，压力来自公司。企业招聘业务员的目的就是要"出单"，因此大部分企业会要求业务员每月制订销售目标，或者是直接由企业安排销售任务，并且会有对应的奖惩措施。而有些严厉点的企业甚至会采取"零底薪""责任底薪""末位淘汰制"等制度来确保业务员有合理的产出，并且对团队进行优胜劣汰。

另一方面，压力来自业务员自身。很多时候，哪怕企业没有非常强硬的业绩要求，但是看到与自己同期入职的小伙伴们纷纷出单，而自己却一无所获时，难免会心急如焚，甚至是产生自我怀疑。而在与客户洽谈的过程中，经常会遇到眼看订单快要谈成了，但却突然来个峰回路转，蹦出各种各样的状况。

做外贸业务就像天天在坐过山车一样，每天起起落落，所以需要有强大的心理抗压能力才能够走得长远。

10.3 沟通能力就是生产力

外贸业务员其实就是说英文的销售。而做销售，最重要的是沟通，因为如果我们无法流畅地表达个人的想法，又或者是无法听懂客户的言外之意，哪怕产品再好也很难让客户知道其中的价值，并且进行购买。

而对于外贸业务员，我们在沟通能力上的要求分为"外语沟通能力"以及"沟通思维能力"两个方面。

很多人问我：我英文水平一般般，但是想做外贸业务员，可以吗？答案是可以的，因为语言只是一个沟通的工具，在实际工作中，大胆自信地使用英文，能互相明白对方的意思就足够了。

不过，要成为优秀的外贸业务员，"够用"显然并不是我们所追求的。要在所有客户面前都能展现出自己专业的一面，我们需要在听、说、读、写四方面都非常优秀，并且熟悉不同国家和地区之间的文化差异以及不同的沟通方式。

而除了语言能力，沟通思维对于一个业务员来说也是至关重要的。因为沟通能力说到底，其实就是思维能力。

这就是很多英语能力非常强的人并不能成为一名优秀外贸业务员的原因。因为对于外贸销售工作而言，语言只是一个必须掌握的工具，而真正决定成交的，是背后的思维能力。

正如我们在前面的章节中谈及的，一般的业务员遇到客户问题时只会停留在问题本身，而优秀的业务员则会主动地思考客户提出这个问题背后有什么动机，有什么未被满足的需求。思维不一样，导致沟通的方式不一样，得出的结果自然也大相径庭。

因此，在日常生活中，我们不仅要想办法提升自己的语言能力，还需要提升我们的沟通思维能力，这样才能够更好地应对不同的问题。

10.4 应变能力：你的价值取决于你能解决多大的问题

在外贸的实际工作中，我们会遇到形形色色的客户，也会遇到各种各样的状况。正由于情况的多变性，我们遇到的大多数问题都不可能会有标准答案。

有些人在遇到问题的时候第一反应就是把问题直接转达给上司，等待上司给出解决方案，然后再转达给客户。这种"传话筒"般的行为在刚入职的新人身上可以偶尔发生，因为毕竟他们对各方面都还不熟悉。但是如果入职了一段时间都还是这样的话，就谈不上是一个合格的业务员了。

作为称职的业务员，在遇到问题时应当主动思考，先自己想办法寻求解决方案。在不确认自己的方案是否可行的时候，可以把问题和方案一起带给上司，让上司评判是否可行。在这过程中，我们可以通过上司的评价，清楚自己处理问题的思路有什么问题，并且思考在日后遇到同类型的情况该如何处理。

除此之外，想要成为优秀的业务员，我们还需要有较强的应变能力。在日常工作中，养成多思考问题的习惯，主动锻炼自己的问题分析能力以及解决能力，并且遇到问题时学会灵活变通，让自己成为问题的解决者而非反映者。因为在职场中，一个人的价值取决于他能够解决多大的问题。

10.5 小结

掌握销售流程以及当中的相关知识和技巧，只是外贸业务员必须具备的基础能力。想要成为优秀的外贸业务员，除了掌握"术"（方法）以外，还需要修练"道"（思想）。

（1）"活下来"才能成为 top sales：由于行业特性，外贸业务员的成长周期一般会比较长，但随着客户及个人经验的积累，业务员在后面的工作会越来越轻松，收入也会像抛物线般增长。然而可惜的是，很多人无法撑过黎明前的黑暗。

（2）抗压能力强才能走得长远：作为业务员，我们要承受来自公司和自己个人关于业绩方面的压力，而且在实操中，各个环节都有可能出现意想不到的状况，所以需要有强大的心理抗压能力才能走得长远。

（3）沟通能力就是生产力：外贸业务员的沟通能力要求分为"外语沟通能力"以及"沟通思维能力"两个方面。这就要求我们既要有优秀的外语听、说、读、写能力，也要有敏捷的沟通思维。

（4）应变能力：你的价值取决于你能解决多大的问题。在日常工作中，我们要养成多思考问题的习惯，遇到问题时要学会灵活变通，让自己成为问题的解决者而非反映者。